JA版
知っておきたい
民法 債権法 改正の
ポイント

■ 責任編集

深沢綜合法律事務所
弁護士 柴田龍太郎

‖ はじめに

　改正民法（債権法）法案は、整備法案（対象となる法律は250本）と共に平成29年5月26日、国会で可決成立しました。両法案そのものは平成27年3月に国会に提出されていたのですが、その後、国会では安全法制やTPP等の重要案件の審議があり、その余波を受けて、今回、可決されるまで2年2月の年月を要しました。当事務所では、民法改正論議が公に始まった平成20年以来、学者間の議論や法制審議会における改正論議等を終始注視してきました。その過程で、改正内容の妥当性や不備についても積極的に意見を申し述べてきたところです。今回の改正法の内容は、当初から比べると改正項目も減り、だいぶ穏当なものになっていますが、それでも改正項目は200以上であり、私法の基本法として、我々の現実の社会生活に影響するところは大であります。いうまでもなく、JAは信用事業から資産管理まで組合員の生活全般を幅広く扱っていることから、全ての業務が影響を受けるといっても過言ではありません。施行は、平成32年4月1日となりますが、いずれにしても施行されてから検討するのでは間に合いません。役職員の皆様には、まず、本書を一読いただくことで、改正内容の全容を理解いただき、そのうえで、各担当部署でどのような準備が必要かを検討いただきたいと思います。本書がその一助となれば幸いです。

　本書では、必要に応じて法制審議会部会資料（以下「部会資料」といいます。）の№と頁数を明記していますが、この部会資料は、当然のことながら極めて貴重な議論や判例評価を含んでおり、今後の改正法の解釈、運用にあたっては重要な根拠になるはずです。この部会資料に関しては、法務省ホームページの法制審議会・部会資料一覧（PDF）から閲覧できます。なお、改正法施行前の取引には原則として改正前の旧民法が適用されるので、新・旧の民法を理解する必要があることもあわせ留意ください。

平成30年1月吉日

【参考文献】

民法改正を読む（慶應義塾大学出版会）松尾弘

契約の再生（弘文堂）内田貴

契約の時代（岩波書店）内田貴

民法改正（ちくま新書）内田貴

民法改正の今（商事法務）内田貴

民法Ⅲ債権総論・担保物権（東京大学出版会）内田貴

民法改正の真実（講談社）鈴木仁志

民法改正を考える（岩波新書）大村敦志

日本不動産学会誌（公益社団法人日本不動産学会№.105、№.116

民法改正と不動産取引（一般財団法人　土地総合研究所［編]）

別冊 NBR/ №.126

民法［債権関係］改正法案の［現・新］条文対象表（信山社）加茂山茂

民法（債権関係）部会資料　法務省

契約の死（文久書林）グラント・ギルモア

要綱から読み解く債権法改正（新日本法規）　第一東京弁護士会　司法制度調査委員会［編]

金融法務事情　2017 年 8 月 25 日号　No.2072

民法（債権関係）改正法の概要（きんざい）潮見佳男

【参考ホームページ】

法務省法制審議会−民法（債権関係）部会
http://www.moj.go.jp/shingi1/shingikai_saiken.html

部会資料項目一覧
http://www.moj.go.jp/content/000108371.pdf

〒170-6022　東京都豊島区東池袋3丁目1番1号サンシャイン60 22階12号
電話:03（3983）2226　ＦＡＸ:03（3983）2359
責任編集　深沢綜合法律事務所　弁護士　柴田龍太郎

──────── 深沢綜合法律事務所編集スタッフ ────────

弁護士　柴田龍太郎	弁護士　深沢隆之	弁護士　守屋文雄	弁護士　戸部秀明	弁護士　戸部直子
弁護士　髙川佳子	弁護士　沼口直樹	弁護士　山田竜顕	弁護士　大川隆之	弁護士　大桐代真子
弁護士　関　由起子	弁護士　増田庸司	弁護士　関根　究		

目 次

第**1**章

総論関係の ポイント

第1章では、今回の改正の理由や、
改正内容の特徴等をポイントにしました

　改正理由は、わかりやすい民法にすること等があげられていますが、国際的な取引ルールの関係で整合性を図るという目的も重要です。

　法務大臣が法制審議会に対する諮問（平成21年10月、諮問第88号）に記載した見直しの目的（観点）は、①社会・経済の変化への対応を図ること、②国民一般にわかりやすいものとすることでしたが、従前の改正目的に関する議論を見ていると、それ以外にも派生的目的として、③条文のあり方を変える、④国際的な取引ルールとの関係と整合を図る、ということもあると思います。具体的には次のように説明できるでしょう。

1.わかりやすい民法にする

　判例を十分に理解している人でなければ民法が使えないというのは問題であり、判例法理等を明文化して、国民にとってわかりやすいものにする必要があります。この観点の改正結果として、たとえば手付解除の要件のように最高裁判例を踏まえたものに変更されました。

2.社会経済の変化への対応

　たとえば、市場金利とかけ離れた法定利息（民事は年5分、商事は年6分）により、裁判に敗訴すると銀行金利以上の利息を支払うことになり、現実の訴訟活動への弊害も生じています。このように明らかに改正の必要がある規定が取り残されることがないように、全面的見直しを行う必要があります。その結果として、法定の利息は年3分となり、3年ごとの変動制が採用されました。

3.条文のあり方を変える

　現在の民法の条文は俳句のように短く、また、「瑕疵担保責任」などと一般に使用されていない用語も多用されていて、国民に理解されにくいものになっているので、条文の文言のあり方を変える必要があります。その結果、たとえば錯誤の規定は詳細になり、「瑕疵担保責任」は「契約の内容に適合しない場合の売主の責任」となりました。

4.国際的な取引ルールとの関係

　国際取引が盛んになっている現代において、諸外国の取引ルールとの整合性という点も考えて民法を作り直す必要があります。改正の内容として当事者の具体的合意内容を重視するコモン・ローの考え方がいたる所に導入されました。

　以上の理由の中で、当職らは、とりわけ４の理由が重要視されていると思います。今後のTPP（アメリカ抜きでも発効するのか現時点では不透明ですが）、FTA（二国間協定）等のグローバル化を視野に入れると、海外企業との取引の増大が予想され、大陸法系（シビル・ロー）である現民法を当事者の合意を重視する英米法系（コモン・ロー）の法体系、制度に近づけたいのではないでしょうか。

【コメント】

　民法改正を主導してきた内田貴氏は、国際競争力の中の民法の重要さを強調し、次の趣旨を力説しています。「今日の世界の契約法の水準を示すような公平な内容を持ち、英語に訳しても明晰さを失わない文章で書かれた民法を持つことは、日本企業と取引する海外の相手企業に対しても、取引において日本法を準拠法として使用する大きな動機を与えます。」（内田貴・「民法改正」219頁）。

　また、衆議院議員のホームページでも、「民法は、経済取引の基本原則であり、今回の改正でも、従来判例で積み上げられてきたものを法律上明文化するという改正事項も多いが、わが国に対する海外からの投資を促進するためにも、このような「民法典の近代化」は必須で、アベノミクスの基礎的なインフラを担うものといえる。」と記載されています（葉梨康弘衆議院議員　https://www.hanashiyasuhiro.com/137より）。

　この点は、契約実務のあり方にも影響する重要問題なはずなのに、今回の民法（債権法）改正に関するマスコミ報道ではあまり取り上げられません。不思議です。

　平成18年2月、学者・法務省参事官・事務官からなる民法改正の私的な検討委員会（非公開）が発足し、同検討委員会の案、その他の案をたたき台として平成22年10月、法制審議会の検討が始まりました。法制審に民法改正の諮問をしたのは民主党政権下の千葉景子法務大臣であり、諮問理由は、「民事基本法典である民法のうち債権関係の規定について、同法制定以来の社会・経済の変化への対応を図り、国民一般にわかりやすいものとする等の観点から、国民の日常生活や経済活動にかかわりの深い契約に関する規定を中心に見直しを行う必要があると思われるので、その要綱を示されたい。」ということでありました。同審議会の審議を経て、平成25年3月に中間試案が公表され、同年4月16日から6月17日、中間試案に関するパブリックコメントが受付けられました。パブリックコメント等を踏まえた具体的な条文の素案を経て、平成26年4月以降、要綱仮案（案）の検討に入っていましたが、同仮案（案）は、定型約款を除いて同年8月26日に法制審議会で承認され、同年9月8日要綱仮案が公表されました。その後、平成27年2月頃までの間に要綱案、そして、他の法律との関係を調整する整備法案を作成し、同年3月の通常国会に民法改正法案、整備法案として提出されました。その後、国会では安全法制やTPP等の重要案件の審議があり、その余波を受けて、今回、可決されるまで約2年2月の年月を要しました。施行期日は、二つの例外※を除き平成32年4月1日になります。

※施行日には次の二つの例外があります。
①定型約款について
　定型約款に関しては、施行日前に締結された契約にも、改正後の民法が適用されますが、施行日前（平成32年3月31日まで）に反対の意思表示をすれば、改正後の民法は適用されないことになります。この反対の意思表示に関する規定は平成30年4月1日から施行されます。なお、この反対の意思表示に関する詳細は、別途、法務省ホームページ上の「定型約款に関する規定の適用に対する「反対の意思表示」について」をご覧ください。
②公証人による保証意思の確認手続について
　事業のために負担した貸金等債務を主たる債務とする保証契約は一定の例外がある場合を除き、事前に公正証書が作成されていなければ無効となりますが、施行日から円滑に保証契約の締結をすることができるよう、施行日前から公正証書の作成を可能とすることとされています。この規定は平成32年3月1日から施行されます。

【従来の経緯と今後のスケジュール】

平成18年2月	学者・法務省参事官・事務官からなる民法改正の私的な検討委員会（非公開）が発足
平成21年3月	上記検討委員会解散
平成21年5月	上記検討委員会改正提案として「債権法改正の基本方針」を公表
平成22年10月	法制審議会の検討が始まる
平成25年3月	中間試案が公表
平成25年4月16日から同年6月17日	中間試案に関するパブリックコメントを受付け
平成26年4月以降	要綱仮案（案）の検討
平成26年9月8日	要綱仮案が公表
平成27年2月	要綱案、そして、他の法律との関係を調整する整備法案を作成
平成27年3月31日	国会に民法改正法案、整備法案を提出するも安全法制、TPP審議の影響を受け、継続審議が続く
平成29年5月26日	可決成立
平成29年6月2日	公布
平成32年4月1日	施行

（施行期日）

第1条　この法律は、公布の日から起算して3年を超えない範囲内において政令で定める日から施行する。ただし、次の各号に掲げる規定は、当該各号に定める日から施行する。

1　附則第37条の規定（政令への委任）　公布の日

2　附則第33条第3項（定型約款適用の反対意思表示）の規定　公布の日から起算して1年を超えない範囲内において政令で定める日

3　附則第21条第2項及び第3項（保証意思に関する公正証書作成の嘱託と公正証書の作成）の規定　公布の日から起算して2年9月を超えない範囲内において政令で定める日

　今回の民法改正の目的は、グローバル化を視野に入れながら、日本の民法典の規定にも、日本における取引上の社会通念にも影響されないで、当事者の合意を重視するという法的環境を築くことにあります。すなわち、わが国の民法の各規定は原則「任意規定」ですから、当然のことながら民法の各規定よりも「合意・特約」が優先することになり、また、法務当局は、合意は「取引上の社会通念」にも優先する旨を明言したことから（法制審部会資料79-3、8頁以下）、もし、海外の企業が日本企業等と契約するに際し、日本の「民法典」にも「取引上の社会通念」にも拘束されたくないというのであれば、契約書において事細かに合意すればよいことになります。その意味で、海外企業は、当初の合意や設定された基準に基づき投資がしやすくなるわけで、トラブルが起きた際、裁判になっても日本の民法の規定や日本の取引上の社会通念により左右されないという担保を獲得したことになります。この点は、国内の契約のあり方や形態にも影響すると思われ、民法改正後は、取引上の社会通念を前提とした「瑕疵担保責任」が廃止され、合意を前提とする「契約の内容に適合しない場合の売主の責任」に転換することとあいまって、不動産取引の実務面でもさらに契約文言、特約重視の傾向が強まると思われます。その意味で、すでに大手の売買契約書が特約・容認事項を事細かに書き入れるスタイルをとり始めていますが、このようなスタイルが今後のスタンダードなものになると思われます。

【法務当局が合意を重視している解説の一例】
　保管義務に関する説明の中で、「契約及び取引通念に照らして定まるといっても、例えば、売買契約上の特約において、買主は自己の財産に対するのと同一の注意をもって目的物を保存すれば足りる旨が定められている場合に、契約及び取引通念に照らして判断した結果、当該特約の内容とは異なる保存義務が認められるといったことは想定されていない。当該特約

が民法第90条、消費者契約法第10条、民法第1条第2項、同条第3項等によって制限されることはもちろん否定されないものの、契約及び取引通念に照らして当事者間の特約の内容を変容させるようなことは想定されていない。」(部会資料79-3、8頁以下)。

ポイント 4 　合意と民法の規定・社会通念の構造

合意と民法の規定・社会通念の構造を図示すると次のようになります。

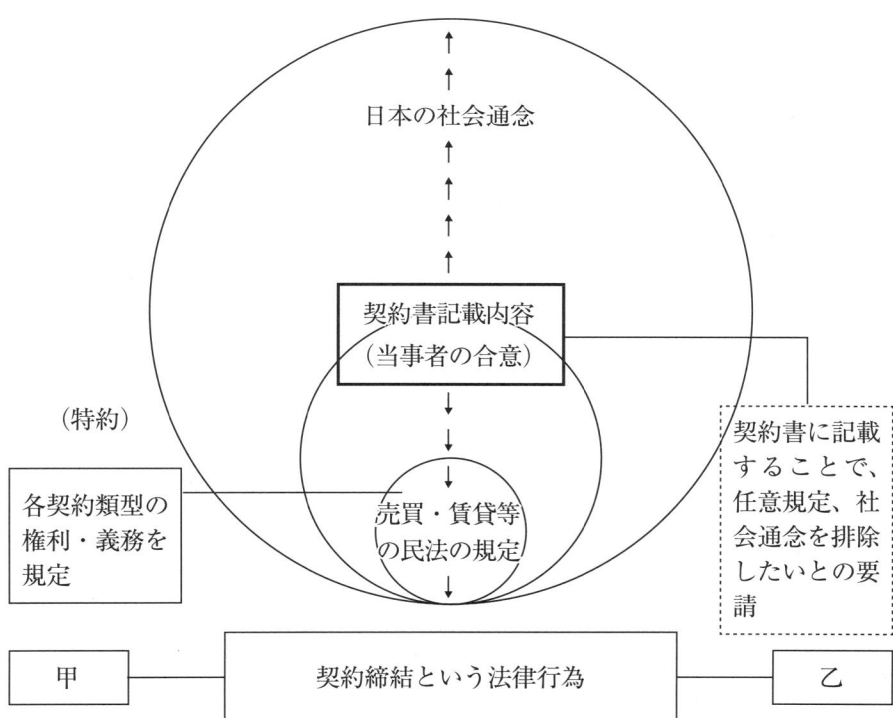

*二つ目の○(当事者の合意)は、一つ目の小さな○(日本の民法の規定)にも三つ目の○(日本の社会通念)にも優先し、上下に拡大することによって一つ目の○と三つ目の○を消すことができる。

ポイント 5 　257の条項が改正され、新設された条項は85カ条となった

　平成27年3月の改正法案提出時点での民法本則の条の総数は1,103カ条（枝番号の規定や「第○条削除」とされて欠番になっている規定を含む）でしたが、改正法は、このうち257カ条について改正を行っており（単純な条番号のみの変更、条の全部削除を含む）、枝番号を付して新設した条の数は85カ条です。したがって、今回の改正で何らかの変更が行われた条の合計は342カ条です。ちなみに、平成28年4月に成立した「成年後見の事務の円滑化を図るための民法及び家事事件手続法の一部を改正する法律」により、現時点で、民法本則の条の総数は1,106カ条になっています。

ポイント 6 　否決された民進党・無所属クラブの修正案

　民進党・無所属クラブからは、民法の一部を改正する法律案について修正案が提出されました。この修正案は、①いわゆる暴利行為を無効とする規定を設けること、②個人の債務者になる書面によらない契約により生じた少額の債権について消滅時効期間を2年とする特例を設けること、③中間利息控除に用いる利率を政府案の3%でなく年2%とすること、④事業のために負担した貸金等債務に係る保証契約等については、原則として無効とするとともに、例外を認めることとするもののうち、事業との関係性に照らして保証人の要保護性がとくに高いもの（個人事業主の配偶者や事業承継予定者など）について公証人による保証意思確認の手続きの対象とすること、⑤定型約款の変更における合理性の要件の考慮要素として変更の程度、相手方の事情を追加すること等を内容とするものでしたが、反対多数で否決されました。なお、第193回国会衆議院法務委員会第9号の議事録に修正案に関する趣旨説明と質疑応答が記載されています。

ポイント 7 法制審部会資料は№.88まである。

　法制審部会では、研究者と実務界の代表が参加して、調査・審議が行われました。当初は多岐にわたる論点が取り上げられていましたが、21団体からのヒアリングも実施され、合意形成が困難な論点は見送られました。最終的には全会一致で民法（債権関係）の改正に関する要綱案（要綱案）が決定されました。平成27年2月に要綱案が決定されるまでに99回の会議と18回の分科会が開催され、部会資料は№.88まで公表されました。部会資料には多数の枝番も付されたものなので総頁数は、1万2300頁に達する膨大なものですが、そこには当然のことながら極めて貴重な議論や判例評価が含まれており、今後の改正の解釈や、運用にあたっては重要な根拠になるはずです。

第**2**章

改正内容の ポイント

第2章では新旧の条文を対照しながら
改正内容のポイントを解説しました

1　意思能力 （主な部会資料12−1、12−2、(不当条項13−1、42)、73A、82−2、84−1、84−2、85、88−1、88−2）

| ポイント | 8 | 「意思無能力時の行為は無効」との規定化 |

　旧民法では、意思無能力に関する規定はなく、解釈で無効となるとされてきたため、明文化についてはさまざまな意見が交わされました。その結果、意思無能力の定義は明記されませんでしたが、「法律行為の当事者が意思表示をした時に意思能力を有しなかったときは、その法律行為は、無効とする。」と明記されました（新法3条の2）。

　意思無能力の定義化は見送られたため、今後も法律行為をすることの意味を理解する能力か、あるいは人の一般的属性としての事理弁識能力かについては解釈に委ねられることになりました。

改正条項	旧法
第2節　意思能力 第3条の2　法律行為の当事者が意思表示をした時に意思能力を有しなかったときは、その法律行為は、無効とする。	（新設）

（意思能力に関する経過措置）
　附則第2条　この法律による改正後の民法（以下「新法」という。）第3条の2の規定は、この法律の施行の日（以下「施行日」という。）前にされた意思表示については、適用しない。

　行為能力に関しては、保佐人の同意を要する行為等の法13条1項に10号として「前各号に掲げる行為を制限行為能力者（未成年者、成年被後見人、被保佐人及び法17条1項の審判を受けた被補助人をいう。以下同じ。）の法定代理人としてすること。」が追加され、制限行為能力者が新法13条1項10号で定義されたことから「制限行為能力者の相手方の催告権」の旧法20条の制限能力者から「未成年者、成年被後見人、被保佐人及び第17条第1項の審判を受けた被補助人をいう。」が削除されました。法13条の改正は、法102条の改正にともない、保佐人の同意

を要する行為（法13条1項各号の行為）に被保佐人が他の制限行為能力の法定代理人として行う行為を追加するものです。

改正条項	旧法
第3節　行為能力 （保佐人の同意を要する行為等） 第13条　被保佐人が次に掲げる行為をするには、その保佐人の同意を得なければならない。ただし、第9条ただし書に規定する行為については、この限りでない。 ①～⑨　（略） <u>⑩　前各号に掲げる行為を制限行為能力者（未成年者、成年被後見人、被保佐人及び第17条第1項の審判を受けた被補助人をいう。以下同じ。）の法定代理人としてすること。</u> 2～4　（略）	第2節　行為能力 （保佐人の同意を要する行為等） 第13条　被保佐人が次に掲げる行為をするには、その保佐人の同意を得なければならない。ただし、第9条ただし書に規定する行為については、この限りでない。 ①～⑨　（略） （新設） 2～4　（略）

改正条項	旧法
（制限行為能力者の相手方の催告権） 第20条　制限行為能力者の相手方は、その制限行為能力者が行為能力者（行為能力の制限を受けない者をいう。以下同じ。）となった後、その者に対し、1箇月以上の期間を定めて、その期間内にその取り消すことができる行為を追認するかどうかを確答すべき旨の催告をすることができる。この場合において、その者がその期間内に確答を発しないときは、その行為を追認したものとみなす。	（制限行為能力者の相手方の催告権） 第20条　制限行為能力者（<u>未成年者、成年被後見人、被保佐人及び第17条第1項の審判を受けた被補助人をいう。以下同じ。</u>）の相手方は、その制限行為能力者が行為能力者（行為能力の制限を受けない者をいう。以下同じ。）となった後、その者に対し、1箇月以上の期間を定めて、その期間内にその取り消すことができる行為を追認するかどうかを確答すべき旨の催告をすることができる。この場合において、その者がそ

	の期間内に確答を発しないときは、その 行為を追認したものとみなす。
2～4　（略）	2～4　（左同）

2　公序良俗 （部会資料12－1、27、73A、82－2、83－1、84－1、84－2、85、
88－1、88－2）

ポイント 9　「公の秩序又は善良の風俗に反する法律行為の無効」に関する規定の修正

　公序良俗違反を判断するためには、法律行為が行われた過程その他の諸事情も考慮されるため旧法90条の規定中の「事項を目的とする」という文言を削除し、改正法では、端的に「公の秩序又は善良の風俗に反する法律行為は、無効とする。」と規定しました。裁判例では、法律行為の内容のみならず、その過程等の諸事情が考慮されています。これに対し、「事項を目的とする」との文言は、法律行為の内容が公序良俗に反する場合のみを指すとの誤解を与えるおそれがあるからです（部会資料73A、24頁）。

ポイント 10　「暴利行為」に関する規律は明文化されず

　暴利行為に関する規律は適切な要件化が困難との理由から明文化されませんでした。

　暴利行為に関する規律は要件が抽象的であると取引の委縮化を招く危険性があること、また、下級審判決では暴利的行為として無効となる範囲が拡大する傾向があること等から、適切な要件化が困難であるとの理由から明文化されませんでした（部会資料82－2、1頁）。

　ただし、衆参両議院では、それぞれ次のような付帯決議なされています。

【衆議院付帯決議】

　他人の窮迫、軽率又は無経験を利用し、著しく過当な利益を獲得することを目的とする法律行為、いわゆる「暴利行為」は公序良俗に反し無効であると明示す

ることについて、本法施行後の状況を勘案し、必要に応じ対応を検討すること。

【参議院付帯決議】

　情報通信技術の発達や高齢化の進展を始めとした社会経済状況の変化による契約被害が増加している状況を踏まえ、他人の窮迫、軽率又は無経験を利用し、著しく過当な利益を獲得することを目的とする法律行為、いわゆる「暴利行為」は公序良俗に反し無効であると規定することについて、本法施行後の状況を勘案し、必要に応じ対応を検討すること。

改正条項	旧法
（公序良俗） 第90条　公の秩序又は善良の風俗に反する法律行為は、無効とする。	（公序良俗） 第90条　公の秩序又は善良の風俗に反する事項を目的とする法律行為は、無効とする。

（公序良俗に関する経過措置）
　附則第5条　施行日前にされた法律行為については、新法第90条の規定にかかわらず、なお従前の例による。

3　意思表示 （部会資料12−1、12−2、66A、66B、73A、73B、83−1、83−2、84−1、84−2、85、88−1）

ポイント 11 「心裡留保」規定の範囲の明確化

　冗談による意思表示（「心裡留保」といいます。）で保護する必要のない相手方の範囲を適正化するために、意思表示を無効とする場合の「ただし書き」の規定を、旧民法の「相手方が表意者の真意を知り、又は知ることができたとき」から「相手方がその意思表示が表意者の真意でないことを知り、又は知ることができたとき」に変更しました（部会資料66A、1頁）。

　また、善意の第三者を保護するための第三者効が新たに設けられました（新法93条2項）。

　これは、改正前民法下の判例（最二小判昭44.11.14民集23.11.2023）・通説が民法94条2項を類推適用していたことから、それを明文化したものです。

改正条項	旧法
（心裡留保） 第93条　意思表示は、表意者がその真意ではないことを知ってしたときであっても、そのためにその効力を妨げられない。ただし、相手方が<u>その意思表示が表意者の真意ではないこと</u>を知り、又は知ることができたときは、その意思表示は、無効とする。 <u>2 前項ただし書の規定による意思表示の無効は、善意の第三者に対抗することができない。</u>	（心裡留保） 第93条　意思表示は、表意者がその真意ではないことを知ってしたときであっても、そのためにその効力を妨げられない。ただし、相手方が<u>表意者の真意</u>を知り、又は知ることができたときは、その意思表示は、無効とする。 （新設）

ポイント 12 「動機の錯誤」の規定の明文化と錯誤は「無効となる意思表示」から「取消しできる意思表示」に

(1) 新法95条1項1号は表示錯誤を2号は動機の錯誤について規定したものです。1項は改正前の「法律行為の要素」を、「その錯誤が法律行為の目的及び取引上の社会通念に照らして重要なもの」と改めましたが、判例・通説が「要素」に必要としていた、①その事項について錯誤がなかったならば表意者は意思表示をしなかったであろうこと（主観的因果性）、②一般人もそのような意思表示をしなかったであろうこと（客観的重要性）をまとめたものです（部会資料83-2、2頁）。

(2) 改正法においては、意思と表示は一致しているが、そもそもの動機で勘違いしている場合のいわゆる「動機の錯誤」が新たに明文化されましたが、相手方の表示等で錯誤に陥るいわゆる「不実表示」を錯誤とする規定の明文化は見送られました。ただし、相手方の不実表示が原因で、表意者が「法律行為の基礎とした事情についてのその認識が真実に反する錯誤」を生じ、それにより意思表示をした場合は、錯誤を主張し得るという見解もあるので（部会資料83-2, 3頁）、今

後の判例から目が離せません（新法95条1項2号）。ちなみに、この点については、衆議院法務委員会でも議論されており、政府参考人（民事局長）は、不実表示型でも錯誤取消が可能な場合もあると述べています（第192回国会衆議院法務委員会第16号参照）。

　旧民法では錯誤ある意思表示の効力は無効とされていますが、改正法では、これを取消しできる意思表示に変更されました（1項本文）。

　取消しとしたことにともない、錯誤取消の効果も、「善意でかつ過失がない第三者に対抗することができない」ことになります（4項）。

　無効は、だれでもいつまでも主張できるのが原則ですが、改正後は、錯誤は、錯誤による意思表示をした人、又はその代理人若しくは承継人に限り、取り消すことができることになります（新法120条2項）。また、取消権には法126条が適用され、追認できる時から5年間または行為の時から20年を経過したとき、時効によって消滅します。

改正条項	旧法
（錯誤） 第95条　意思表示は、次に掲げる錯誤に基づくものであって、その錯誤が法律行為の目的及び取引上の社会通念に照らして重要なものであるときは、取り消すことができる。	（錯誤） 第95条　意思表示は、法律行為の要素に錯誤があったときは、無効とする。ただし、表意者に重大な過失があったときは、表意者は、自らその無効を主張することができない。
①　意思表示に対応する意思を欠く錯誤	（新設）
②　表意者が法律行為の基礎とした事情についてのその認識が真実に反する錯誤	（新設）
2 前項第2号の規定による意思表示の取消しは、その事情が法律行為の基礎とされていることが表示されていたときに限り、することができる。	（新設）
3 錯誤が表意者の重大な過失によるも	（新設）

のであった場合には、次に掲げる場合を除き、第1項の規定による意思表示の取消しをすることができない。 ① 相手方が表意者に錯誤があることを知り、又は重大な過失によって知らなかったとき。 ② 相手方が表意者と同一の錯誤に陥っていたとき。	
4 第1項の規定による意思表示の取消しは、善意でかつ過失がない第三者に対抗することができない。	（新設）

ポイント 13 「第三者詐欺」の規定の変更

　第三者詐欺で保護すべき第三者の範囲を被害者である表意者とのバランスをとるため、相手方がその第三者詐欺の事実について「知っていたとき」だけでなく、「知ることができたとき」も取消できることにしました（新法96条2項）。

　対抗できない第三者は善意・無過失か、善意であれば有過失でもよいか明確ではありませんでしたが、善意・無過失の第三者と明記されました。詐欺における表意者は被害者であるので、心裡留保・通謀虚偽表示において保護される善意の第三者（善意であればよい）の範囲よりも狭くしたものです（新法96条3項）。

改正条項	旧法
（詐欺又は強迫） 第96条　（略）	（詐欺又は強迫） 第96条　詐欺又は強迫による意思表示は、取り消すことができる。
2 相手方に対する意思表示について第三者が詐欺を行った場合においては、相手方がその事実を知り、又は知ることができたときに限り、その意思表示を取り	2 相手方に対する意思表示について第三者が詐欺を行った場合においては、相手方がその事実を知っていたときに限り、その意思表示を取り消すことがで

消すことができる。 3 前二項の規定による詐欺による意思表示の取消しは、<u>善意でかつ過失がない</u>第三者に対抗することができない。	きる。 3 前二項の規定による詐欺による意思表示の取消しは、<u>善意の</u>第三者に対抗することができない。

ポイント 14 第三者の詐欺の第三者に媒介受託者等を規定する案は見送り

　「相手方から媒介をすることの委託を受けた者又は相手方の代理人」に限定する案、あるいは「媒介受託者及び代理人のほか、その行為について相手方が責任を負うべき者」とする案は見送られました。前者の案は、表意者の救済を狭めるおそれがあり、また、後者の案は、「その行為について相手方が責任を負うべき者」という同義反復で表現もあいまいすぎるとして、民法96条1項及び2項の解釈適用に委ねたほうが妥当な解決を導くと考えられたからです（部会資料66A、4頁）。

　ただし、見送られたとはいえ、裁判で争われることはあるので注意は要します。

ポイント 15 「隔地者以外の者に対する意思表示」に到達主義適用の明確化

　隔地者以外の者に対する意思表示についても到達主義が適用されることを明確にするため、旧法97条1項の「隔地者に対する意思表示」を単に「意思表示」に改めています。到達時期がいつかについては、解釈に委ねられます（部会資料66A、7頁）。

　さらに、「相手方が正当な理由なく意思表示の通知が到達することを妨げたときはその通知は、通常到達すべきであった時に到達したものとみなす」旨の規定が設けられました（新法97条2項）。

　学説上も、発信後に意思能力を喪失しても意思表示の効力は影響を受けないと解されているので、意思表示の効力に影響しない事由として、発信後の表意者の意思能力の喪失が付け加えられました（3項・66A、9頁）。

改正条項	旧法
（意思表示の効力発生時期等） 第97条　意思表示は、その通知が相手方に到達した時からその効力を生ずる。 2 相手方が正当な理由なく意思表示の通知が到達することを妨げたときは、その通知は、通常到達すべきであった時に到達したものとみなす。 3 意思表示は、表意者が通知を発した後に死亡し、意思能力を喪失し、又は行為能力の制限を受けたときであっても、そのためにその効力を妨げられない。	（隔地者に対する意思表示） 第97条　隔地者に対する意思表示は、その通知が相手方に到達した時からその効力を生ずる。 （新設） 2 隔地者に対する意思表示は、表意者が通知を発した後に死亡し、又は行為能力を喪失したときであっても、そのためにその効力を妨げられない。

16 「意思表示の受領能力」規定の修正

（1）意思表示の受領についても意思能力が必要ですが、旧法は、未成年者と制限能力者だけの規定であるので、改正法では規定の文言を以下のように修正しました（新法98条の2）。

改正条項	旧法
（意思表示の受領能力） 第98条の2　意思表示の相手方がその意思表示を受けた時に意思能力を有しなかったとき又は未成年者若しくは成年被後見人であったときは、その意思表示をもってその相手方に対抗することができない。ただし、次に掲げる者がその意思表示を知った後は、この限りでない。 ①　相手方の法定代理人	（意思表示の受領能力） 第98条の2　意思表示の相手方がその意思表示を受けた時に未成年者又は成年被後見人であったときは、その意思表示をもってその相手方に対抗することができない。ただし、その法定代理人がその意思表示を知った後は、この限りでない。 （新設）

| ② 意思能力を回復し、又は行為能力者となった相手方 | （新設） |

（2）施行日前にされた意思表示については、新法93条（心裡留保）、95条（錯誤）、96条2項（三者詐欺）及び3項（第三者効）並びに98条の2（意思表示の受領能力）の規定にかかわらず、なお従前の例によります。また、施行日前に通知が発せられた意思表示については、新法97条の規定にかかわらず、なお従前の例によります。

> （意思表示に関する経過措置）
> 第6条　施行日前にされた意思表示については、新法第93条、第95条、第96条第2項及び第3項並びに第98条の2の規定にかかわらず、なお従前の例による。
> 2　施行日前に通知が発せられた意思表示については、新法第97条の規定にかかわらず、なお従前の例による。

4 代　理 （部会資料13－1、13－2、29、66A、79－3、83－1、83－2、84－1、84－2、84－3、85、88－1）

ポイント 17 「代理制度」について判例を反映するための改正

　代理制度については、判例を反映するための改正がほとんどで、実務で気をつけるべきところは多くありませんが、次の点に留意して下さい。

（1）代理行為の瑕疵は、代理人について決せられます。ただし、特定の法律行為をすることを委託された代理人がその行為をしたときは、本人は、自ら知っていた事情について代理人が知らなかったことを主張することはできません。本人が過失によって知らなかった事情についても、同様とするとされています。

改正条項	旧法
（代理行為の瑕疵）	（代理行為の瑕疵）

第101条　代理人が相手方に対してした意思表示の効力が意思の不存在、錯誤、詐欺、強迫又はある事情を知っていたこと若しくは知らなかったことにつき過失があったことによって影響を受けるべき場合には、その事実の有無は、代理人について決するものとする。 2　相手方が代理人に対してした意思表示の効力が意思表示を受けた者がある事情を知っていたこと又は知らなかったことにつき過失があったことによって影響を受けるべき場合には、その事実の有無は、代理人について決するものとする。 3　特定の法律行為をすることを委託された代理人がその行為をしたときは、本人は、自ら知っていた事情について代理人が知らなかったことを主張することができない。本人が過失によって知らなかった事情についても、同様とする。	第101条　意思表示の効力が意思の不存在、詐欺、強迫又はある事情を知っていたこと若しくは知らなかったことにつき過失があったことによって影響を受けるべき場合には、その事実の有無は、代理人について決するものとする。 （新設） 2　特定の法律行為をすることを委託された場合において、代理人が本人の指図に従ってその行為をしたときは、本人は、自ら知っていた事情について代理人が知らなかったことを主張することができない。本人が過失によって知らなかった事情についても、同様とする。

（2）代理権の濫用（新法107条）、自己契約、双方代理、利益相反行為（新法108条）が無権代理と明記され、追認や無権代理人に対する責任追及が可能となりました。

改正条項	旧法
（代理権の濫用） 第107条　代理人が自己又は第三者の利益を図る目的で代理権の範囲内の行為をした場合において、相手方がその目的を知り、又は知ることができたときは、	（新設）

改正条項	旧法
（自己契約及び双方代理等） 第108条　同一の法律行為について、相手方の代理人として、又は当事者双方の代理人としてした行為は、代理権を有しない者がした行為とみなす。ただし、債務の履行及び本人があらかじめ許諾した行為については、この限りでない。 2 前項本文に規定するもののほか、代理人と本人との利益が相反する行為については、代理権を有しない者がした行為とみなす。ただし、本人があらかじめ許諾した行為については、この限りでない。	（自己契約及び双方代理） 第108条　同一の法律行為については、相手方の代理人となり、又は当事者双方の代理人となることはできない。ただし、債務の履行及び本人があらかじめ許諾した行為については、この限りでない。 （新設）

（3）自己契約、双方代理、利益相反行為は本人があらかじめ許諾すれば有効になります（新法108条1項ただし書、2項ただし書）。

（4）制限行為能力者が代理人としてした行為は、行為能力の制限によって取り消すことはできませんが、本人が制限行為能力者で、それを制限行為能力者が代理した場合は、本人（制限行為能力者）を保護するため、取消しをすることができます（新法102条）。

改正条項	旧法
（代理人の行為能力） 第102条　制限行為能力者が代理人としてした行為は、行為能力の制限によっては取り消すことができない。ただし、制限行為能力者が他の制限行為能力者	（代理人の行為能力） 第102条　代理人は、行為能力者であることを要しない。

の法定代理人としてした行為について は、この限りでない。	

> （行為能力に関する経過措置）
>   附則第3条　施行日前に制限行為能力者（新法第13条第1項第10号に規定
> する制限行為能力者をいう。以下この条において同じ。）が他の制限行為
> 能力者の法定代理人としてした行為については、同項及び新法第102条の
> 規定にかかわらず、なお従前の例による。

(5)　任意代理人が復代理人を選任した場合について、任意代理人の責任は、従前、選任監督責任に限定されており、本人の指名に従った場合には責任を負わないとされていた旧法105条が、削除されました。これにより、債務不履行の一般原則（新法644条の2）に従って解釈され、個別事案により任意代理人の帰責事由の有無が判断されることになります。

　なお、任意代理人が、本人の許諾を得たとき、又はやむを得ない事由があるときでなければ、復代理人を選任できないという法104条については、変更はありません。

改正条項	旧法
（第105条削除） →改正法644条の2へ	（復代理人を選任した代理人の責任） 第105条　代理人は、前条の規定により復代理人を選任したときは、その選任及び監督について、本人に対してその責任を負う。 2　代理人は、本人の指名に従って復代理人を選任したときは、前項の責任を負わない。ただし、その代理人が、復代理人が不適任又は不誠実であることを知りながら、その旨を本人に通知し又は復代理人を解任することを怠ったときは、こ

	の限りでない。
（復受任者の選任等） 第644条の2 受任者は、委任者の許諾を得たとき、又はやむを得ない事由があるときでなければ、復受任者を選任することができない。 2 代理権を付与する委任において、受任者が代理権を有する復受任者を選任したときは、復受任者は、委任者に対して、その権限の範囲内において、受任者と同一の権利を有し、義務を負う。	（新設）
（法定代理人による復代理人の選任） 第105条 法定代理人は、自己の責任で復代理人を選任することができる。この場合において、やむを得ない事由があるときは、本人に対してその選任及び監督についての責任のみを負う。	（法定代理人による復代理人の選任） 第106条 法定代理人は、自己の責任で復代理人を選任することができる。この場合において、やむを得ない事由があるときは、前条第1項の責任のみを負う。

（6）新法644条の22項及び658条3項では「その権限の範囲内において」との文言が入っていることとの平仄を合わせる観点から、新法106条2項（旧法107条2項）にも同じ文言が加えられています。

改正条項	旧法
（復代理人の権限等） 第106条 （略）	（復代理人の権限等） 第107条 復代理人は、その権限内の行為について、本人を代表する。
2 復代理人は、本人及び第三者に対して、その権限の範囲内において、代理人と同一の権利を有し、義務を負う。	2 復代理人は、本人及び第三者に対して、代理人と同一の権利を有し、義務を負う。

(7) 表見代理については従前の判例を踏まえた改正がなされました（新法109条、110条、112条）。

代理権授与の表示による表見代理（新法109条関係）については、判例を踏まえ、民法110条との重畳適用を明記する規定が新設されました（新法109条2項）。

新法112条1項は、解釈上疑義が生じないように「代理権の消滅の事実を知らなかった第三者に対してその責任を負う。ただし、第三者が過失によってその事実を知らなかったときは、この限りでない。」と明記し、2項は、最高裁が認めていた旧法112条と110条の重畳適用が認められることを条文上明確にするものです。

改正条項	旧法
(代理権授与の表示による表見代理等) 第109条　（略）	(代理権授与の表示による表見代理) 第109条　第三者に対して他人に代理権を与えた旨を表示した者は、その代理権の範囲内においてその他人が第三者との間でした行為について、その責任を負う。ただし、第三者が、その他人が代理権を与えられていないことを知り、又は過失によって知らなかったときは、この限りでない。
2　第三者に対して他人に代理権を与えた旨を表示した者は、その代理権の範囲内においてその他人が第三者との間で行為をしたとすれば前項の規定によりその責任を負うべき場合において、その他人が第三者との間でその代理権の範囲外の行為をしたときは、第三者がその行為についてその他人の代理権があると信ずべき正当な理由があるときに限り、その行為についての責任を負う。	(新設)

改正条項	旧法
(権限外の行為の表見代理)	(権限外の行為の表見代理)

第110条　<u>前条第1項本文</u>の規定は、代理人がその権限外の行為をした場合において、第三者が代理人の権限があると信ずべき正当な理由があるときについて準用する。	第110条　<u>前条本文</u>の規定は、代理人がその権限外の行為をした場合において、第三者が代理人の権限があると信ずべき正当な理由があるときについて準用する。

改正条項	旧法
（代理権消滅後の表見代理等） <u>第112条　他人に代理権を与えた者は、代理権の消滅後にその代理権の範囲内においてその他人が第三者との間でした行為について、代理権の消滅の事実を知らなかった第三者に対してその責任を負う。ただし、第三者が過失によってその事実を知らなかったときは、この限りでない。</u>	（代理権消滅後の表見代理） 第112条　代理権の消滅は、善意の第三者に対抗することができない。ただし、第三者が過失によってその事実を知らなかったときは、この限りでない。
<u>2　他人に代理権を与えた者は、代理権の消滅後に、その代理権の範囲内においてその他人が第三者との間で行為をしたとすれば前項の規定によりその責任を負うべき場合において、その他人が第三者との間でその代理権の範囲外の行為をしたときは、第三者がその行為についてその他人の代理権があると信ずべき正当な理由があるときに限り、その行為についての責任を負う。</u>	<u>（新設）</u>

(8) 無権代理人の責任に関する旧法117条について、「自己の代理権」又は「本人の追認」を立証する責任が無権代理人にあることを明確にしました（新法117条1項）。

33

改正条項	旧法
（無権代理人の責任） 第117条　他人の代理人として契約をした者は、自己の代理権を<u>証明したとき、又は本人の追認を得たときを除き</u>、相手方の選択に従い、相手方に対して履行又は損害賠償の責任を負う。 <u>2 前項の規定は、次に掲げる場合には、適用しない。</u> <u>①　他人の代理人として契約をした者が代理権を有しないことを相手方が知っていたとき。</u> <u>②　他人の代理人として契約をした者が代理権を有しないことを相手方が過失によって知らなかったとき。ただし、他人の代理人として契約をした者が自己に代理権がないことを知っていたときは、この限りでない。</u> <u>③　他人の代理人として契約をした者が行為能力の制限を受けていたとき。</u>	（無権代理人の責任） 第117条　他人の代理人として契約をした者は、自己の代理権を<u>証明することができず、かつ、本人の追認を得ることができなかったとき</u>は、相手方の選択に従い、相手方に対して履行又は損害賠償の責任を負う。 2 前項の規定は、<u>他人の代理人として契約をした者が代理権を有しないことを相手方が知っていたとき、若しくは過失によって知らなかったとき、又は他人の代理人として契約をした者が行為能力を有しなかったときは、適用しない。</u>

	相手方悪意	相手方善意有過失	相手方善意無過失
無権代理人悪意	責任×	責任○	責任○
無権代理人善意	責任×	責任×	責任○

相手方が悪意の場合：無権代理人の主観を問わず、常に無権代理人の責任は生じない。

相手方が善意有過失の場合：無権代理人が悪意の場合に限り、無権代理人の責任が生ずる。

相手方が善意無過失の場合：無権代理人の主観を問わず、常に無権代理人の責任が生ずる。

(9) 経過措置

　代理に関する経過措置は下記のとおりです。

（代理に関する経過措置）

附則第7条　施行日前に代理権の発生原因が生じた場合（代理権授与の表示がされた場合を含む。）におけるその代理については、附則第3条に規定するもののほか、なお従前の例による。

2　施行日前に無権代理人が代理人として行為をした場合におけるその無権代理人の責任については、新法第117条（新法第118条において準用する場合を含む。）の規定にかかわらず、なお従前の例による。

（行為能力に関する経過措置）

附則第3条　施行日前に制限行為能力者（新法第13条第1項第10号に規定する制限行為能力者をいう。以下この条において同じ。）が他の制限行為能力者の法定代理人としてした行為については、同項及び新法第102条の規定にかかわらず、なお従前の例による。

5　無効及び取消 （部会資料13-1、13-2、66、79-3、83-1、84-1、84-2、84-3、85、88-1、88-2）

ポイント 18　追認をするには取消し得ることを知ることを要す（法定追認は解釈に委ねる）

(1)　新法第102条が、「制限行為能力者が代理人としてした行為は、行為能力の制限によっては取り消すことができない。ただし、制限行為能力者が他の制限行為能力者の法定代理人としてした行為については、この限りでない。」と規定し、ただし書きが追加されることから第1項中に（他の制限行為能力者の法定代理人としてした行為にあっては、当該他の制限行為能力者を含む。）が追加されました。また、錯誤が無効事由から取消事由に変更されたことから、第2項に錯誤が追加されました。

改正条項	旧法
（取消権者） 第120条　行為能力の制限によって取り消すことができる行為は、制限行為能力者（他の制限行為能力者の法定代理人としてした行為にあっては、当該他の制限行為能力者を含む。）又はその代理人、承継人若しくは同意をすることができる者に限り、取り消すことができる。 2　錯誤、詐欺又は強迫によって取り消すことができる行為は、瑕疵ある意思表示をした者又はその代理人若しくは承継人に限り、取り消すことができる。	（取消権者） 第120条　行為能力の制限によって取り消すことができる行為は、制限行為能力者又はその代理人、承継人若しくは同意をすることができる者に限り取り消すことができる。 2　詐欺又は強迫によって取り消すことができる行為は、瑕疵ある意思表示をした者又はその代理人若しくは承継人に限り、取り消すことができる。

(2) 旧法第121条ただし書きの「制限行為能力者は、その行為によって現に利益を受けている限度において、返還の義務を負う。」との規定は、何らかの行為について行為能力が制限されている者一般を指すと読まれかねないことから削除され、新法121条の2第3項で「行為の時に制限行為能力者であった者についても、同様とする」と明記されました（部会資料88−2、1頁）。新法121条の2は、不当利得に関する法703条、704条の特則として無効な無償行為で給付を受けた善意者、行為時における意思無能力者、行為無能力者の場合は、返還義務の範囲を現存利益の範囲に限定したものです。また、詐欺・強迫を受けた者の取消（第三者詐欺を除く）は、不法原因給付として、詐欺等をした相手方からは原状回復に基づく返還請求はできないとされています（192回国会衆議院法務委員会13号、民事局長答弁）。

改正条項	旧法
（取消しの効果） 第121条　取り消された行為は、初めから無効であったものとみなす。	（取消しの効果） 第121条　取り消された行為は、初めから無効であったものとみなす。ただし、制限行為能力者は、その行為によって現

に利益を受けている限度において、返還の義務を負う。

（原状回復の義務）
第121条の2　無効な行為に基づく債務の履行として給付を受けた者は、相手方を原状に復させる義務を負う。
2　前項の規定にかかわらず、無効な無償行為に基づく債務の履行として給付を受けた者は、給付を受けた当時その行為が無効であること（給付を受けた後に前条の規定により初めから無効であったものとみなされた行為にあっては、給付を受けた当時その行為が取り消すことができるものであること）を知らなかったときは、その行為によって現に利益を受けている限度において、返還の義務を負う。
3　第1項の規定にかかわらず、行為の時に意思能力を有しなかった者は、その行為によって現に利益を受けている限度において、返還の義務を負う。行為の時に制限行為能力者であった者についても、同様とする。

（新設）

(3)　法務当局は、「追認は不確定ながら有効と扱われている法律行為を確定的に有効とするものであって、第三者の権利を害するとは言えないので、民法第122条ただし書は適用場面がなく不要な規定であるという理解が一般的になっているとし、また、裁判例を見ても、民法第122条ただし書を適用して事案を解決した例は見当たらないとして民法第122条ただし書を削除することとしている。」と説明しています（部会資料66A、39頁）。

改正条項	旧法
（取り消すことができる行為の追認） 第122条　取り消すことができる行為は、第120条に規定する者が追認したときは、以後、取り消すことができない。	（取り消すことができる行為の追認） 第122条　取り消すことができる行為は、第120条に規定する者が追認したときは、以後、取り消すことができない。ただし、追認によって第三者の権利を害することはできない。

（4）追認をするには取り消すことができることを知っている必要がある旨が明記されました（新法124条）。

当初、法定追認においても、取消権者が取消権の存在を知っていることを要することとしていましたが（部会資料66Ａ、40頁以下）、その後、「前条の規定により追認することができる時以後に」から、「前条の規定により」が削除され、法定追認については取消権者が取消権の存在を知っていることを要するか否かは解釈に委ねられることになりました（第97回部会議事録7頁以下）。部会資料（84－3、20頁）は、「判例（大判大正12年6月11日民集2巻396頁）は、法125条の法定追認の要件としては、法定追認に係る行為をする者が取消権を有することを知っている必要はないとしている。今般の改正で、新法124条については、追認に係る行為をする者が取消権を有することを知っている必要があるとする判例法理を明文化することとしているが、これは法125条に関する上記判例まで明示的に否定する趣旨ではないことから、同条の「前条の規定により」という文言を削ることとしている。」としています。

未成年者、被保佐人、被補助人は法定代理人等が追認することを同意している場合は追認はできます。未成年者、被保佐人、被補助人が同意を得て追認することができることとするのは、これらの者は、法定代理人等の同意を得て完全に有効な行為をすることができる（法5条1項、13条1項、17条1項）ことから、これとのバランス上、法定代理人等が追認することについて同意をしたときは追認をすることができることとしたものです。一方、成年被後見人は、後見人の同意を得ても追認できません。成年被後見人は、後見人の同意を得たとしても有効な法律行為をすることができるとはされていないことから、後見人の同意を得ても、追認をすることができることとするのは相当でないからです。

改正条項	旧法
（追認の要件） 第124条　取り消すことができる行為の追認は、取消しの原因となっていた状況が消滅し、かつ、取消権を有することを知った後にしなければ、その効力を生じない。 2 次に掲げる場合には、前項の追認は、取消しの原因となっていた状況が消滅した後にすることを要しない。 ① 法定代理人又は制限行為能力者の保佐人若しくは補助人が追認をするとき。 ② 制限行為能力者（成年被後見人を除く。）が法定代理人、保佐人又は補助人の同意を得て追認をするとき。 （削除）	（追認の要件） 第124条　追認は、取消しの原因となっていた状況が消滅した後にしなければ、その効力を生じない。 2 成年被後見人は、行為能力者となった後にその行為を了知したときは、その了知をした後でなければ、追認をすることができない。 3 前二項の規定は、法定代理人又は制限行為能力者の保佐人若しくは補助人が追認をする場合には、適用しない。
（法定追認） 第125条　追認をすることができる時以後に、取り消すことができる行為について次に掲げる事実があったときは、追認をしたものとみなす。ただし、異議をとどめたときは、この限りでない。 ①～⑥（略）	（法定追認） 第125条　前条の規定により追認をすることができる時以後に、取り消すことができる行為について次に掲げる事実があったときは、追認をしたものとみなす。ただし、異議をとどめたときは、この限りでない。 ① 全部又は一部の履行 ② 履行の請求 ③ 更改 ④ 担保の供与

| | ⑤　取り消すことができる行為によって取得した権利の全部又は一部の譲渡 |
| | ⑥　強制執行 |

（無効及び取消しに関する経過措置）

附則第8条　施行日前に無効な行為に基づく債務の履行として給付がされた場合におけるその給付を受けた者の原状回復の義務については、新法第121条の2（新法第872条第2項において準用する場合を含む。）の規定にかかわらず、なお従前の例による。

2　施行日前に取り消すことができる行為がされた場合におけるその行為の追認（法定追認を含む。）については、新法第122条、第124条及び第125条（これらの規定を新法第872条第2項において準用する場合を含む。）の規定にかかわらず、なお従前の例による。

6　条件及び期限　（部会資料30、66A、79-3、82-2、83-2）

ポイント 19　条件の成就の妨害

　効力始期「法律行為に効力始期を付したときは、その法律行為の効力は、期限が到来した時からを生ずる。」及び請求始期「法律行為に請求始期を付したときは、その法律行為の履行は、期限が到来するまで、これを請求することができない。」の規定を設けることも検討されましたが、新設は見送られました。

　新法130条2項に「条件が成就することによって利益を受ける当事者が不正にその条件を成就させたときは、相手方は、その条件が成就しなかったものとみなすことができる。」との規定が新設されました。

改正条項	旧法
★要綱段階では規定のあった効力始期等の規定は民法改正法に存在しない。	

改正条項	旧法
（条件の成就の妨害等） 第130条 （略） 2 条件が成就することによって利益を受ける当事者が不正にその条件を成就させたときは、相手方は、その条件が成就しなかったものとみなすことができる。	（条件の成就の妨害） 第130条 条件が成就することによって不利益を受ける当事者が故意にその条件の成就を妨げたときは、相手方は、その条件が成就したものとみなすことができる。 （新設）

（条件に関する経過措置）
　附則第9条　新法第130条第2項の規定は、施行日前にされた法律行為については、適用しない。

7　消滅時効 （部会資料14-1、14-2、69A、78A、80-3、83-1、83-2、84-1、85、88-1）

ポイント 20 「時効期間」の変更

　債権の消滅時効が、改正前は、「10年間行使しないときは、消滅する。」という客観的起算点のみでしたが、改正法では「権利を行使することができることを知った時から」という主観的起算点が導入され、以下の①または②の場合に債権が時効消滅することになりました（新法166条1項）。権利行使できることを知るケースが多いため、5年の消滅時効にかかる事案が多くなると思われます。

　①債権者が権利を行使することができることを知った時から5年間行使しないとき。

　②権利を行使することができる時から10年間行使しないとき。

　なお、①の5年の消滅時効の期間は、権利を行使することができることを知ったということ（権利が発生した原因についての認識のほか、権利を行使する相手

方である債務者をも認識する事（部会資料80−3、1頁））と権利を行使することができるとの二つの要件が満たされた場合に進行を開始すると説明されています。したがって、被害が原因で精神的抑圧状態が続いて権利行使ができなかった場合は権利行使できる時点から5年の進行が開始することになります。（第192回国会衆議院法務委員会第13号・政府参考人答弁）

この改正にともない、商法第522条を削除するものとするとされました。

この結果、農協・信用金庫と銀行の貸付金の時効期間は統一されます。

債権又は所有権以外の財産権は、20年間で変更はありません（166条2項）。

改正条項	旧法
（債権等の消滅時効）	（消滅時効の進行等）
第166条　債権は、次に掲げる場合には、時効によって消滅する。	第166条　消滅時効は、権利を行使することができる時から進行する。
①　債権者が権利を行使することができることを知った時から5年間行使しないとき。	
②　権利を行使することができる時から10年間行使しないとき。	
2 債権又は所有権以外の財産権は、権利を行使することができる時から20年間行使しないときは、時効によって消滅する。	（新設）
3 前二項の規定は、始期付権利又は停止条件付権利の目的物を占有する第三者のために、その占有の開始の時から取得時効が進行することを妨げない。ただし、権利者は、その時効を更新するため、いつでも占有者の承認を求めることができる。	2 前項の規定は、始期付権利又は停止条件付権利の目的物を占有する第三者のために、その占有の開始の時から取得時効が進行することを妨げない。ただし、権利者は、その時効を中断するため、いつでも占有者の承認を求めることができる。
改正法167条の上書きにより削除。	（債権等の消滅時効） 第167条　債権は、10年間行使しないときは、消滅する。

2 債権又は所有権以外の財産権は、20年間行使しないときは、消滅する。

ポイント 21 定期金債権の消滅時効の見直し

　「定期性の債権」とは、定期的に金銭や物を給付させる内容の債権のことであり、年金債権が典型的な例です。消滅する債権は、個々の1回ずつの債権（＝定期給付債権）ではなく、その個々の債権を生み出す基本となっている債権そのものです。

　原則的な消滅時効と同様、定期金債権の消滅時効に「知ったときから」という主観的起算点が導入されました。個人年金保険契約において保険契約者と保険金受取人が異なる場合など、権利者が定期金債権の存在や支分権の行使可能性を知らない場合もあり得ることから、仮に、債権者が基本権である定期金債権の存在を知っていたとしても、支分権の行使可能性を知らない限り、現実的な権利行使を期待することはできません。そこで、定期金債権の消滅時効については、主観的起算点における認識の対象を「各債権を行使することができること」とし、それを知った時から10年間行使しないときに時効消滅すると規定しています。

　定期金債権が通常の債権と異なり、支分権を発生させつつ長期間にわたり存続するという性質を持つことから、原則的な時効期間よりも長期になっています。

改正条項	旧法
（定期金債権の消滅時効）	（定期金債権の消滅時効）
第168条　定期金の債権は、次に掲げる場合には、時効によって消滅する。	第168条　定期金の債権は、第一回の弁済期から20年間行使しないときは、消滅する。最後の弁済期から10年間行使しないときも、同様とする。
①　債権者が定期金の債権から生ずる金銭その他の物の給付を目的とする各債権を行使することができることを知った時から10年間行使しないとき。	
②　前号に規定する各債権を行使することができる時から20年間行使しないとき。	
2 定期金の債権者は、時効の更新の証	2 定期金の債権者は、時効の中断の証

拠を得るため、いつでも、その債務者に対
して承認書の交付を求めることができる。

拠を得るため、いつでも、その債務者に対
して承認書の交付を求めることができる。

ポイント 22 「地代・家賃・管理費に関する短期消滅時効制度」の削除

　旧法169条は、地代や家賃、マンションの管理費のような年又はこれより短い時期によって定めた金銭その他の給付を目的とする定期給付債権について、その時効期間を5年間としていましたが、この地代・家賃・管理費の消滅時効に関する旧法169条は削除され原則的なルールに統一されました。権利を行使することができることを知った時から5年又は権利を行使することができる時から10年の時効にかかります。

改正条項	旧法
（削除）	(定期給付債権の短期消滅時効) 第169条　年又はこれより短い時期によって定めた金銭その他の物の給付を目的とする債権は、5年間行使しないときは、消滅する。

ポイント 23 「職業別の短期消滅時効等」の削除

　「職業別の短期消滅時効等」に関する、旧法170条から174条までが削除されます。時代の変化にともない、列挙されている債権とその他の債権との時効期間の差異を合理的に説明することが困難になってきていると考えられるからです。たとえば、医師の診療に関する債権は時効期間が3年とされていますが（旧法170条1号）が、隣接する職業についても適用ないし類推適用されるのかについて疑義が生じているうえ、大病院で行う高度先進医療に関する高額の債権に同条の趣旨はおよそ妥当し難いと考えられるからです。

改正条項	旧法
第170条から第174条まで　削除	（3年の短期消滅時効） 第170条　次に掲げる債権は、3年間行使しないときは、消滅する。ただし、第2号に掲げる債権の時効は、同号の工事が終了した時から起算する。 ①　医師、助産師又は薬剤師の診療、助産又は調剤に関する債権 ②　工事の設計、施工又は監理を業とする者の工事に関する債権 第171条　弁護士又は弁護士法人は事件が終了した時から、公証人はその職務を執行した時から3年を経過したときは、その職務に関して受け取った書類について、その責任を免れる。 （2年の短期消滅時効） 第172条　弁護士、弁護士法人又は公証人の職務に関する債権は、その原因となった事件が終了した時から2年間行使しないときは、消滅する。 2　前項の規定にかかわらず、同項の事件中の各事項が終了した時から5年を経過したときは、同項の期間内であっても、その事項に関する債権は、消滅する。 第173条　次に掲げる債権は、2年間行使しないときは、消滅する。 ①　生産者、卸売商人又は小売商人が売却した産物又は商品の代価に係る債権

ポイント
22
・
23

	② 自己の技能を用い、注文を受けて、物を製作し又は自己の仕事場で他人のために仕事をすることを業とする者の仕事に関する債権 ③ 学芸又は技能の教育を行う者が生徒の教育、衣食又は寄宿の代価について有する債権 （1年の短期消滅時効） 第174条 次に掲げる債権は、1年間行使しないときは、消滅する。 ① 月又はこれより短い時期によって定めた使用人の給料に係る債権 ② 自己の労力の提供又は演芸を業とする者の報酬又はその供給した物の代価に係る債権 ③ 運送賃に係る債権 ④ 旅館、料理店、飲食店、貸席又は娯楽場の宿泊料、飲食料、席料、入場料、消費物の代価又は立替金に係る債権 ⑤ 動産の損料に係る債権

ポイント 24 損害賠償請求権の消滅時効

一般の不法行為による損害賠償請求旧権の消滅時効

一般不法行為による損害賠償請求権の消滅時効については、

①　被害者又はその法定代理人が損害及び加害者を知った時から3年間行使しないとき。

②　不法行為の時から20年間行使しないとき。

生命・身体の侵害による損害賠償請求権の消滅時効

生命・身体の侵害による損害賠償請求権の消滅時効については、

① 被害者又はその法定代理人が損害及び加害者を知った時から5年間行使しないとき。

② 権利を行使することができる時（＊不法行為の場合、不法行為の時）から20年間行使しないとき。

　と規律されます（新法167条、724条、724条の2）。ちなみに、新法724条の20年間は、除斥期間でなく、消滅時効期間と明記されました。これにより、被害者の利益の保護がよりあつくなったと説明されています（192回国会衆議院法務委員会12号、193回国会衆議院法務委員会8号）。労災事故などの被害者または遺族が、安全配慮義務違反ないし不法行為に基づいて損害賠償を請求する場合の消滅時効にも影響があり、労務関係の各種資料は長期間保持しておかなければならなくなります。

改正条項	旧法
（不法行為による損害賠償請求権の消滅時効） 第724条　不法行為による損害賠償の請求権は、次に掲げる場合には、時効によって消滅する。 ① 被害者又はその法定代理人が損害及び加害者を知った時から3年間行使しないとき。 ② 不法行為の時から20年間行使しないとき。 （人の生命又は身体を害する不法行為による損害賠償請求権の消滅時効） 第724条の2　人の生命又は身体を害する不法行為による損害賠償請求権の	（不法行為による損害賠償請求権の期間の制限） 第724条　不法行為による損害賠償の請求権は、被害者又はその法定代理人が損害及び加害者を知った時から3年間行使しないときは、時効によって消滅する。不法行為の時から20年を経過したときも、同様とする。 （新設）

改正条項	旧法
消滅時効についての前条第1号の規定の適用については、同号中「3年間」とあるのは、「5年間」とする。	

改正条項	旧法
（人の生命又は身体の侵害による損害賠償請求権の消滅時効） 第167条　人の生命又は身体の侵害による損害賠償請求権の消滅時効についての前条第1項第2号の規定の適用については、同号中「10年間」とあるのは、「20年間」とする。	（新設）

ポイント 25　時効の用語及び制度の変更

　時効の「中断」が時効の「更新」へ用語が変わり、「停止」が「完成猶予」に変わります（新法147条〜150条）。条文の構成及び制度内容も全体的に変更されています。

　裁判上の請求や調停申立等により時効がいったん止まりますが、裁判の取り下げなど手続が途中で終了し、権利が確定しなかった場合の関係が明確ではありませんでした。改正法では、権利が確定することなく終了したときから6カ月時効は完成しないことが明記されました（新法147条1項本文括弧書き）。

　仮差押え、仮処分については、従前、中断事由に位置づけられていました（旧法147条2号）が、改正法では、時効の完成猶予へ変更となりました。これは、仮差押え等は、本案の訴えが提起されるまでの間、時効完成を阻止するものに過ぎないという保全手続の暫定性に鑑み、実質的には時効の停止事由として機能しているので、時効の更新事由とせず、完成猶予に再構成されました（新法149条）。仮差押え・仮処分が終了した時から6カ月間、時効の完成が猶予されるだけとなることから、債権保全実務の観点から留意が必要です。

改正案	旧法
（時効の援用） 第145条　時効は、当事者(消滅時効にあっては、保証人、物上保証人、第三取得者その他権利の消滅について正当な利益を有する者を含む。)が援用しなければ、裁判所がこれによって裁判をすることができない。	（時効の援用） 第145条　時効は、当事者が援用しなければ、裁判所がこれによって裁判をすることができない。
(裁判上の請求等による時効の完成猶予及び更新) 第147条　次に掲げる事由がある場合には、その事由が終了する（確定判決又は確定判決と同一の効力を有するものによって権利が確定することなくその事由が終了した場合にあっては、その終了の時から6箇月を経過する）までの間は、時効は、完成しない。 ①　裁判上の請求	（時効の中断事由） 第147条　時効は、次に掲げる事由によって中断する。 ①　請求 ②　差押え、仮差押え又は仮処分 ③　承認
	(裁判上の請求) 第149条　裁判上の請求は、訴えの却下又は取下げの場合には、時効の中断の効力を生じない。
②　支払督促	(支払督促) 第150条　支払督促は、債権者が民事訴訟法第392条に規定する期間内に仮執行の宣言の申立てをしないことによりその効力を失うときは、時効の中断の効力を生じない。
③　民事訴訟法第275条第1項の和解	(和解及び調停の申立て)

又は民事調停法（昭和26年法律第222号）若しくは家事事件手続法（平成23年法律第52号）による調停	第151条　和解の申立て又は民事調停法（昭和26年法律第222号）若しくは家事事件手続法（平成23年法律第52号）による調停の申立ては、相手方が出頭せず、又は和解若しくは調停が調わないときは、1箇月以内に訴えを提起しなければ、時効の中断の効力を生じない。
④　破産手続参加、再生手続参加又は更生手続参加	（破産手続参加等） 第152条　破産手続参加、再生手続参加又は更生手続参加は、債権者がその届出を取り下げ、又はその届出が却下されたときは、時効の中断の効力を生じない。
2　前項の場合において、確定判決又は確定判決と同一の効力を有するものによって権利が確定したときは、時効は、同項各号に掲げる事由が終了した時から新たにその進行を始める。	第157条（中断後の時効の進行） 　中断した時効は、その中断の事由が終了した時から、新たにその進行を始める。 2　裁判上の請求によって中断した時効は、裁判が確定した時から、新たにその進行を始める。
（強制執行等による時効の完成猶予及び更新） 第148条　次に掲げる事由がある場合には、その事由が終了する(申立ての取下げ又は法律の規定に従わないことによる取消しによってその事由が終了した場合にあっては、その終了の時から6箇月を経過する)までの間は、時効は、完成しない。	

① 　強制執行

② 　担保権の実行

③ 　民事執行法（昭和54年法律第4号）第195条に規定する担保権の実行としての競売の例による競売

④ 　民事執行法第196条に規定する財産開示手続

2 前項の場合には、時効は、同項各号に掲げる事由が終了した時から新たにその進行を始める。ただし、申立ての取下げ又は法律の規定に従わないことによる取消しによってその事由が終した場合は、この限りでない。

（仮差押え等による時効の完成猶予）

第149条　次に掲げる事由がある場合には、その事由が終了した時から6箇月を経過するまでの間は、時効は、完成しない。

① 　仮差押え

② 　仮処分

（催告による時効の完成猶予）

第150条　催告があったときは、その時から6箇月を経過するまでの間は、時効は、完成しない。

2 催告によって時効の完成が猶予されている間にされた再度の催告は、前項の規定による時効の完成猶予の効力を有しない。

第155条から第157条まで　削除

（差押え、仮差押え及び仮処分）

第154条　差押え、仮差押え及び仮処分は、権利者の請求により又は法律の規定に従わないことにより取り消されたときは、時効の中断の効力を生じない。

（催告）

第153条　催告は、6箇月以内に、裁判上の請求、支払督促の申立て、和解の申立て、民事調停法若しくは家事事件手続法による調停の申立て、破産手続参加、再生手続参加、更生手続参加、差押え、仮差押え又は仮処分をしなければ、時効の中断の効力を生じない。

第155条　差押え、仮差押え及び仮処

分は、時効の利益を受ける者に対してしないときは、その者に通知をした後でなければ、時効の中断の効力を生じない。

（承認）
第156条　時効の中断の効力を生ずべき承認をするには、相手方の権利についての処分につき行為能力又は権限があることを要しない。

（中断後の時効の進行）
第157条　中断した時効は、その中断の事由が終了した時から、新たにその進行を始める。
2　裁判上の請求によって中断した時効は、裁判が確定した時から、新たにその進行を始める。

（未成年者又は成年被後見人と時効の完成猶予）
第158条　（略）

（未成年者又は成年被後見人と時効の停止）
第158条
　時効の期間の満了前6箇月以内の間に未成年者又は成年被後見人に法定代理人がないときは、その未成年者若しくは成年被後見人が行為能力者となった時又は法定代理人が就職した時から6箇月を経過するまでの間は、その未成年者又は成年被後見人に対して、時効は、完成しない。
2　未成年者又は成年被後見人がその財産を管理する父、母又は後見人に対

して権利を有するときは、その未成年者若しくは成年被後見人が行為能力者となった時又は後任の法定代理人が就職した時から6箇月を経過するまでの間は、その権利について、時効は、完成しない。

（夫婦間の権利の時効の<u>完成猶予</u>） 　第159条　（略）	（夫婦間の権利の時効の<u>停止</u>） 第159条　夫婦の一方が他の一方に対して有する権利については、婚姻の解消の時から6箇月を経過するまでの間は、時効は、完成しない。
（相続財産に関する時効の<u>完成猶予</u>） 　第160条　（略）	（相続財産に関する時効の<u>停止</u>） 第160条　相続財産に関しては、相続人が確定した時、管理人が選任された時又は破産手続開始の決定があった時から6箇月を経過するまでの間は、時効は、完成しない。
<u>（判決で確定した権利の消滅時効）</u> <u>第169条　確定判決又は確定判決と同一の効力を有するものによって確定した権利については、10年より短い時効期間の定めがあるものであっても、その時効期間は、10年とする。</u> <u>2 前項の規定は、確定の時に弁済期の到来していない債権については、適用しない。</u>	<u>（判決で確定した権利の消滅時効）</u> <u>第174条の2　確定判決によって確定した権利については、10年より短い時効期間の定めがあるものであっても、その時効期間は、10年とする。裁判上の和解、調停その他確定判決と同一の効力を有するものによって確定した権利についても、同様とする。</u> <u>2 前項の規定は、確定の時に弁済期の到来していない債権については、適用しない。</u>

ポイント 26 協議による時効完成猶予の新設

　新たに協議による時効完成猶予の制度が設けられます（新法151条）。これは、権利について、当事者間の協議が継続しているにもかかわらず、時効の完成を阻止するためだけに訴訟提起する事態を避けるため、設けられました。裏返せば、権利についての協議を行う合意をすると消滅時効の完成が遅れるというリスクが生じます。

　債権者が優位な立場を利用して債務者に長期間の協議の合意をさせ、その後全く協議を行わないという状態が継続することを防止するためには、完成猶予の期間を限定するのが適切であると考えられ、通算5年間を限度としています（2項）。

改正条項	旧法
（協議を行う旨の合意による時効の完成猶予） 第151条　権利についての協議を行う旨の合意が書面でされたときは、次に掲げる時のいずれか早い時までの間は、時効は、完成しない。 ①　その合意があった時から1年を経過した時 ②　その合意において当事者が協議を行う期間（1年に満たないものに限る。）を定めたときは、その期間を経過した時 ③　当事者の一方から相手方に対して協議の続行を拒絶する旨の通知が書面でされたときは、その通知の時から6箇月を経過した時 2　前項の規定により時効の完成が猶予されている間にされた再度の同項の合意は、同項の規定による時効の完成猶	（新設）

予の効力を有する。ただし、その効力は、時効の完成が猶予されなかったとすれば時効が完成すべき時から通じて5年を超えることができない。

3 催告によって時効の完成が猶予されている間にされた第1項の合意は、同項の規定による時効の完成猶予の効力を有しない。同項の規定により時効の完成が猶予されている間にされた催告についても、同様とする。

4 第1項の合意がその内容を記録した電磁的記録（電子的方式、磁気的方式その他人の知覚によっては認識することができない方式で作られる記録であって、電子計算機による情報処理の用に供されるものをいう。以下同じ。）によってされたときは、その合意は、書面によってされたものとみなして、前三項の規定を適用する。

5 前項の規定は、第1項第3号の通知について準用する。

　協議の合意による時効の完成猶予は、催告と同様当事者間での自主的な紛争解決を図るための期間であると同時に、権利者が時効の更新に向けた措置を講ずるための期間です。そこで、催告によって時効の完成が猶予されている期間中に、さらに協議の合意を行ったとしても、この合意に時効の完成猶予の効力は認めず、また、協議の合意によって時効の完成が猶予されている期間中に、さらに催告を行っても、その催告に時効の完成猶予の効力は認めないことにしたものです（3項）。

協議の合意	期間の 定めのない場合	期間の定めがある場合	
		1年以上の期間の 定めがある場合	1年未満の期間の 定めがある場合
時効の完成猶予	①と③のいずれか 早い時まで	①と③のいずれか 早い時まで	②と③のいずれか 早い時まで

①上記合意があった時から1年を経過した時（151条1項1号）

②上記合意において当事者が協議を行う期間（1年に満たないものに限る。）を
　定めたときは、その期間を経過した時（2号）

③当事者の一方が相手方に対して協議の続行を拒絶する旨の書面による通知を
　した時から6箇月を経過した時（3号）

＊協議による時効完成猶予中、再度の合意が可能だが、通算5年以内（151条2項）

ポイント 27 承認は更新事由

　権利の承認について、中断事由とする考えを維持し、時効の更新事由としてい
ます（新法152条）。債務者に債務承認のための書面を求めるときに関係する規
定です。

改正条項	旧法
（承認による時効の更新） 第152条　時効は、権利の承認があっ たときは、その時から、新たにその進行を 始める。 2　前項の承認をするには、相手方の権 利についての処分につき行為能力の制 限を受けていないこと又は権限があるこ とを要しない。 （時効の完成猶予又は更新の効力が	（承認） 第156条　時効の中断の効力を生ずべ き承認をするには、相手方の権利につい ての処分につき行為能力又は権限があ ることを要しない。 （時効の中断の効力が及ぶ者の範囲）

及ぶ者の範囲)

第153条　第147条又は第148条の規定による時効の完成猶予又は更新は、完成猶予又は更新の事由が生じた当事者及びその承継人の間においてのみ、その効力を有する。

2 第149条から第151条までの規定による時効の完成猶予は、完成猶予の事由が生じた当事者及びその承継人の間においてのみ、その効力を有する。

3 前条の規定による時効の更新は、更新の事由が生じた当事者及びその承継人の間においてのみ、その効力を有する。

第154条

　第148条第1項各号又は第149条各号に掲げる事由に係る手続は、時効の利益を受ける者に対してしないときは、その者に通知をした後でなければ、第148条又は第149条の規定による時効の完成猶予又は更新の効力を生じない。

第148条　前条の規定による時効の中断は、その中断の事由が生じた当事者及びその承継人の間においてのみ、その効力を有する。

第155条

差押え、仮差押え及び仮処分は、時効の利益を受ける者に対してしないときは、その者に通知をした後でなければ、時効の中断の効力を生じない。

ポイント 28 天災等による時効完成猶予期間の変更

(1) 天災等による時効の完成猶予期間が2週間から3カ月に延長されました（新法161条）。

改正条項	旧法
（天災等による時効の<u>完成猶予</u>）	（天災等による時効の<u>停止</u>）
第161条　時効の期間の満了の時に当たり、天災その他避けることのできない事変のため<u>第147条第1項各号又は第148条第1項各号に掲げる事由に係る手続を行う</u>ことができないときは、その障害が消滅した時から<u>3箇月</u>を経過するまでの間は、時効は、完成しない。	第161条　時効の期間の満了の時に当たり、天災その他避けることのできない事変のため<u>時効を中断することができない</u>ときは、その障害が消滅した時から2週間を経過するまでの間は、時効は、完成しない。

(2) 共有者に対する時効の「中断」は、時効の「更新」に改正され、「停止の原因」は「完成猶予の事由」となりました。

改正条項	旧法
第284条　（略）	第284条　（略）
2 共有者に対する時効の<u>更新</u>は、地役権を行使する各共有者に対してしなければ、その効力を生じない。	2 共有者に対する時効の<u>中断</u>は、地役権を行使する各共有者に対してしなければ、その効力を生じない。
3 地役権を行使する共有者が数人ある場合には、その一人について時効の<u>完成猶予の事由</u>があっても、時効は、各共有者のために進行する。	3 地役権を行使する共有者が数人ある場合には、その一人について時効の<u>停止の原因</u>があっても、時効は、各共有者のために進行する。

(3) 旧法167条第2項の「債権又は所有権以外の財産権は、20年間行使しないときは、消滅する。」は、新法166条第2項において「<u>債権又は所有権以外の財産権は、権利を行使することができる時から20年間行使しないときは、時効によって消滅する。</u>」となったので、地役権の消滅時効の規定は次のようになりました。

改正条項	旧法
（地役権の消滅時効） 第291条 第166条第2項に規定する消滅時効の期間は、継続的でなく行使される地役権については最後の行使の時から起算し、継続的に行使される地役権についてはその行使を妨げる事実が生じた時から起算する。	（地役権の消滅時効） 第291条 第167条第2項に規定する消滅時効の期間は、継続的でなく行使される地役権については最後の行使の時から起算し、継続的に行使される地役権についてはその行使を妨げる事実が生じた時から起算する。

(4)「中断」は、「完成猶予」に、「停止」は「更新」と改正されたので、292条は次のように改正されました。

改正条項	旧法
第292条 要役地が数人の共有に属する場合において、その一人のために時効の完成猶予又は更新があるときは、その完成猶予又は更新は、他の共有者のためにも、その効力を生ずる。	第292条 要役地が数人の共有に属する場合において、その一人のために時効の中断又は停止があるときは、その中断又は停止は、他の共有者のためにも、その効力を生ずる。

ポイント 29 改正後の消滅時効の規定は遡及しない

　改正後の消滅時効の規定は、施行日以降に生じた債権（ただし、原因たる法律行為が施行日前の債権は、旧法適用）に適用されます（附則10条4項）。

（時効に関する経過措置）
附則第10条 施行日前に債権が生じた場合（施行日以後に債権が生じた場合であって、その原因である法律行為が施行日前にされたときを含む。以下同じ。）におけるその債権の消滅時効の援用については、新法第145条の規定にかかわらず、なお従前の例による。
2 施行日前に旧法第147条に規定する時効の中断の事由又は旧法第158条

から第161条までに規定する時効の停止の事由が生じた場合におけるこれらの事由の効力については、なお従前の例による。

3　新法第151条の規定は、施行日前に権利についての協議を行う旨の合意が書面でされた場合（その合意の内容を記録した電磁的記録（新法第151条第4項に規定する電磁的記録をいう。附則第33条第2項において同じ。）によってされた場合を含む。）におけるその合意については、適用しない。

4　施行日前に債権が生じた場合におけるその債権の消滅時効の期間については、なお従前の例による。

（不法行為等に関する経過措置）

附則第35条　旧法第724条後段（旧法第934条第3項（旧法第936条第3項、第947条第3項、第950条第2項及び第957条第2項において準用する場合を含む。）において準用する場合を含む。）に規定する期間がこの法律の施行の際すでに経過していた場合におけるその期間の制限については、なお従前の例による。

2　新法第724条の2の規定は、不法行為による損害賠償請求権の旧法第724条前段に規定する時効がこの法律の施行の際すでに完成していた場合については、適用しない。

【金融機関における時効管理は変わるか】

　消滅時効に関する改正により金融機関における時効管理の実務が変わるか関心のあるところです。金融機関の時効管理は貸金債権の管理が中心ですが、今回の主観的起算点の採用によっても大きな影響はないと思われます。すなわち、「債権者が権利を行使することを知った時」とは債務者を知ったことを含むといわれていますが（部会資料80－3、1頁）、金融機関が借主を知らないということはほぼあり得ないし、貸金の期限が到来したときに、その権利を行使することができるときにあたるからです。ちなみに、後述のように仮差押えが時効の中断事由から手続き終了後6カ月の時効完成猶予に格下げになったことは留意すべきですが、今後は、債務承認がと

れなかった場合には、直ちに貸金返還請求訴訟を提起すべき実務を確立すべきです。また、後述する協議による完成猶予も、改正法第151条は「権利について協議を行う旨の合意が書面でされた時は」が協議の要件とされているので、書面を作成しながら債務承認をさせずに、権利関係を曖昧にしておくということは貸金債権では想定しにくいでしょう。実務的には、期限の利益は与えて債務承認を求めるということになるでしょう。同条で想定されているのは権利の存否とか、権利の額に争いがある債権、具体的には債務不履行に基づく損害賠償請求権とか、不当利得返還請求権、争いのある請負の報酬代金債権といったものであり、貸金債権について権利関係に争いがあることまで譲歩して、協議することは想定しにくいと思われます。

8　債権質の質入れ　（部会資料83－1、84－1、84－2、84－3、85、88－1）

ポイント 30　債権質の質入れと抵当権の範囲

（1）指図証券の質入れについて、証書の交付を効力要件とし、質権の設定の裏書を第三者対抗要件とする旧法363条及び365条の規律に代えて、債権一般の質入れとしては、法467条の規定に従い、第三債務者にその質権の設定を通知し、又は第三債務者がこれを承諾しなければ、これをもって第三債務者その他の第三者に対抗することができないとの規律となりました。

改正条項	旧法
第363条　削除	（債権質の設定） 第363条　債権であってこれを譲り渡すにはその証書を交付することを要するものを質権の目的とするときは、質権の設定は、その証書を交付することによって、その効力を生ずる。

| 第365条　削除 | <u>（指図債権を目的とする質権の対抗要件）</u>
<u>第365条　指図債権を質権の目的とし</u>
<u>たときは、その証書に質権の設定の裏書</u>
<u>をしなければ、これをもって第三者に対</u>
<u>抗することができない。</u> |

改正条項	旧法
（<u>債権</u>を目的とする質権の対抗要件） 第364条　<u>債権を目的とする質権の設定</u> <u>（現に発生していない債権を目的とする</u> <u>ものを含む。）</u>は、第467条の規定に従 い、第三債務者に<u>その</u>質権の設定を通 知し、又は第三債務者がこれを承諾し なければ、これをもって第三債務者その 他の第三者に対抗することができない。	（<u>指名債権</u>を目的とする質権の対抗要件） 第364条　<u>指名債権を質権の目的とし</u> <u>たときは</u>、第467条の規定に従い、第三 債務者に質権の設定を通知し、又は第 三債務者がこれを承諾しなければ、これ をもって第三債務者その他の第三者に 対抗することができない。

（債権を目的とする質権の対抗要件に関する経過措置）
　附則第11条　施行日前に設定契約が締結された債権を目的とする質権の対抗要件については、新法第364条の規定にかかわらず、なお従前の例による。

(2)　不動産質については、次のような形式的な改正がありました。

改正条項	旧法
（設定行為に別段の定めがある場合等） 第359条　前三条の規定は、設定行為 に別段の定めがあるとき、又は担保不 動産収益執行（民事執行法第180条第 2号に規定する担保不動産収益執行を いう。以下同じ。）の開始があったときは、 適用しない。	（設定行為に別段の定めがある場合等） 第359条　前三条の規定は、設定行為 に別段の定めがあるとき、又は担保不 動産収益執行（民事執行法<u>（昭和54年</u> <u>法律第4号）</u>第180条第2号に規定する 担保不動産収益執行をいう。以下同 じ。）の開始があったときは、適用しない。

(3) 抵当権が及ぶ範囲について詐害行為取消権制度の改正に合わせて次のような改正しています。

改正条項	旧法
（抵当権の効力の及ぶ範囲） 第370条　抵当権は、抵当地の上に存する建物を除き、その目的である不動産（以下「抵当不動産」という。）に付加して一体となっている物に及ぶ。ただし、設定行為に別段の定めがある場合及び債務者の行為について第424条第3項に規定する詐害行為取消請求をすることができる場合は、この限りでない。	（抵当権の効力の及ぶ範囲） 第370条　抵当権は、抵当地の上に存する建物を除き、その目的である不動産（以下「抵当不動産」という。）に付加して一体となっている物に及ぶ。ただし、設定行為に別段の定めがある場合及び第424条の規定により債権者が債務者の行為を取り消すことができる場合は、この限りでない。

9　根抵当権 （部会資料83−1、84−1、84−2、84−3、85、88−1）

ポイント 31　根抵当権の被担保債権

(1) 電子記録債権も根抵当権の被担保債権にできるとの改正がありました。

改正条項	旧法
（根抵当権） 第398条の2　（略） 2　（略）	（根抵当権） 第398条の2　抵当権は、設定行為で定めるところにより、一定の範囲に属する不特定の債権を極度額の限度において担保するためにも設定することができる。 2 前項の規定による抵当権（以下「根抵当権」という。）の担保すべき不特定の債権の範囲は、債務者との特定の継続的取引契約によって生ずるものその他債務者との一定の種類の取引によっ

3 特定の原因に基づいて債務者との間に継続して生ずる<u>債権、手形上若しくは小切手上の請求権又は電子記録債権（電子記録債権法（平成19年法律第102号）第2条第1項に規定する電子記録債権をいう。次条第2項において同じ。）</u>は、前項の規定にかかわらず、根抵当権の担保すべき債権とすることができる。	て生ずるものに限定して、定めなければならない。 3 特定の原因に基づいて債務者との間に継続して生ずる<u>債権又は手形上若しくは小切手上の請求権</u>は、前項の規定にかかわらず、根抵当権の担保すべき債権とすることができる。

改正条項	旧法
（根抵当権の被担保債権の範囲） 第398条の3　（略）	（根抵当権の被担保債権の範囲） 第398条の3 根抵当権者は、確定した元本並びに利息その他の定期金及び債務の不履行によって生じた損害の賠償の全部について、極度額を限度として、その根抵当権を行使することができる。
2　債務者との取引によらないで取得する<u>手形上若しくは小切手上の請求権又は電子記録債権</u>を根抵当権の担保すべき債権とした場合において、次に掲げる事由があったときは、その前に取得したものについてのみ、その根抵当権を行使することができる。ただし、その後に取得したものであっても、その事由を知らないで取得したものについては、これを行使することを妨げない。 ①～③　（略）	2　債務者との取引によらないで取得する<u>手形上又は小切手上の請求権</u>を根抵当権の担保すべき債権とした場合において、次に掲げる事由があったときは、その前に取得したものについてのみ、その根抵当権を行使することができる。ただし、その後に取得したものであっても、その事由を知らないで取得したものについては、これを行使することを妨げない。 ①　債務者の支払の停止 ②　債務者についての破産手続開始、再生手続開始、更生手続開始又は特

(2) 根抵当権の被担保債権の譲渡等に関し、免責的債務引受、更改の改正に合わせた改正がなされています。

改正条項	旧法
（根抵当権の被担保債権の譲渡等） 第398条の7 （略）	（根抵当権の被担保債権の譲渡等） 第398条の7 元本の確定前に根抵当権者から債権を取得した者は、その債権について根抵当権を行使することができない。元本の確定前に債務者のために又は債務者に代わって弁済をした者も、同様とする。
2 （略）	2 元本の確定前に債務の引受けがあったときは、根抵当権者は、引受人の債務について、その根抵当権を行使することができない。
3 元本の確定前に免責的債務引受があった場合における債権者は、第472条の4第一項の規定にかかわらず、根抵当権を引受人が負担する債務に移すことができない。	（新設）
4 元本の確定前に債権者の交替による更改があった場合における更改前の債権者は、第518条第1項の規定にかかわらず、根抵当権を更改後の債務に移すことができない。元本の確定前に債務者の交替による更改があった場合における債権者も、同様とする。	3 元本の確定前に債権者又は債務者の交替による更改があったときは、その当事者は、第518条の規定にかかわらず、根抵当権を更改後の債務に移すことができない。

（根抵当権に関する経過措置）

附則第13条　施行日前に設定契約が締結された根抵当権の被担保債権の範囲については、新法第398条の2第3項及び第398条の3第2項の規定にかかわらず、なお従前の例による。

2　新法第398条の7第3項の規定は、施行日前に締結された債務の引受けに関する契約については、適用しない。

3　施行日前に締結された更改の契約に係る根抵当権の移転については、新法第398条の7第4項の規定にかかわらず、なお従前の例による。

10　債権の目的（法定利率を除く） $\left(\begin{array}{l}\text{部会資料19 – 1、68A、83 – 1、}\\ \text{83 – 2、85、88 – 1}\end{array}\right)$

 32　「特定物の引渡しの場合の注意義務」の明確化

（1）特定物の引渡しの場合の注意義務（旧法400条関係）は、「債権の目的が特定物の引渡しであるときは、債務者は、その引渡しをするまで、契約その他の債権の発生原因及び取引上の社会通念に照らして定まる善良な管理者の注意をもって、その物を保存しなければならない。」とし、「契約その他の債権の発生原因及び取引上の社会通念に照らして定まる」という文言が追加されました。

　改正民法が、合意を重視する一環として理解すべき点です。

改正条項	旧法
（特定物の引渡しの場合の注意義務） 第400条　債権の目的が特定物の引渡しであるときは、債務者は、その引渡しをするまで、<u>契約その他の債権の発生原因及び取引上の社会通念に照らして定まる</u>善良な管理者の注意をもって、その物を保存しなければならない。	（特定物の引渡しの場合の注意義務） 第400条　債権の目的が特定物の引渡しであるときは、債務者は、その引渡しをするまで、善良な管理者の注意をもって、その物を保存しなければならない。

> （債権の目的に関する経過措置）
> 付則第14条 施行日前に債権が生じた場合におけるその債務者の注意義務については、新法第400条の規定にかかわらず、なお従前の例による。

(2) 旧法410条1項について、給付の不能が選択権を有する者の過失によるものである場合に限り債権の特定が生ずるものとし、かつ、同条第2項を削除するものです。「選択権を有する当事者」ではなく「選択権を有する者」としているのは、選択権を有する第三者を含む趣旨です。

改正条項	旧法
（不能による選択債権の特定） 第410条 債権の目的である給付の中に不能のものがある場合において、その不能が選択権を有する者の過失によるものであるときは、債権は、その残存するものについて存在する。 （削る）	第410条 債権の目的である給付の中に、初めから不能であるもの又は後に至って不能となったものがあるときは、債権は、その残存するものについて存在する。 2 選択権を有しない当事者の過失によって給付が不能となったときは、前項の規定は、適用しない。

> 附則第16条 施行日前に債権が生じた場合における選択債権の不能による特定については、新法第410条の規定にかかわらず、なお従前の例による。

11 法定利率 （部会資料81B・82−2、85、88−1、88−2）

ポイント 33 「変動制による法定利率」の導入（404条）

　変動制による法定利率が採用されました。法施行後の法定利率は、3年を一期とし、一期ごとに、1パーセント単位で変動するものとされました（たとえば、3.5パーセントとか2.5パーセントという法定利率はないということです）。

変動利率の決定は次のように説明されます。「平成Ｘ年の4月に改正法が施行されたとすると、最初の見直し時期は平成Ｘプラス3年ということになる。それから、基準割合の算定の仕方については、平成Ｘマイナス6年1月から平成Ｘマイナス2年12月までの5年間の平均値から算出される基準割合と、平成Ｘマイナス3年1月から平成Ｘプラス1年12月までの5年間の平均値から算出される基準割合とを比べて、1％以上の差があった場合には1％刻みで変動させるという内容である。基準となる数値は、具体的には、国内銀行が全ての融資の際に付した約定金利の平均値として日本銀行が公表している貸出約定平均金利、これを指標として平均値を出していくということになる。」（192回国会衆議院法務委員会13号、民事局長答弁）

ポイント 34 「中間利息控除」との関係（417条の2）

　中間利息控除についても年3パーセントの法定利率が適用される結果、損保関係で支払われる保険金は高額になりますが、それにともない、保険の掛金が高くなるのではないかと指摘されています。中間利息控除が変動制となると、損保保険の仕組みが破壊されるとの懸念が示されていることも付記しておきます。中間利息控除に利用される利率は、「その損害賠償の請求権が生じた時点における法定利率により、これをする。」とされています。事務的な負担が大きいとの指摘があったことを踏まえたものです。

　なお、附則第17条第2項は、「新法第417条の2（新法第722条第1項において準用する場合を含む。）の規定は、施行日前に生じた将来において取得すべき利益又は負担すべき費用についての損害賠償請求権については、適用しない。」と規定しています。

ポイント 35 法定利率の適用の基準時（404条1項）

　法定利率を変動制とする場合、ある債権にどの時点の法定利率を適用するかについて、改正法は「利息を生ずべき債権（元本債権）について、別段の意思表示がないときは、その利率は、その利息が生じた最初の時点における法定利率によ

る。」とし、仮にその後に法定利率が変動したとしても適用される法定利率は変わりません。元本債権の存続中にこれに適用される法定利率が変わるとすると、事務的な負担が大きいとの指摘があったことを踏まえたものです。

改正条項	旧法
（法定利率） 第404条　利息を生ずべき債権について別段の意思表示がないときは、その利率は、その利息が生じた最初の時点における法定利率による。	（法定利率） 第404条　利息を生ずべき債権について別段の意思表示がないときは、その利率は、年5分とする。
2 法定利率は、年3パーセントとする。	（新設）
3 前項の規定にかかわらず、法定利率は、法務省令で定めるところにより、3年を一期とし、一期ごとに、次項の規定により変動するものとする。	（新設）
4 各期における法定利率は、この項の規定により法定利率に変動があった期のうち直近のもの（以下この項において「直近変動期」という。）における基準割合と当期における基準割合との差に相当する割合（その割合に1パーセント未満の端数があるときは、これを切り捨てる。）を直近変動期における法定利率に加算し、又は減算した割合とする。	（新設）
5 前項に規定する「基準割合」とは、法務省令で定めるところにより、各期の初日の属する年の6年前の年の1月から前々年の12月までの各月における短期貸付けの平均利率（当該各月において銀行が新たに行った貸付け（貸付期間が1年未満のものに限る。）に係る利率の平均をいう。）の合計を60で除して計	（新設）

69

算した割合(その割合に0.1パーセント未満の端数があるときは、これを切り捨てる。)として法務大臣が告示するものをいう。	
(中間利息の控除) 第417条の2　将来において取得すべき利益についての損害賠償の額を定める場合において、その利益を取得すべき時までの利息相当額を控除するときは、その損害賠償の請求権が生じた時点における法定利率により、これをする。 2 将来において負担すべき費用についての損害賠償の額を定める場合において、その費用を負担すべき時までの利息相当額を控除するときも、前項と同様とする。	(新設)
(削除)	(商事法定利率) 商法第514条　商行為によって生じた債務に関しては、法定利率は、年6分とする。

改正条項	旧法
(損害賠償の方法、中間利息の控除及び過失相殺) 第722条　第417条及び第417条の2の規定は、不法行為による損害賠償について準用する。 2　(略)	(損害賠償の方法及び過失相殺) 第722条　第417条の規定は、不法行為による損害賠償について準用する。 2 被害者に過失があったときは、裁判所は、これを考慮して、損害賠償の額を定めることができる。

附則第15条　施行日前に利息が生じた場合におけるその利息を生ずべき債権に係る法定利率については、新法第404条の規定にかかわらず、なお従前の例による。

2　新法第404条第4項の規定により法定利率に初めて変動があるまでの各期における同項の規定の適用については、同項中「この項の規定により法定利率に変動があった期のうち直近のもの（以下この項において「直近変動期」という。）」とあるのは「民法の一部を改正する法律（平成29年法律第44号）の施行後最初の期」と、「直近変動期における法定利率」とあるのは「年3パーセント」とする。

ポイント 36 金銭債務の不履行の場合の「遅延損害金」の額（419条）

　金銭債務の不履行についての損害賠償（遅延損害金）の額については、「債務者が遅滞の責任を負った最初の時点」（新法419条1項、412条参照）の法定利率によることとするとされました。

　たとえば、賃貸マンションの入居者Aも入居者Bも家賃を滞納しているというケースで、遅滞の責任を負った最初の時期がAとBとで異なる場合、適用される遅延損害金の法定利率も異なるということになります。

　他方、中間利息控除に用いる利率については、損害賠償請求権が生じた時の法定利率によることとされています。

改正条項	旧法
（履行期と履行遅滞） 第412条　（略）	（履行期と履行遅滞） 第412条　債務の履行について確定期限があるときは、債務者は、その期限の到来した時から遅滞の責任を負う。
2 債務の履行について不確定期限があるときは、債務者は、<u>その期限の到来した後に履行の請求を受けた時又はそ</u>	2 債務の履行について不確定期限があるときは、債務者は、その期限の到来したことを知った時から遅滞の責任を負う。

の期限の到来したことを知った時<u>のいずれか早い時から遅滞の責任を負う</u>。 3　（略）	3　債務の履行について期限を定めなかったときは、債務者は、履行の請求を受けた時から遅滞の責任を負う。
（金銭債務の特則） 第419条　金銭の給付を目的とする債務の不履行については、その損害賠償の額は、<u>債務者が遅滞の責任を負った最初の時点における</u>法定利率によって定める。ただし、約定利率が法定利率を超えるときは、約定利率による。 2　（略） 3　（略）	（金銭債務の特則） 第419条　金銭の給付を目的とする債務の不履行については、その損害賠償の額は、法定利率によって定める。ただし、約定利率が法定利率を超えるときは、約定利率による。 2　前項の損害賠償については、債権者は損害の証明をすることを要しない。 3　第1項の損害賠償については、債務者は、不可抗力をもって抗弁とすることができない。

12　履行請求等 （部会資料5-1、68A、79-3、82-2、83-1、83-2、84-1、85、88-1）

 37 「履行の不能」に関する規定の新設、原始的不能の場合も履行利益の損害賠償（412条の2）

　履行の不能について「債務の履行が、契約その他の債務の発生原因及び取引上の社会通念に照らして不能であるときは、債権者は、その債務の履行を請求することができない。」との規定が新設されます（新法412条の2第1項）。

　契約締結時にすでに履行不能である場合、すなわち、原始的不能に関する規定も新設され、一般条項により、損害賠償を請求することを妨げないとの規定が設けられます（2項）。

　従来、原始的不能の場合は契約締結上の過失として信頼利益の賠償で足りるとされていましたが、改正法では、他の契約違反の場合と同様、履行利益を賠償することになります。

　ただし、契約の解釈として、履行不能であれば契約を無効とする合意をしていたと解されるときは、その合意の効力として契約が無効となる場合もあるといわれています。

　なお、附則第17条1項は、「施行日前に債務が生じた場合（施行日以後に債務が生じた場合であって、その原因である法律行為が施行日前にされたときを含む。附則第25条第1項において同じ。）におけるその債務不履行の責任等については、新法第412条第2項、第412条の2から第413条の2まで、第415条、第416条第2項、第418条及び第422条の2の規定にかかわらず、なお従前の例による。」と規定しています。

改正条項	旧法
（履行不能） 第412条の2　債務の履行が契約その他の債務の発生原因及び取引上の社会通念に照らして不能であるときは、債権者は、その債務の履行を請求することができない。 2 契約に基づく債務の履行がその契約の成立の時に不能であったことは、第415条の規定によりその履行の不能によって生じた損害の賠償を請求することを妨げない。	（新設）

ポイント 38 金銭債務について履行不能の規定は明文化せず （部会資料79-3、8頁）

　金銭債務の性質上、履行不能に関する規律が適用されないのは自明のことである一方で、金銭債務の履行不能を一切否定することには異論を述べる見解もある

こと等を踏まえ、明文化は見送られています。

ポイント 39 履行の強制（414条）

　履行の強制については実務の運用に即した規定の改正がなされましたが、実務への影響はないでしょう。

改正条項	旧法
（履行の強制） 第414条　債務者が任意に債務の履行をしないときは、債権者は、<u>民事執行法その他強制執行の手続に関する法令の規定に従い、直接強制、代替執行、間接強制その他の方法による履行の強制</u>を裁判所に請求することができる。ただし、債務の性質がこれを許さないときは、この限りでない。	（履行の強制） 第414条　債務者が任意に債務の履行をしないときは、債権者は、<u>その強制履行</u>を裁判所に請求することができる。ただし、債務の性質がこれを許さないときは、この限りでない。
（削除）	<u>2 債務の性質が強制履行を許さない場合において、その債務が作為を目的とするときは、債権者は、債務者の費用で第三者にこれをさせることを裁判所に請求することができる。ただし、法律行為を目的とする債務については、裁判をもって債務者の意思表示に代えることができる。</u>
（削除）	<u>3 不作為を目的とする債務については、債務者の費用で、債務者がした行為の結果を除去し、又は将来のため適当な処分をすることを裁判所に請求することができる。</u>
<u>2 前項</u>の規定は、損害賠償の請求を妨げない。	<u>4 前三項</u>の規定は、損害賠償の請求を妨げない。

13 債務不履行による損害賠償 （部会資料5−1、68A、79−3、82−2、83−1、83−2、84−1、85、88−1）

ポイント 40 「帰責性」の明確化及び「契約不適合責任」の概念の導入

　従前の「責めに帰すべき事由」が「契約その他の債務の発生原因及び取引上の社会通念に照らして責めに帰すべき事由」に（新法415条）、瑕疵担保責任が「契約の内容に適合しない場合の売主の責任」（新法562条）となりました。これにより、現実の実務において契約書の文言が重視される傾向が強まることになると思います。

　なお、改正民法では、415条1項ただし書き以外にも「責めに帰すべき事由」「責めにきすることができない事由」という概念が随所に用いられていますが、それらの箇所では修飾語が付けられていません。これは、同項にただし書きの箇所で修飾語をつれておけば、他の箇所でも同様に解釈されることになるとの法制執務的な判断によるものと解説されています（第91回部会［平成26年6月17日議事録7頁］、潮見「概要」68頁）

　不動産取引であれば事前の専門家調査（インスペクション）を厳密に実施し、合意の内容が実態・事実に基づくものとし、合意の内容が永続的に担保される環境をつくることが強く求められることになると思われます。

　なお、附則第17条1項は、「施行日前に債務が生じた場合（施行日以後に債務が生じた場合であって、その原因である法律行為が施行日前にされたときを含む。附則第25条第1項において同じ。）におけるその債務不履行の責任等については、新法第412条第2項、第412条の2から第413条の2まで、第415条、第416条第2項、第418条及び第422条の2の規定にかかわらず、なお従前の例による。」と規定しています。

改正条項	旧法
（債務不履行による損害賠償） 第415条　債務者がその債務の本旨に従った履行をしないとき又は債務の履行が不能であるときは、債権者は、これ	（債務不履行による損害賠償） 民法第415条　債務者がその債務の本旨に従った履行をしないときは、債権者は、これによって生じた損害の賠償を

によって生じた損害の賠償を請求することができる。ただし、その債務の不履行が契約その他の債務の発生原因及び取引上の社会通念に照らして債務者の責めに帰することができない事由によるものであるときは、この限りでない。

2 前項の規定により損害賠償の請求をすることができる場合において、債権者は、次に掲げるときは、債務の履行に代わる損害賠償の請求をすることができる。

① 債務の履行が不能であるとき。

② 債務者がその債務の履行を拒絶する意思を明確に表示したとき。

③ 債務が契約によって生じたものである場合において、その契約が解除され、又は債務の不履行による契約の解除権が発生したとき。

請求することができる。債務者の責めに帰すべき事由によって履行をすることができなくなったときも、同様とする。

ポイント 41 債務の履行に代わる損害賠償の請求（415条2項）

　損害賠償の請求をすることができる場合において、次のいずれかに該当するときは、債権者は、債務の履行に代わる損害賠償の請求をすることができます。

　①債務の履行が不能であるとき

　②債務者がその債務の履行を拒絶する意思を明確に表示したとき

　③債務が契約によって生じたものである場合において、その契約が解除され、又は債務の不履行による契約の解除権が発生したとき

　ちなみに、改正後の民法は、追完に代わる損害賠償請求権に関する規定を設けていません。この意味について潮見教授は、今後も議論が続くとしながら、「請負における修補に代わる損害賠償請求をも定めた旧法634条2項を削除したこと

を判断すれば、追完請求と同様、履行に代わる損害賠償請求権に関する415条2項によって処理することを企図したものと考えられる。」と解説しています（潮見「概要」70頁。なお、部会資料84－3、16頁参照）。

ポイント 42　遅滞中の履行不能（413条の2）

　債務者がその債務について遅滞の責任を負っている間に当事者双方の責めに帰することができない事由によってその債務の履行が不能となったときは、その履行の不能は、債務者の責めに帰すべき事由によるものとみなされます。

改正条項	旧法
（履行遅滞中又は受領遅滞中の履行不能と帰責事由） 第413条の2　債務者がその債務について遅滞の責任を負っている間に当事者双方の責めに帰することができない事由によってその債務の履行が不能となったときは、その履行の不能は、債務者の責めに帰すべき事由によるものとみなす。 2 債権者が債務の履行を受けることを拒み、又は受けることができない場合において、履行の提供があった時以後に当事者双方の責めに帰することができない事由によってその債務の履行が不能となったときは、その履行の不能は、債権者の責めに帰すべき事由によるものとみなす。	（新設）

「損害賠償の範囲」(416条)

　損害賠償の範囲に関する特別損害について、「特別の事情によって生じた損害であっても、当事者がその事情を予見すべきであったときは、債権者は、その賠償を請求することができる。」という規定に改正されます。

　予見が事実としての予見可能性の有無によって判断されるものでなく、規範的な評価がされるものであることを明確にしたものです（部会資料79-3、12頁）。

改正条項	旧法
（損害賠償の範囲） 第416条　（略）	（損害賠償の範囲） 第416条　債務の不履行に対する損害賠償の請求は、これによって通常生ずべき損害の賠償をさせることをその目的とする。
2　特別の事情によって生じた損害であっても、当事者がその事情を<u>予見すべきであった</u>ときは、債権者は、その賠償を請求することができる。	2　特別の事情によって生じた損害であっても、当事者がその事情を<u>予見し、又は予見することができた</u>ときは、債権者は、その賠償を請求することができる。

債務不履行と「過失相殺」(418条)

　債務不履行責任における「過失相殺」は、「債務の不履行に関して債権者に過失があったとき」だけでなく、「これによる損害の発生若しくは拡大に関して債権者に過失があったとき」にも過失相殺が考慮できることを明確にする規定になります。

改正条項	旧法
（過失相殺） 第418条　債務の不履行<u>又はこれによる損害の発生若しくは拡大</u>に関して債	（過失相殺） 第418条　債務の不履行に関して債権者に過失があったときは、裁判所は、こ

権者に過失があったときは、裁判所は、これを考慮して、損害賠償の責任及びその額を定める。	れを考慮して、損害賠償の責任及びその額を定める。

ポイント 45 「損害賠償の予定」(420条)

(1) 損害賠償の予定については、従前の判例に適合させるべく、旧法420条1項後段の「裁判所は、その額を増減することができない。」との部分が削除され、今後は、損害賠償の予定を合意しても、事案によっては裁判所が損害賠償額の増減ができるようになります（部会資料79−3、12頁）。

改正条項	旧法
（賠償額の予定） 第420条 　当事者は、債務の不履行について損害賠償の額を予定することができる。	（賠償額の予定） 第420条 　当事者は、債務の不履行について損害賠償の額を予定することができる。この場合において、裁判所は、その額を増減することができない。
2　（略）	2 賠償額の予定は、履行の請求又は解除権の行使を妨げない。
3　（略）	3 違約金は、賠償額の予定と推定する。

(2) 債務不履行等に関する経過措置は下記のとおりです。

（債務不履行の責任等に関する経過措置）
第17条　施行日前に債務が生じた場合（施行日以後に債務が生じた場合であって、その原因である法律行為が施行日前にされたときを含む。附則第25条第1項において同じ。）におけるその債務不履行の責任等については、新法第412条第2項、第412条の2から第413条の2まで、第415条、第416条第2項、第418条及び第422条の2の規定にかかわらず、なお従前の例による。

2　新法第417条の2（新法第722条第1項において準用する場合を含む。）の規定は、施行日前に生じた将来において取得すべき利益又は負担すべき費用についての損害賠償請求権については、適用しない。

3　施行日前に債務者が遅滞の責任を負った場合における遅延損害金を生ずべき債権に係る法定利率については、新法第419条第1項の規定にかかわらず、なお従前の例による。

4　施行日前にされた旧法第420条第1項に規定する損害賠償の額の予定に係る合意及び旧法第421条に規定する金銭でないものを損害の賠償に充てるべき旨の予定に係る合意については、なお従前の例による。

14　解　除　$\begin{pmatrix}部会資料5－1、68A、79－3、83－1、83－2、84－1、84－2、\\85、88－1\end{pmatrix}$

ポイント 46　解除の要件

　解除の原則形態は、催告解除です。催告解除における催告の期間を経過した時における債務の不履行が「その契約及び取引上の社会通念に照らして軽微」であるときは、解除できません（新法541条ただし書）。

　契約の解除に関する経過措置に関する附則第32条は、「施行日前に契約が締結された場合におけるその契約の解除については、新法第541条から第543条まで、第545条第3項及び第548条の規定にかかわらず、なお従前の例による。」と規定しています。

改正条項	旧法
（催告による解除） 第541条　当事者の一方がその債務を履行しない場合において、相手方が相当の期間を定めてその履行の催告をし、その期間内に履行がないときは、相手方は、契約の解除をすることができる。ただし、その期間を経過した時にお	（履行遅滞等による解除権） 第541条　当事者の一方がその債務を履行しない場合において、相手方が相当の期間を定めてその履行の催告をし、その期間内に履行がないときは、相手方は、契約の解除をすることができる。

ける債務の不履行がその契約及び取引上の社会通念に照らして軽微であるときは、この限りでない。

ポイント 47 債務者の「責めに帰すべき事由」は要件ではなくなった

債務者に「責めに帰すべき事由」がなくても解除が可能です（旧法543条削除）。

ポイント 48 「無催告解除」の要件

従前の催告解除の他に無催告解除の要件が明記されました（新法542条）。

全部不能、履行拒絶意思が明確、残存部分のみでは契約目的を達することができないとき、契約をした目的を達するのに足りる履行がされる見込みがないことが明らかであるときなど、正規の催告を行なっても無意味なケースを条文化したものです。

改正条項	旧法
（催告によらない解除） 第542条　次に掲げる場合には、債権者は、前条の催告をすることなく、直ちに契約の解除をすることができる。 ①　債務の全部の履行が不能であるとき。 ②　債務者がその債務の全部の履行を拒絶する意思を明確に表示したとき。 ③　債務の一部の履行が不能である場合又は債務者がその債務の一部の履行を拒絶する意思を明確に表示した	（定期行為の履行遅滞による解除権） 第542条　契約の性質又は当事者の意思表示により、特定の日時又は一定の期間内に履行をしなければ契約をした目的を達することができない場合において、当事者の一方が履行をしないでその時期を経過したときは、相手方は、前条の催告をすることなく、直ちにその契約の解除をすることができる。

場合において、残存する部分のみでは契約をした目的を達することができないとき。

④　契約の性質又は当事者の意思表示により、特定の日時又は一定の期間内に履行をしなければ契約をした目的を達することができない場合において、債務者が履行をしないでその時期を経過したとき。

⑤　前各号に掲げる場合のほか、債務者がその債務の履行をせず、債権者が前条の催告をしても契約をした目的を達するのに足りる履行がされる見込みがないことが明らかであるとき。

2 次に掲げる場合には、債権者は、前条の催告をすることなく、直ちに契約の一部の解除をすることができる。

①　債務の一部の履行が不能であるとき。

②　債務者がその債務の一部の履行を拒絶する意思を明確に表示したとき。

改正法543条の上書きにより削除。

（履行不能による解除権）
第543条　履行の全部又は一部が不能となったときは、債権者は、契約の解除をすることができる。ただし、その債務の不履行が債務者の責めに帰することができない事由によるものであるときは、この限りでない。

催告解除	不履行が軽微ではない （催告解除○）	不履行が軽微 （催告解除×）
無催告解除	契約目的が達成できない （無催告解除○）	契約目的が達成できる （無催告解除×）

催告解除はできる（不履行が軽微ではない）が
無催告解除はできない（契約目的は達成できる）

ポイント 49　債権者の責めに帰すべき場合

　債務不履行が債権者の責めに帰すべき事由によるときは、催告解除も無催告解除もできません（新法543条）。

改正条項	旧法
（債権者の責めに帰すべき事由による場合） 第543条　債務の不履行が債権者の責めに帰すべき事由によるものであるときは、債権者は、前二条の規定による契約の解除をすることができない。	（新設）

ポイント 50　解除の効果

　旧法545条2項は、同条1項の原状回復義務により金銭を返還するときは、その受領の時から利息を付さなければならない旨を定めていますが、金銭以外の物を返還するときも、その受領の時以後に生じた果実を返還しなければならないとされています。

　もっとも、同項は、上記のとおり金銭の受領の時から利息を付すとのみ定めているため、金銭以外の物の受領の時以後に生じた果実は返還しなくてよいとの誤

解を生じかねません。そこで、新設された新法545条3項は、利息以外の果実も返還しなければならない旨を条文上も明記し、同項の趣旨を明確にする必要があると考えられるため、金銭以外の物を返還するときはその受領の時以後に生じた果実を返還しなければならない旨を定めるものです（法務当局解説要旨　部会資料68A、29頁）

改正案	旧法
（解除の効果） 第545条　（略）	（解除の効果） 民法第545条　当事者の一方がその解除権を行使したときは、各当事者は、その相手方を原状に復させる義務を負う。ただし、第三者の権利を害することはできない。
2　（略）	2　前項本文の場合において、金銭を返還するときは、その受領の時から利息を付さなければならない。
3　第1項本文の場合において、金銭以外の物を返還するときは、その受領の時以後に生じた果実をも返還しなければならない。	（新設）
4　（略）	3　解除権の行使は、損害賠償の請求を妨げない。

ポイント　51　解除権の消滅

（1）　解除権を有する者が故意若しくは過失によって契約の目的物を著しく損傷し、若しくは返還することができなくなったとき、又は加工若しくは改造によってこれを他の種類の物に変えたときは、解除権は、消滅します。ただし、解除権

を有する者がその解除権を有することを知らなかったときは、解除権は消滅しません（新法548条）。

改正条項	旧法
（解除権者の故意による目的物の損傷等による解除権の消滅） 第548条　解除権を有する者が故意若しくは過失によって契約の目的物を著しく損傷し、若しくは返還することができなくなったとき、又は加工若しくは改造によってこれを他の種類の物に変えたときは、解除権は、消滅する。ただし、解除権を有する者がその解除権を有することを知らなかったときは、この限りでない。 （削除）	（解除権者の行為等による解除権の消滅） 第548条　解除権を有する者が自己の行為若しくは過失によって契約の目的物を著しく損傷し、若しくは返還することができなくなったとき、又は加工若しくは改造によってこれを他の種類の物に変えたときは、解除権は、消滅する。 2 契約の目的物が解除権を有する者の行為又は過失によらないで滅失し、又は損傷したときは、解除権は、消滅しない。

（2）解除に関する経過措置は次のとおりです。

（契約の解除に関する経過措置）
第32条　施行日前に契約が締結された場合におけるその契約の解除については、新法第541条から第543条まで、第545条第3項及び第548条の規定にかかわらず、なお従前の例による。

15　危険負担 （部会資料5－1、68A、79－3、83－1、84－1、84－2、85、88－1）

ポイント 52　「危険負担制度」の変更（536条）

　危険負担制度とは、契約締結後、履行までの間に天災地変等当事者に帰責事由がない原因によって債務が履行できなくなった場合の制度をいいます。

改正法では履行拒絶事由の一つとして位置づけられ、債務は当然消滅するものではないが、永久に履行拒絶できることになります。たとえば、売買のケースで、地震で建物の引渡義務が消滅した場合、代金支払義務は当然には消滅しませんが、履行拒絶の抗弁を主張することが可能です。ということからすると自然債務的なものになります。

　自己の反対給付債務を確定的に消滅させたい債権者は、債務不履行（履行不能）による契約の解除を選択することが可能です（新法542条）。

改正条項	旧法
（債務者の危険負担等） 第536条　当事者双方の責めに帰することができない事由によって債務を履行することができなくなったときは、<u>債権者は、反対給付の履行を拒むことができる。</u>	（債務者の危険負担等） 第536条　<u>前二条に規定する場合を除き、</u>当事者双方の責めに帰することができない事由によって債務を履行することができなくなったときは、<u>債務者は、反対給付を受ける権利を有しない。</u>
2　債権者の責めに帰すべき事由によって債務を履行することができなくなったときは、<u>債権者は、反対給付の履行を拒むことができない。</u>この場合において、<u>債務者</u>は、自己の債務を免れたことによって利益を得たときは、これを債権者に償還しなければならない。	2　債権者の責めに帰すべき事由によって債務を履行することができなくなったときは、<u>債務者は、反対給付を受ける権利を失わない。</u>この場合において、自己の債務を免れたことによって利益を得たときは、これを債権者に償還しなければならない。

ポイント 53　旧法534条及び535条の削除

　旧法534条及び535条は削除されました。その理由は以下のとおりです。

（1）旧法534条の削除の理由（部会資料68A34頁）
　民法第534条第1項は、「特定物に関する物権の設定又は移転」を目的とする双務契約における危険負担について、いわゆる債権者主義を採用する旨を定めていました。たとえば、売買契約の締結後にその目的物（特定物）が滅失した場合に

86

は、債権者である買主は、売買代金の全額を支払わなければなりませんでした。その趣旨は、起草者によれば、売買契約の締結後に目的物の価額が騰貴した場合には買主がその利益を享受するのであるから、目的物の価額が下落した場合や目的物が滅失した場合にも買主がその不利益を負担すべきであるというものであり、当事者の通常の意思を推測したものであると説明されていました。もっとも、現在では、むしろ、債権者（買主）が目的物に対する何らかの支配（引渡しなど）を得る前に目的物が滅失した場合には、債権者（買主）は売買代金を支払う必要はないというのが、当事者の通常の意思であるとされています。また、民法第534条第1項を形式的に適用すると、たとえば、二重売買の事案（ある物の所有者であるAがその物をBとCに対して二重に売却した後、その物が滅失した事案）や、他人物売買の事案（Bの所有する物をAがCに対して売却した後、その物が滅失した事案）において、売主Aは、二重売買の事案ではBとCの双方から売買代金の支払を受けられることになりかねず、他人物売買の事案でもCから売買代金の支払を受けられることになりかねません。

　そこで、特定物に関する物権の設定又は移転を目的とする双務契約において、目的物が債権者に引き渡される前に滅失又は損傷した場合には、債権者は反対給付の債務を負わないという内容の規律に改められ、534条は削除されました。

(2) 旧法535条1項の削除の理由（同資料34頁）

　民法第535条第1項は、停止条件付双務契約の目的物が条件の成否未定の間に滅失した場合には、その後に停止条件が成就したとしても、同法第534条は適用されず、債務者は反対給付を受ける権利を有しない旨を定めています。もっとも、上記のとおり同法第534条を削除すれば、そもそも停止条件が成就した後に目的物が滅失した場合であっても、債務者は反対給付を受ける権利を有しないことになります。

　したがって、同法第534条の適用を除外する旨を定める同法第535条第1項は、同法第534条の削除により不要となります。

(3) 旧法535条第2項の削除の理由（同資料34頁）

　民法第535条第2項は、停止条件付双務契約の目的物が条件の成否未定の間に「損傷」した場合には、同法第534条が適用され、債務者は反対給付の全部を受ける権利を有する旨を定めています。もっとも、上記のとおり同法第534条を削

除すれば、停止条件が成就した後に目的物が損傷した場合には、債務者は反対給付の全部を受ける権利を有しないことになります。したがって、同法第534条と同様の帰結を定める同法第535条第2項は、同法第534条の削除にともないその内容の正当性に問題を生ずることになります。

(4) 旧法535条3項の削除の理由（同資料34頁）

　民法第535条第3項は、停止条件付双務契約の目的物が条件の成否未定の間に債務者の責めに帰すべき事由によって「損傷」した場合において、その後に停止条件が成就したときは、債権者は、①契約どおりの債務の履行請求、②債務不履行による解除、③債務不履行による損害賠償請求をすることができる旨を定めています。もっとも、この規律の内容は、停止条件の成就前に損傷が生じたか、成就後に損傷が生じたかにかかわらず妥当するものです。起草者も、民法第535条第3項は、同条第1項及び第2項が停止条件付双務契約の目的物が条件成就前に滅失又は損傷した場合に関する規律を定めていることから、それとの対比で債務者の責めに帰すべき事由による損傷の場合における当然の規律を明瞭にしておくためのものにすぎない旨の説明をしています。したがって、上記のとおり同条第1項及び第2項を削除するのであれば、同条第3項も削除するのが相当であると考えられます。

改正案	旧法
第534条及び第535条　削除	（債権者の危険負担） 第534条　特定物に関する物権の設定又は移転を双務契約の目的とした場合において、その物が債務者の責めに帰することができない事由によって滅失し、又は損傷したときは、その滅失又は損傷は、債権者の負担に帰する。 2　不特定物に関する契約については、第401条第2項の規定によりその物が確定した時から、前項の規定を適用する。

（停止条件付双務契約における危険負担）

第535条　前条の規定は、停止条件付双務契約の目的物が条件の成否が未定である間に滅失した場合には、適用しない。

2 停止条件付双務契約の目的物が債務者の責めに帰することができない事由によって損傷したときは、その損傷は、債権者の負担に帰する。

3 停止条件付双務契約の目的物が債務者の責めに帰すべき事由によって損傷した場合において、条件が成就したときは、債権者は、その選択に従い、契約の履行の請求又は解除権の行使をすることができる。この場合においては、損害賠償の請求を妨げない。

（契約の効力に関する経過措置）

附則第30条　施行日前に締結された契約に係る同時履行の抗弁及び危険負担については、なお従前の例による。

16　受領遅滞 （部会資料5−1、68A、79−3、83−1、83−2、84−1、84−2、85、88−1）

ポイント 54 「受領遅滞の効果」規定の変更

受領遅滞の効果として、次の規律が設けられます。

①保存義務の軽減（新法413条1項）

　債権者が債務の履行を受けることを拒み、又は受けることができない場合において、その債務の目的が特定物の引渡しであるときは、債務者は、履行

の提供をした時からその引渡しをするまで、自己の財産に対するのと同一の注意をもって、その物を保存すれば足りる。

②履行費用の債権者負担（新法413条2項）

　債権者が債務の履行を受けることを拒み、又は受けることができないことによって、その履行の費用が増加したときは、その増加額は、債権者の負担とする。

③受領遅滞中の履行不能（新法413条の2）

　債権者が債務の履行を受けることを拒み、又は受けることができない場合において、履行の提供があった時以後に当事者双方の責めに帰することができない事由によってその債務の履行が不能となったときは、その履行の不能は、債権者の責めに帰すべき事由によるものとみなす。

改正条項	旧法
（受領遅滞） 第413条　債権者が債務の履行を受けることを拒み、又は受けることができない場合において、その債務の目的が特定物の引渡しであるときは、債務者は、履行の提供をした時からその引渡しをするまで、自己の財産に対するのと同一の注意をもって、その物を保存すれば足りる。 2 債権者が債務の履行を受けることを拒み、又は受けることができないことによって、その履行の費用が増加したときは、その増加額は、債権者の負担とする。	（受領遅滞） 第413条　債権者が債務の履行を受けることを拒み、又は受けることができないときは、その債権者は、履行の提供があった時から遅滞の責任を負う。
（履行遅滞中又は受領遅滞中の履行不能と帰責事由） 第413条の2　債務者がその債務について遅滞の責任を負っている間に当事者双方の責めに帰することができない事由によってその債務の履行が不能と	（新設）

90

なったときは、その履行の不能は、債務者の責めに帰すべき事由によるものとみなす。

2 債権者が債務の履行を受けることを拒み、又は受けることができない場合において、履行の提供があった時以後に当事者双方の責めに帰することができない事由によってその債務の履行が不能となったときは、その履行の不能は、債権者の責めに帰すべき事由によるものとみなす。

17　債権者代位権 (部会資料7－1、7－2、51、73A、79－3、82－2、83－1、84－1、84－2、85、88－1、88－2)

ポイント 55　**「債権者代位権」に関する判例・実務の明文化**

　主に、判例（代位行使の範囲について最判昭和44.6.24、直接引渡請求について大判昭和10.3.12、抗弁について大判昭和11.3.23）と実務を明文化するものです。

改正条項	旧法
(債権者代位権の要件) 第423条　債権者は、自己の債権を保全するため必要があるときは、債務者に属する権利(以下「被代位権利」という。)を行使することができる。ただし、債務者の一身に専属する権利及び差押えを禁じられた権利は、この限りでない。 2 債権者は、その債権の期限が到来しない間は、被代位権利を行使することができない。ただし、保存行為は、この限り	(債権者代位権) 第423条　債権者は、自己の債権を保全するため、債務者に属する権利を行使することができる。ただし、債務者の一身に専属する権利は、この限りでない。 2 債権者は、その債権の期限が到来しない間は、裁判上の代位によらなければ、前項の権利を行使することができな

でない。 3 <u>債権者は、その債権が強制執行により実現することのできないものであるときは、被代位権利を行使することができない。</u>	<u>い。ただし、保存行為は、この限りでない。</u> （新設）

改正条項	旧法
<u>（代位行使の範囲）</u> <u>第423条の2　債権者は、被代位権利を行使する場合において、被代位権利の目的が可分であるときは、自己の債権の額の限度においてのみ、被代位権利を行使することができる。</u>	（新設）
<u>（債権者への支払又は引渡し）</u> <u>第423条の3　債権者は、被代位権利を行使する場合において、被代位権利が金銭の支払又は動産の引渡しを目的とするものであるときは、相手方に対し、その支払又は引渡しを自己に対してすることを求めることができる。この場合において、相手方が債権者に対してその支払又は引渡しをしたときは、被代位権利は、これによって消滅する。</u>	（新設）
<u>（相手方の抗弁）</u> <u>第423条の4　債権者が被代位権利を行使したときは、相手方は、債務者に対して主張することができる抗弁をもって、債権者に対抗することができる。</u>	（新設）

ポイント 56　債務者の処分権

　債権者代位権が行使された場合でも、債務者は被代位債権の処分権を失わないこととされました。したがって、債務者は自由に取立てできるし、相手方も自由に弁済できます（新法423条の5）。これは、従前の判例（大判昭和14.5.16）に対して、債務者の地位を不安定にするという批判があったことを受け、判例と異なる内容へ変更されたものです。（部会資料73A、32頁）

改正条項	旧法
（債務者の取立てその他の処分の権限等）第423条の5　債権者が被代位権利を行使した場合であっても、債務者は、被代位権利について、自ら取立てその他の処分をすることを妨げられない。この場合においては、相手方も、被代位権利について、債務者に対して履行をすることを妨げられない。	（新設）

ポイント 57　訴訟告知の義務付けの新設

　判決効が債務者に及ぶことから、債権者は、債権者代位訴訟を提起したときは、遅滞なく、債務者に対して訴訟告知をする義務があります（新法423条の6）。

改正条項	旧法
（被代位権利の行使に係る訴えを提起した場合の訴訟告知）第423条の6　債権者は、被代位権利の行使に係る訴えを提起したときは、遅滞なく、債務者に対し、訴訟告知をしなければならない。	（新設）

転用型の新設 （部会資料73A、35頁）

(1) 不動産登記請求権の代位行使を認めた判例（大判明治43.7.6）を明文化しました（新法423条の7）。

改正条項	旧法
（登記又は登録の請求権を保全するための債権者代位権） 第423条の7　登記又は登録をしなければ権利の得喪及び変更を第三者に対抗することができない財産を譲り受けた者は、その譲渡人が第三者に対して有する登記手続又は登録手続をすべきことを請求する権利を行使しないときは、その権利を行使することができる。この場合においては、前三条の規定を準用する。	（新設）

(2) 債権者代位権についての経過措置は次のとおりです。

> （債権者代位権に関する経過措置）
> 第18条　施行日前に旧法第423条第1項に規定する債務者に属する権利が生じた場合におけるその権利に係る債権者代位権については、なお従前の例による。
> 2　新法第423条の7の規定は、施行日前に生じた同条に規定する譲渡人が第三者に対して有する権利については、適用しない。

18 詐害行為取消権

（部会資料7-1、7-2、51、73A、79-3、82-2、83-2、84-1、84-2、85、88-1）

ポイント 59 「詐害行為取消権」に関する判例・実務の明文化

主に、判例と実務を明文化するものものです。

従前、時効中断事由としての債務の承認や、法定追認の効果を生ずる行為なども詐害行為取消しの対象になると解されており、これを踏まえ、新法424条1項の「法律行為」を「行為」に改めています。

改正条項	旧法
（詐害行為取消請求） 第424条　債権者は、債務者が債権者を害することを知ってした<u>行為</u>の取消しを裁判所に請求することができる。ただし、その行為によって利益を受けた者（<u>以下この款において「受益者」という。</u>）が<u>その行為の時において債権者を害すること</u>を知らなかったときは、この限りでない。 2　前項の規定は、財産権を目的としない<u>行為</u>については、適用しない。 3 <u>債権者は、その債権が第1項に規定する行為の前の原因に基づいて生じたものである場合に限り、同項の規定による請求（以下「詐害行為取消請求」という。）をすることができる。</u> 4 <u>債権者は、その債権が強制執行により実現することのできないものであるときは、詐害行為取消請求をすることができない。</u>	（詐害行為取消権） 第424条　債権者は、債務者が債権者を害することを知ってした<u>法律行為</u>の取消しを裁判所に請求することができる。ただし、その行為によって利益を受けた者<u>又は転得者がその行為又は転得の時において債権者を害すべき事実を知ら</u>なかったときは、この限りでない。 2　前項の規定は、財産権を目的としない<u>法律行為</u>については、適用しない。 （新設） （新設）

ポ
イ 60   「詐害行為取消権」の類型
ント

　債権者において、詐害行為取消ができる類型を明文化しました（新法424条の2 ～ 424条の5）。

改正条項	旧法
(相当の対価を得てした財産の処分行為の特則) 第424条の2　債務者が、その有する財産を処分する行為をした場合において、受益者から相当の対価を取得しているときは、債権者は、次に掲げる要件のいずれにも該当する場合に限り、その行為について、詐害行為取消請求をすることができる。 ①　その行為が、不動産の金銭への換価その他の当該処分による財産の種類の変更により、債務者において隠匿、無償の供与その他の債権者を害することとなる処分（以下この条において「隠匿等の処分」という。）をするおそれを現に生じさせるものであること。 ②　債務者が、その行為の当時、対価として取得した金銭その他の財産について、隠匿等の処分をする意思を有していたこと。 ③　受益者が、その行為の当時、債務者が隠匿等の処分をする意思を有していたことを知っていたこと。	（新設） ［破産法第161条（相当の対価を得てした財産の処分行為の否認）参照］

改正条項	旧法
(特定の債権者に対する担保の供与等の特則) 第424条の3 債務者がした既存の債務についての担保の供与又は債務の消滅に関する行為について、債権者は、次に掲げる要件のいずれにも該当する場合に限り、詐害行為取消請求をすることができる。 ① その行為が、債務者が支払不能(債務者が、支払能力を欠くために、その債務のうち弁済期にあるものにつき、一般的かつ継続的に弁済することができない状態をいう。次項第1号において同じ。)の時に行われたものであること。 ② その行為が、債務者と受益者とが通謀して他の債権者を害する意図をもって行われたものであること。 2 前項に規定する行為が、債務者の義務に属せず、又はその時期が債務者の義務に属しないものである場合において、次に掲げる要件のいずれにも該当するときは、債権者は、同項の規定にかかわらず、その行為について、詐害行為取消請求をすることができる。 ① その行為が、債務者が支払不能になる前30日以内に行われたものであること。 ② その行為が、債務者と受益者とが通謀して他の債権者を害する意図をもって行われたものであること。	(新設) [破産法第162条(特定の債権者に対する担保の供与等の否認参照)]

改正条項	旧法
（過大な代物弁済等の特則） 第424条の4　債務者がした債務の消滅に関する行為であって、受益者の受けた給付の価額がその行為によって消滅した債務の額より過大であるものについて、第424条に規定する要件に該当するときは、債権者は、前条第1項の規定にかかわらず、その消滅した債務の額に相当する部分以外の部分については、詐害行為取消請求をすることができる。	（新設） ［破産法第160条第2項（破産債権者を害する行為の否認）参照］

改正条項	旧法
（転得者に対する詐害行為取消請求） 第424条の5　債権者は、受益者に対して詐害行為取消請求をすることができる場合において、受益者に移転した財産を転得した者があるときは、次の各号に掲げる区分に応じ、それぞれ当該各号に定める場合に限り、その転得者に対しても、詐害行為取消請求をすることができる。 ①　その転得者が受益者から転得した者である場合　その転得者が、転得の当時、債務者がした行為が債権者を害することを知っていたとき。 ②　その転得者が他の転得者から転得した者である場合　その転得者及びその前に転得した全ての転得者が、それぞれの転得の当時、債務者がした行為が債権者を害することを知っていたとき。	（新設） ［破産法第170条（転得者に対する否認権）参照］

＜価額償還請求＞

改正条項	旧法
(財産の返還又は価額の償還の請求) 第424条の6　債権者は、受益者に対する詐害行為取消請求において、債務者がした行為の取消しとともに、その行為によって受益者に移転した財産の返還を請求することができる。受益者がその財産の返還をすることが困難であるときは、債権者は、その価額の償還を請求することができる。 2 債権者は、転得者に対する詐害行為取消請求において、債務者がした行為の取消しとともに、転得者が転得した財産の返還を請求することができる。転得者がその財産の返還をすることが困難であるときは、債権者は、その価額の償還を請求することができる。	(新設)

＜取消しの範囲＞

改正条項	旧法
(詐害行為の取消しの範囲) 第424条の8　債権者は、詐害行為取消請求をする場合において、債務者がした行為の目的が可分であるときは、自己の債権の額の限度においてのみ、その行為の取消しを請求することができる。 2 債権者が第424条の6第1項後段又は第2項後段の規定により価額の償還を請求する場合についても、前項と同様とする。	(新設)

<債権者の引渡し請求>

改正条項	旧法
（債権者への支払又は引渡し） 第424条の9　債権者は、第424条の6第1項前段又は第2項前段の規定により受益者又は転得者に対して財産の返還を請求する場合において、その返還の請求が金銭の支払又は動産の引渡しを求めるものであるときは、受益者に対してその支払又は引渡しを、転得者に対してその引渡しを、自己に対してすることを求めることができる。この場合において、受益者又は転得者は、債権者に対してその支払又は引渡しをしたときは、債務者に対してその支払又は引渡しをすることを要しない。 2 債権者が第424条の6第1項後段又は第2項後段の規定により受益者又は転得者に対して価額の償還を請求する場合についても、前項と同様とする。	（新設） ［破産法第167条（否認権行使の効果）参照］

ポイント 61　判決効の及ぶ範囲、訴訟告知義務

　詐害行為取消請求を認容する判決は、債務者にも及ぶこととされ、従前の通説判例を変更する改正となりました（新法425条）。従前の判例は、詐害行為取消の効果は債務者に及ばないとしており（大連判明治44.3.24）、不動産の売買が詐害行為に該当する場合において、登記名義を債務者に戻していた実務と整合性が疑問視されていたことや、受益者が債権者に対しては現物返還に応じたとしても、受益者が債務者に反対給付の返還請求ができないという妥当性を欠く点にも問題があったため、上記のように改正したものです（部会資料73A、56頁）。

　このように判決効が債務者にも及ぶこととなったため、債権者としては、詐害行為取消請求に係る訴えを提起したときは遅滞なく債務者に訴訟告知をしなければなりません（新法424条の7）。

改正条項	旧法
（認容判決の効力が及ぶ者の範囲） 第425条　詐害行為取消請求を認容する確定判決は、債務者及びその全ての債権者に対してもその効力を有する。 （被告及び訴訟告知） 第424条の7　詐害行為取消請求に係る訴えについては、次の各号に掲げる区分に応じ、それぞれ当該各号に定める者を被告とする。 ①　受益者に対する詐害行為取消請求に係る訴え　受益者 ②　転得者に対する詐害行為取消請求に係る訴え　その詐害行為取消請求の相手方である転得者 2 債権者は、詐害行為取消請求に係る訴えを提起したときは、遅滞なく、債務者に対し、訴訟告知をしなければならない。	（詐害行為の取消しの効果） 第425条　前条の規定による取消しは、すべての債権者の利益のためにその効力を生ずる。 （新設）

改正条項	旧法
（債務者の受けた反対給付に関する受益者の権利） 第425条の2　債務者がした財産の処分に関する行為（債務の消滅に関する行為を除く。）が取り消されたときは、受益者は、債務者に対し、その財産を取得するためにした反対給付の返還を請求	（新設）

改正条項	旧法
することができる。債務者がその反対給付の返還をすることが困難であるときは、受益者は、その価額の償還を請求することができる。	

改正条項	旧法
（受益者の債権の回復） 第425条の3　債務者がした債務の消滅に関する行為が取り消された場合（第424条の4の規定により取り消された場合を除く。）において、受益者が債務者から受けた給付を返還し、又はその価額を償還したときは、受益者の債務者に対する債権は、これによって原状に復する。	（新設） ［破産法第169条（相手方の債権の回復)参照］

改正条項	旧法
（詐害行為取消請求を受けた転得者の権利） 第425条の4　債務者がした行為が転得者に対する詐害行為取消請求によって取り消されたときは、その転得者は、次の各号に掲げる区分に応じ、それぞれ当該各号に定める権利を行使することができる。ただし、その転得者がその前者から財産を取得するためにした反対給付又はその前者から財産を取得することによって消滅した債権の価額を限度とする。 ①　第425条の2に規定する行為が取り消された場合　その行為が受益者に対する詐害行為取消請求によって取り	（新設） ［破産法第168条第2項（破産者の受けた反対給付に関する相手方の権利等)参照］

消されたとすれば同条の規定により生
ずべき受益者の債務者に対する反対
給付の返還請求権又はその価額の償
還請求権
②　前条に規定する行為が取り消され
た場合（第424条の4の規定により取り消
された場合を除く。）　その行為が受益者
に対する詐害行為取消請求によって取
り消されたとすれば前条の規定により回
復すべき受益者の債務者に対する債権

ポイント 62　除斥期間の短縮化

（1）債務者が債権者を害する行為を知って行為をしたことを債権者が知ってから
2年、あるいは、知らなくても行為のときから10年が経過したときには、除斥期
間により、詐害行為取消請求ができなくなります（新法426条）。

　従前、除斥期間は20年としていましたが、詐害行為取消は、原則として債務者
の無資力が要件となっており、債務者の詐害行為時から10年を超えた場合に、か
かる債務者の財産状態を放置した債権者を保護する必要性に乏しいと考えられた
からです（部会資料73A、63頁・83-2、13頁）。

改正条項	旧法
第4目　詐害行為取消権の期間の制限	（新設）
第426条　詐害行為取消請求に係る訴えは、債務者が債権者を害することを知って行為をしたことを債権者が知った時から2年を経過したときは、提起することができない。行為の時から10年を経過したときも、同様とする。	（詐害行為取消権の期間の制限）第426条　第424条の規定による取消権は、債権者が取消しの原因を知った時から2年間行使しないときは、時効によって消滅する。行為の時から20年を経過したときも、同様とする。

(2) 詐害行為取消権に関する経過措置は次のとおりです。

（詐害行為取消権に関する経過措置）

附則第19条　施行日前に旧法第424条第1項に規定する債務者が債権者を害することを知ってした法律行為がされた場合におけるその行為に係る詐害行為取消権については、なお従前の例による。

19　多数当事者 （部会資料8−1、8−2、36、67A、67B、80−3、83−1、83−2、84−1、84−2、85、88−1）

ポイント 63　「連帯債務」「不可分債務」の定義の明確化

　連帯債務に関する規定が適用される場面の明確化のため、「連帯債務は、債権の目的が性質上可分で法令の規定または当事者の意思表示で連帯債務とする場合」（新法436条）、「不可分債務は、債権の目的が性質上不可分の場合」に限る（新法430条）ことになります。

　不可分債務は、混同を除き、連帯債務の規定が準用されるため、履行の請求、免除、混同、時効の完成は相対効、更改は絶対効となります。

改正条項	旧法
第4款　連帯債務	第3款　連帯債務
（連帯債務者に対する履行の請求） 第436条　債務の目的がその性質上可分である場合において、法令の規定又は当事者の意思表示によって数人が連帯して債務を負担するときは、債権者は、その連帯債務者の一人に対し、又は同時に若しくは順次に全ての連帯債務者に対し、全部又は一部の履行を請求することができる。	（履行の請求） 第432条　数人が連帯債務を負担するときは、債権者は、その連帯債務者の一人に対し、又は同時に若しくは順次にすべての連帯債務者に対し、全部又は一部の履行を請求することができる。

第3款　連帯債権	（新設）
（不可分債務） 第430条　第4款（連帯債務）の規定（第440条の規定を除く。）は、債務の目的がその性質上不可分である場合において、数人の債務者があるときについて準用する。	（不可分債務） 第430条　前条の規定及び次款（連帯債務）の規定（第434条から第440条までの規定を除く）は、数人が不可分債務を負担する場合において準用する。

ポイント 64　連帯債務において、「請求」絶対効から相対効へ

　履行のほか、新法438条（更改）、439条1項（相殺）、440条（混同）を絶対効とし、履行の請求、免除、時効の完成を相対効（旧法434条・437条・439条削除、新法441条）とする規定になります。

　従前の民法第434条が削除されることにより、履行の請求の効力にも相対的効力の原則が適用され、1人の連帯債務者に対する履行の請求は、他の連帯債務者に及ばないことになります。ただし、連帯債務者A及びBが債権者に対して連帯債務を負担している場合に、債権者がAに請求をした場合にはBにその効力が及ぶことがあらかじめ債権者とBとの間で取引約定書、特約等で合意されていたときは、Aに対する請求はBに対しても効力を有することになります。したがって、実務上は、取引約定書や特約によって請求の絶対効の条項を入れることで対応することになるでしょう（部会資料67A、4頁）。

＜絶対効＞

改正条項	旧法
（連帯債務者の一人との間の更改） 第438条　連帯債務者の一人と債権者との間に更改があったときは、債権は、全	（連帯債務者の一人との間の更改） 第435条　連帯債務者の一人と債権者との間に更改があったときは、債権は、す

<table>
<tr><td>

ての連帯債務者の利益のために消滅する。

（連帯債務者の一人による相殺等）
<u>第439条</u>　連帯債務者の一人が債権者に対して債権を有する場合において、その連帯債務者が相殺を援用したときは、債権は、<u>全て</u>の連帯債務者の利益のために消滅する。
2　前項の債権を有する連帯債務者が相殺を援用しない間は、その連帯債務者の負担部分の<u>限度において、他の連帯債務者は、債権者に対して債務の履行を拒む</u>ことができる。

（連帯債務者の一人との間の混同）
<u>第440条</u>　連帯債務者の一人と債権者との間に混同があったときは、その連帯債務者は、弁済をしたものとみなす。

</td><td>

べての連帯債務者の利益のために消滅する。

（連帯債務者の一人による相殺等）
<u>第436条</u>　連帯債務者の一人が債権者に対して債権を有する場合において、その連帯債務者が相殺を援用したときは、債権は、<u>すべて</u>の連帯債務者の利益のために消滅する。
2　前項の債権を有する連帯債務者が相殺を援用しない間は、その連帯債務者の負担部分に<u>ついてのみ他の連帯債務者が相殺を援用する</u>ことができる。

（連帯債務者の一人との間の混同）
<u>第438条</u>　連帯債務者の一人と債権者との間に混同があったときは、その連帯債務者は、弁済をしたものとみなす。

</td></tr>
</table>

＜相対効＞

改正条項	旧法
（相対的効力の原則） <u>第441条</u>　<u>第438条、第439条第1項及び前条</u>に規定する場合を除き、連帯債務者の一人について生じた事由は、他の連帯債務者に対してその効力を生じない。<u>ただし、債権者及び他の連帯債務者の一人が別段の意思を表示したときは、当該他の連帯債務者に対する効力は、その意思に従う。</u>	（相対的効力の原則） <u>第440条</u>　<u>第434条から前条まで</u>に規定する場合を除き、連帯債務者の一人について生じた事由は、他の連帯債務者に対してその効力を生じない。

改正条項	旧法
改正法434条の上書きにより削除。 →相対効	(連帯債務者の一人に対する履行の請求) 第434条　連帯債務者の一人に対する履行の請求は、他の連帯債務者に対しても、その効力を生ずる。
改正法437条の上書きにより削除。 →相対効	(連帯債務者の一人に対する免除) 第437条　連帯債務者の一人に対してした債務の免除は、その連帯債務者の負担部分についてのみ、他の連帯債務者の利益のためにも、その効力を生ずる。
改正法439条の上書きにより削除。 →相対効	(連帯債務者の一人についての時効の完成) 第439条　連帯債務者の一人のために時効が完成したときは、その連帯債務者の負担部分については、他の連帯債務者も、その義務を免れる。

ポイント 65 連帯債務者の一人が一部弁済した場合の求償関係

　連帯債務者の一人が自己の負担部分を超えずに弁済した場合、他の連帯債務者に求償できるかについて、「その免責を得た額が自己の負担部分を超えるかどうかにかかわらず」を入れ、求償できることを明確にしました(442条1項)。これは、自己の負担部分を超えなくても求償を認めるべきであるとの意見が出されていたこと、一部求償を認める方が各債務者の負担を公平にするし、自己の負担部分を超えなくても求償を認めることで連帯債務の弁済が促進され、債権者にとっても不都合は生じないと考えられることからです(部会資料80-3、9頁)。

改正条項	旧法
（連帯債務者間の求償権） 第442条　連帯債務者の一人が弁済をし、その他自己の財産をもって共同の免責を得たときは、その連帯債務者は、<u>その免責を得た額が自己の負担部分を超えるかどうかにかかわらず</u>、他の連帯債務者に対し、<u>その免責を得るために支出した財産の額（その財産の額が共同の免責を得た額を超える場合にあっては、その免責を得た額）のうち各自の負担部分に応じた額</u>の求償権を有する。 2　（略）	（連帯債務者間の求償権） 第442条　連帯債務者の一人が弁済をし、その他自己の財産をもって共同の免責を得たときは、その連帯債務者は、他の連帯債務者に対し、<u>各自の負担部分について</u>求償権を有する。 2　前項の規定による求償は、弁済その他免責があった日以後の法定利息及び避けることができなかった費用その他の損害の賠償を包含する。

連帯債務者の通知義務と求償制限

　他の連帯債務者に通知しないで弁済をした場合に、求償の範囲を制限する民法第443条において、「他の連帯債務者があることを知っていること」を要件として連帯債務者間に通知義務を課することとしました（部会資料80－3、9頁）。

改正条項	旧法
（通知を怠った連帯債務者の求償の制限） 第443条　<u>他の連帯債務者があることを知りながら、連帯債務者の一人が共同の免責を得る</u>ことを他の連帯債務者に通知しないで弁済をし、その他自己の財産をもって共同の免責を得た場合におい	（通知を怠った連帯債務者の求償の制限） 第443条　<u>連帯債務者の一人が債権者から履行の請求を受けた</u>ことを他の連帯債務者に通知しないで弁済をし、その他自己の財産をもって共同の免責を得た場合において、他の連帯債務者

て、他の連帯債務者は、債権者に対抗することができる事由を有していたときは、その負担部分について、その事由をもってその免責を得た連帯債務者に対抗することができる。この場合において、相殺をもってその免責を得た連帯債務者に対抗したときは、その連帯債務者は、債権者に対し、相殺によって消滅すべきであった債務の履行を請求することができる。

2 弁済をし、その他自己の財産をもって共同の免責を得た連帯債務者が、他の連帯債務者があることを知りながらその免責を得たことを他の連帯債務者に通知することを怠ったため、他の連帯債務者が善意で弁済その他自己の財産をもって免責を得るための行為をしたときは、当該他の連帯債務者は、その免責を得るための行為を有効であったものとみなすことができる。

は、債権者に対抗することができる事由を有していたときは、その負担部分について、その事由をもってその免責を得た連帯債務者に対抗することができる。この場合において、相殺をもってその免責を得た連帯債務者に対抗したときは、過失のある連帯債務者は、債権者に対し、相殺によって消滅すべきであった債務の履行を請求することができる。

2 連帯債務者の一人が弁済をし、その他自己の財産をもって共同の免責を得たことを他の連帯債務者に通知することを怠ったため、他の連帯債務者が善意で弁済をし、その他有償の行為をもって免責を得たときは、その免責を得た連帯債務者は、自己の弁済その他免責のためにした行為を有効であったものとみなすことができる。

ポイント 67　連帯債務者のうち無資力者がいる場合の規律を整理

①求償者及び他の有資力者間で、負担部分に応じて分割負担

②いずれも負担部分がない場合は、等分負担

改正条項	旧法
（償還をする資力のない者の負担部分の分担） 第444条　連帯債務者の中に償還をす	（償還をする資力のない者の負担部分の分担） 第444条　連帯債務者の中に償還をす

る資力のない者があるときは、その償還をすることができない部分は、求償者及び他の資力のある者の間で、各自の負担部分に応じて分割して負担する。	る資力のない者があるときは、その償還をすることができない部分は、求償者及び他の資力のある者の間で、各自の負担部分に応じて分割して負担する。<u>ただし、求償者に過失があるときは、他の連帯債務者に対して分担を請求することができない。</u>
<u>2 前項に規定する場合において、求償者及び他の資力のある者がいずれも負担部分を有しない者であるときは、その償還をすることができない部分は、求償者及び他の資力のある者の間で、等しい割合で分割して負担する。</u>	（新設）
<u>3 前二項の規定にかかわらず、償還を受けることができないことについて求償者に過失があるときは、他の連帯債務者に対して分担を請求することができない。</u>	（新設）

ポイント 68 「連帯債権」の規定の新設（432条〜435条の2）（部会資料80−3、11頁）

連帯債権＝債権の目的が性質上可分＋法令の規定or当事者の意思表示
不可分債権＝債権の目的が性質上不可分

（1）部会資料67Bでは連帯債権の規定を設けるかどうかという論点を提示されていましたが、意思表示による不可分債務を止め、意思表示により可分の債務を連帯して負担することとされた債務は連帯債務と整理したこと、可分債権を意思表示によって連帯して負担する場合と性質上の不可分債権の場合とでは一定の差異が認められること等を踏まえ、連帯債権の規定を設けることとされました。

(2)「債権の目的がその性質上可分である場合において、法令の規定又は当事者の意思表示によって数人が連帯して債権を有するときは、各債権者は、全ての債権者のために全部又は一部の履行を請求することができ、債務者は、全ての債権者のために各債権者に対して履行をすることができる。」(新法432条)との連帯債権の規定が明記されます。

　連帯債権においては相殺、混同、更改、免除は絶対的効力を有するが、その他は相対的効力という規律が設けられます。

(3)　旧民法第428条を基本的に維持し、債権の目的がその性質上不可分である場合には、各債権者が全ての債権のために履行を請求することができること等としつつ、他方で、意思表示による不可分債権については定めは置かれていません。

(4)　中間試案段階では、「不可分債権」では、不可分債権の内容がその性質上可分になったときは当事者の合意によって連帯債権とすることができる旨の定めを置くことを取り上げていましたが、当事者の意思表示によって連帯債権とすることができることは民法432条で定められており、それとは別に上記のような定めを置く必要性はないことから、ここでは取り上げていません。なお、民法第431条の定めはそのまま維持することを前提としています。

改正条項	旧法
(不可分債権) 第428条　次款(連帯債権)の規定(第433条及び第435条の規定を除く。)は、債権の目的がその性質上不可分である場合において、数人の債権者があるときについて準用する。	(不可分債権) 第428条　債権の目的がその性質上又は当事者の意思表示によって不可分である場合において、数人の債権者があるときは、各債権者はすべての債権者のために履行を請求し、債務者はすべての債権者のために各債権者に対して履行をすることができる。

改正条項	旧法
(不可分債権者の一人との間の更改又は免除)	(不可分債権者の一人について生じた事由等の効力)

第429条　不可分債権者の一人と債務者との間に更改又は免除があった場合においても、他の不可分債権者は、債務の全部の履行を請求することができる。この場合においては、その一人の不可分債権者がその権利を失わなければ<u>分与されるべき</u>利益を債務者に償還しなければならない。

（削除）

（略）

<u>（連帯債権者による履行の請求等）</u>
<u>第432条　債権の目的がその性質上可分である場合において、法令の規定又は当事者の意思表示によって数人が連帯して債権を有するときは、各債権者は、全ての債権者のために全部又は一部の履行を請求することができ、債務者は、全ての債権者のために各債権者に対して履行をすることができる。</u>

第429条　不可分債権者の一人と債務者との間に更改又は免除があった場合においても、他の不可分債権者は、債務の全部の履行を請求することができる。この場合においては、その一人の不可分債権者がその権利を失わなければ<u>分与される</u>利益を債務者に償還しなければならない。
<u>2　前項に規定する場合のほか、不可分債権者の一人の行為又は一人について生じた事由は、他の不可分債権者に対してその効力を生じない。</u>

<u>（可分債権又は可分債務への変更）</u>
<u>第431条　不可分債権が可分債権となったときは、各債権者は自己が権利を有する部分についてのみ履行を請求することができ、不可分債務が可分債務となったときは、各債務者はその負担部分についてのみ履行の責任を負う。</u>

（新設）

改正条項	旧法
（連帯債権者の一人との間の更改又は免除） 第433条　連帯債権者の一人と債務者との間に更改又は免除があったときは、その連帯債権者がその権利を失わなければ分与されるべき利益に係る部分については、他の連帯債権者は、履行を請求することができない。	（新設）
（連帯債権者の一人との間の相殺） 第434条　債務者が連帯債権者の一人に対して債権を有する場合において、その債務者が相殺を援用したときは、その相殺は、他の連帯債権者に対しても、その効力を生ずる。	（新設）
（連帯債権者の一人との間の混同） 第435条　連帯債権者の一人と債務者との間に混同があったときは、債務者は、弁済をしたものとみなす。	（新設）

改正条項	旧法
（相対的効力の原則） 第435条の2　第432条から前条までに規定する場合を除き、連帯債権者の一人の行為又は一人について生じた事由は、他の連帯債権者に対してその効力を生じない。ただし、他の連帯債権者の一人及び債務者が別段の意思を表示したときは、当該他の連帯債権者に対す	（新設）

る効力は、その意思に従う。

(2) 不可分債権、不可分債務、連帯債権及び連帯債務に関する経過措置は次のとおりです。

（不可分債権、不可分債務、連帯債権及び連帯債務に関する経過措置）

第20条　施行日前に生じた旧法第428条に規定する不可分債権（その原因である法律行為が施行日前にされたものを含む。）については、なお従前の例による。

2　施行日前に生じた旧法第430条に規定する不可分債務及び旧法第432条に規定する連帯債務（これらの原因である法律行為が施行日前にされたものを含む。）については、なお従前の例による。

3　新法第432条から第435条の2までの規定は、施行日前に生じた新法第432条に規定する債権（その原因である法律行為が施行日前にされたものを含む。）については、適用しない。

20　保証債務　（部会資料36、67A、70A、70B、76A、78A、78B、80B、80－3、82－2、83－1、83－2、84－1、84－2、84－3、85、88－1）

ポイント　69　電磁的記録が改正法第151条第4項において定義化されたことによる改正

改正条項	旧法
第5款　保証債務	第4款　保証債務
（保証人の責任等）	（保証人の責任等）
第446条（略）	第446条　（略）
2　（略）	2　（略）
3 保証契約がその内容を記録した電磁的記録によってされたときは、その保証	3 保証契約がその内容を記録した電磁的記録（電子的方式、磁気的方式その

契約は、書面によってされたものとみなして、前項の規定を適用する。	他人の知覚によっては認識することができない方式で作られる記録であって、電子計算機による情報処理の用に供されるものをいう。）によってされたときは、その保証契約は、書面によってされたものとみなして、前項の規定を適用する。

ポイント 70 保証人の負担と主たる債務の目的又は態様

　本条1項は、旧法と同一です。

　本条2項は、従前の通説を明文化したものです。ただし、賃貸借契約において、契約期間中の賃料の増額があった場合の保証人の責任について契約書に明記しておくべきでしょう。

改正条項	旧法
（保証人の負担と主たる債務の目的又は態様） 第448条　　（略） 2 主たる債務の目的又は態様が保証契約の締結後に加重されたときであっても、保証人の負担は加重されない。	（保証人の負担が主たる債務より重い場合） 第448条　　（略） （新設）

ポイント 71 主たる債務者について生じた事由の効力

　本条1項は、消滅時効制度の用語の変更に合わせて改正したものです。

　本条2項は、旧法457条2項が、「保証人は、主たる債務者の債権による相殺をもって債権者に対抗することができる。」としていたのを、主たる債務者が債権者に対して有している抗弁一般に拡張したものです。

　本条3項も、主溜め債務者が債権者に対して相殺権等を有する場合、これらの

権利の行使によって主たる債務者がその債務の履行を免れる限度で、保証債務の履行を免れるとするものであり、通説を明文化したものです（履行拒絶の抗弁権構成）。

改正条項	旧法
（主たる債務者について生じた事由の効力） 第457条　主たる債務者に対する履行の請求その他の事由による時効の<u>完成猶予及び更新</u>は、保証人に対しても、その効力を生ずる。 2 保証人は、主たる債務者が<u>主張することができる抗弁</u>をもって債権者に対抗することができる。 <u>3 主たる債務者が債権者に対して相殺権、取消権又は解除権を有するときは、これらの権利の行使によって主たる債務者がその債務を免れるべき限度において、保証人は、債権者に対して債務の履行を拒むことができる。</u>	（主たる債務者について生じた事由の効力） 第457条　主たる債務者に対する履行の請求その他の事由による時効の<u>中断</u>は、保証人に対しても、その効力を生ずる。 2 保証人は、主たる債務者の<u>債権による相殺</u>をもって債権者に対抗することができる。 （新設）

ポイント 72 連帯保証人について生じた事由の効力

　本条は、連帯債務における絶対的効力事由・相対的効力事由に関する連帯債務の規定の改正に合わせて旧法458条を改正したものです。連帯保証人に対する履行の請求・免除が絶対的効力事由から相対的効力事由に変更された点が重要です。

改正条項	旧法
<u>（連帯保証人について生じた事由の効力）</u> <u>第458条　第438条、第439条第1項、第</u>	<u>（連帯保証人について生じた事由の効力）</u> <u>第458条　第434条から第440条までの</u>

116

440条及び第441条の規定は、主たる債務者と連帯して債務を負担する保証人について生じた事由について準用する。	規定は、主たる債務者が保証人と連帯して債務を負担する場合について準用する。

ポイント 73 事業のための貸金債務についての個人保証の制限 (部会資料78A、第3.1·80-3、16頁)

（1）あらまし

①事業のための貸金債務についての個人保証契約は、保証契約の前1箇月以内に、保証債務を履行する意思が公正証書（保証意思宣明公正証書という）で確認されていなければ無効となる（新法465条の6、465条の7）。

②事業のための貸金債務の保証人が有する、主たる債務者に対する求償権を、個人が保証する場合も、①と同様（新法465条の8）。

③たとえ保証人となろうとする者が個人であっても、主たる債務者が法人である場合の取締役や理事・執行役・これに準じる者、総株主の議決権の過半数を有する者、主たる債務者が個人である場合の共同事業者、事業に実際に従事している配偶者等が保証人となる場合は、①、②は適用しない（新法465条の9）。

ところで、アパート・マンションローンにおける推定相続人や事業承継予定者が新法465条の9の3号の「共同して事業を行う者」に該当するか問題があるので（部会資料78A、21頁）、結局金融機関としては保守的に対応せざるを得ず、保証意思宣明公正証書の作成を基本とすべでしょう。また、配偶者についても同号の「現に従事している」の認定は同じくかなり困難であり、慎重な対応が必要です。ちなみに、第3号の主たる債務者からは、法人は除かれているので株式会社の代表者の妻は3号の配偶者には該当しませんので同配偶者との個人保証契約には保証意思宣明公正証書の作成が必要です（第192回国会衆議院法務委員会第12号）。

保証意思宣明公正証書は、保証意思が十分でないことが判明した場合には作成してはならないもので、仮にこれに反して保証意思宣明公正証書が作成されてしまった場合には、私法上の効果は改正法のは中に規定されていませんが、保証契

約は無効になると解されています。もっともその立証は困難と思われます。ちなみに保証意思宣明公正証書は、代理嘱託はできません（192回衆議院法務委員会12号民事局長答弁）。また、同公正証書の作成のタイミングで、保証契約を強制執行認諾文言付公正証書で作成することは可能かという問題がありますが、193回国会衆議院法務委員会第9号で法務当局は以下のように可能である旨を答弁しています。

第193国会　衆議院法務委員会9号

　○小川政府参考人　お答えいたします。

　改正法案では、事業のために負担した貸し金等債務に関しまして、保証人になろうとする者は、保証契約を締結する前に、公証役場に赴いて保証意思宣明公正証書の作成を嘱託することとしておりまして、保証意思宣明公正証書は、保証契約締結日前一カ月以内に作成される必要がございます。

　他方、保証意思宣明公正証書の作成後でありますと、その公正証書が作成された当日でありましても、執行認諾文言つきの保証契約公正証書などが作成されることは否定されておりません。

　しかし、保証意思確認のための公正証書は、保証人本人がみずから公証人に直接口頭で必要な事項について述べることなどが法律上要求されるため、公証役場への出頭が必要でございます。したがいまして、保証人の意思確認のための公正証書を作成する際には、公証人が直接保証人本人に対してその意思を確認するということになります。このように、法の改正後は、公証人において保証人になろうとする者の意思確認を厳密に行うことによりまして、これまで以上の保証人の保護を可能とするものと考えられます。

　これに加え、さらに委員御指摘の熟慮期間を設けることにつきましては、保証人になろうとする者が要する手間の点なども考慮いたしますと、相当ではないものと考えられます。

（2）改正の理由

　貸金債務についての個人保証の意思確認を厳格にすることで、保証人となろうとする者の保護を図ろうとするものです。

(3) 今後の対応等

　以上の結果、事業のための貸金債務に個人保証が禁止されたわけではないのですが、(1) ①の公正証書手続きが必要となります。

【コメント】

　一定の範囲の者については (1) ③のように公正証書作成義務が課せられませんが、金融機関で個人保証を取る範囲は縮小すると思われます。特に公正証書が義務づけられる者を個人保証人とするケースは例外となることが予想されます。それは、すでに「金融検査マニュアル（預金等受入金融機関に係る検査マニュアル」（内閣府・平成24年6月）においては、その（顧客の属性の確認）で、「個人連帯保証契約の場合にあっては保証人の経営への関与の度合い」の確認手続が必要とされ、これに関する欄外説明9において「経営者以外の第三者との間で個人連帯保証契約を締結する場合には、経営者以外の第三者の個人連帯保証を求めないことを原則とする融資慣行を確立するとの観点に照らし、必要に応じ、「信用保証協会における第三者保証人徴求の原則禁止について」（平成18年3月31日中小企業庁ウェブサイト）における考え方に留意することとしているか検証する。」、同10において「契約者本人が経営に実質的に関与していないにもかかわらず、自発的に連帯保証契約の申し出を行った場合には、金融機関から特段の説明を受けたうえで契約者本人が自発的な意思に基づき申し出を行った旨が記載され、自署・押印された書面の提出を受けるなどにより、当該契約について金融機関から要求されたものではないことを確認する態勢となっているか検証する。」とあるからであり、個人保証に極めて慎重な姿勢をとることが要請されているからです。

　なお、保証人になろうとする者は、施行日前においても、新法465条の6第1項（新法465条の8第1項において準用する場合を含む。）の公正証書の作成を嘱託することができます。また、公証人は、上記の公正証書の作成の嘱託があった場合には、施行日前においても、新法465条の6第2項及び465条の7（これらの規定を新法465条の8第1項において準用する場合を含む。）の規定の例により、その作成をすることができます（附則21条2項、3項）。

改正条項	旧法
第3目　事業に係る債務についての保証契約の特則	（新設）
（公正証書の作成と保証の効力） 第465条の6　事業のために負担した貸金等債務を主たる債務とする保証契約又は主たる債務の範囲に事業のために負担する貸金等債務が含まれる根保証契約は、その契約の締結に先立ち、その締結の日前1箇月以内に作成された公正証書で保証人になろうとする者が保証債務を履行する意思を表示していなければ、その効力を生じない。 2　前項の公正証書を作成するには、次に掲げる方式に従わなければならない。 ①　保証人になろうとする者が、次のイ又はロに掲げる契約の区分に応じ、それぞれ当該イ又はロに定める事項を公証人に口授すること。 イ　保証契約（ロに掲げるものを除く。） 　主たる債務の債権者及び債務者、主たる債務の元本、主たる債務に関する利息、違約金、損害賠償その他その債務に従たる全てのものの定めの有無及びその内容並びに主たる債務者がその債務を履行しないときには、その債務の全額について履行する意思（保証人になろうとする者が主たる債務者と連帯して債務を負担しようとするものである場合には、債権者が主たる債務者に対し	（新設）

て催告をしたかどうか、主たる債務者が
その債務を履行することができるかどう
か、又は他に保証人があるかどうかにか
かわらず、その全額について履行する
意思)を有していること。

ロ　根保証契約

　主たる債務の債権者及び債務者、主
たる債務の範囲、根保証契約における極
度額、元本確定期日の定めの有無及び
その内容並びに主たる債務者がその債
務を履行しないときには、極度額の限度
において元本確定期日又は第465条の
4第1項各号若しくは第2項各号に掲げ
る事由その他の元本を確定すべき事由
が生ずる時までに生ずべき主たる債務
の元本及び主たる債務に関する利息、
違約金、損害賠償その他その債務に従
たる全てのものの全額について履行す
る意思（保証人になろうとする者が主た
る債務者と連帯して債務を負担しようと
するものである場合には、債権者が主た
る債務者に対して催告をしたかどうか、
主たる債務者がその債務を履行するこ
とができるかどうか、又は他に保証人が
あるかどうかにかかわらず、その全額に
ついて履行する意思)を有していること。
②　公証人が、保証人になろうとする者の
口述を筆記し、これを保証人になろうとする
者に読み聞かせ、又は閲覧させること。
③　保証人になろうとする者が、筆記の
正確なことを承認した後、署名し、印を

押すこと。ただし、保証人になろうとする者が署名することができない場合は、公証人がその事由を付記して、署名に代えることができる。
④　公証人が、その証書は前三号に掲げる方式に従って作ったものである旨を付記して、これに署名し、印を押すこと。
3　前二項の規定は、保証人になろうとする者が法人である場合には、適用しない。

改正条項	旧法
（保証に係る公正証書の方式の特則）第465条の7　前条第1項の保証契約又は根保証契約の保証人になろうとする者が口がきけない者である場合には、公証人の前で、同条第2項第1号イ又はロに掲げる契約の区分に応じ、それぞれ当該イ又はロに定める事項を通訳人の通訳により申述し、又は自書して、同号の口授に代えなければならない。この場合における同項第2号の規定の適用については、同号中「口述」とあるのは、「通訳人の通訳による申述又は自書」とする。2　前条第1項の保証契約又は根保証契約の保証人になろうとする者が耳が聞こえない者である場合には、公証人は、同条第2項第2号に規定する筆記した内容を通訳人の通訳により保証人になろうとする者に伝えて、同号の読み聞かせに代えることができる。3　公証人は、前二項に定める方式に	（新設）

従って公正証書を作ったときは、その旨をその証書に付記しなければならない。

（公正証書の作成と求償権についての保証の効力）
第465条の8 第465条の6第1項及び第2項並びに前条の規定は、事業のために負担した貸金等債務を主たる債務とする保証契約又は主たる債務の範囲に事業のために負担する貸金等債務が含まれる根保証契約の保証人の主たる債務者に対する求償権に係る債務を主たる債務とする保証契約について準用する。主たる債務の範囲にその求償権に係る債務が含まれる根保証契約も、同様とする。
2 前項の規定は、保証人になろうとする者が法人である場合には、適用しない。

（新設）

（公正証書の作成と保証の効力に関する規定の適用除外）
第465条の9　前三条の規定は、保証人になろうとする者が次に掲げる者である保証契約については、適用しない。
①　主たる債務者が法人である場合のその理事、取締役、執行役又はこれらに準ずる者
②　主たる債務者が法人である場合の次に掲げる者
イ　主たる債務者の総株主の議決権（株主総会において決議をすることがで

（新設）

123

きる事項の全部につき議決権を行使することができない株式についての議決権を除く。以下この号において同じ。）の過半数を有する者

ロ　主たる債務者の総株主の議決権の過半数を他の株式会社が有する場合における当該他の株式会社の総株主の議決権の過半数を有する者

ハ　主たる債務者の総株主の議決権の過半数を他の株式会社及び当該他の株式会社の総株主の議決権の過半数を有する者が有する場合における当該他の株式会社の総株主の議決権の過半数を有する者

ニ　株式会社以外の法人が主たる債務者である場合におけるイ、ロ又はハに掲げる者に準ずる者

③　主たる債務者（法人であるものを除く。以下この号において同じ。）と共同して事業を行う者又は主たる債務者が行う事業に現に従事している主たる債務者の配偶者

ポイント 74　極度額の設定

　個人根保証（不特定債務—代表的なものが賃料債務について個人が保証人となる保証）は、保証人が責任を負う最大額（極度額）を定め、かつ書面又は電磁的記録で契約されなければ無効となります（新法465条の2）。

　これは、個人保証人の保護をより広い範囲で行うこととし、貸金以外の保証、たとえば賃貸借契約の個人保証等も保護の対象としたものです。

　極度額とは、元本、利息、損害賠償等、保証債務に関する全てを含んで最大限、保証人が負う可能性のある限度額のことです。確定した元本に対する遅延損害金が生じる場合であっても、その遅延損害金を含めて最大限保証人が払うべき金額は極度額です。たとえば極度額が500万円で元本として400万円が確定すると、その後遅延損害金がつくけれども、それがどれだけ増えても極度額500万円以上の支払い義務を保証人は負いません。

改正条項	旧法
第2目　個人根保証契約 （個人根保証契約の保証人の責任等） 第465条の2　一定の範囲に属する不特定の債務を主たる債務とする保証契約（以下「根保証契約」という。）であって保証人が法人でないもの（以下「個人根保証契約」という。）の保証人は、主たる債務の元本、主たる債務に関する利息、違約金、損害賠償その他その債務に従たる全てのもの及びその保証債務について約定された違約金又は損害賠償の額について、その全部に係る極度額を限度として、その履行をする責任を負う。 2 個人根保証契約は、前項に規定する極度額を定めなければ、その効力を生じない。 3 第446条第2項及び第3項の規定は、個人根保証契約における第1項に規定する極度額の定めについて準用する。	第2目　貸金等根保証契約 （貸金等根保証契約の保証人の責任等） 第465条の2　一定の範囲に属する不特定の債務を主たる債務とする保証契約（以下「根保証契約」という。）であってその債務の範囲に金銭の貸渡し又は手形の割引を受けることによって負担する債務（以下「貸金等債務」という。）が含まれるもの（保証人が法人であるものを除く。以下「貸金等根保証契約」という。）の保証人は、主たる債務の元本、主たる債務に関する利息、違約金、損害賠償その他その債務に従たるすべてのもの及びその保証債務について約定された違約金又は損害賠償の額について、その全部に係る極度額を限度として、その履行をする責任を負う。 2 貸金等根保証契約は、前項に規定する極度額を定めなければ、その効力を生じない。 3 第446条第2項及び第3項の規定は、貸金等根保証契約における第1項に規定する極度額の定めについて準用する。

　個人根保証の保証人が保証する具体的な元本額は、次の場合確定します。

①保証人が破産決定を受けたとき。

②主たる債務者又は保証人が死亡したとき。

③保証人の財産に強制執行又は担保権の実行がなされたとき。

　これにより、賃借人または保証人のいずれかが死亡した場合、保証債務の金額が確定し、その後に生じた家賃債務などの債務に関して、保証人あるいは保証人の相続人に請求できなくなります。

　保証人が破産手続開始決定を受けたとき、保証人の財産に金銭の支払いを目的とする債権についての強制執行又は担保権の実行の手続開始があったときも、同様に、元本が確定します。

改正条項	旧法
（個人根保証契約の元本の確定事由）第465条の4　次に掲げる場合には、個人根保証契約における主たる債務の元本は、確定する。ただし、第1号に掲げる場合にあっては、強制執行又は担保権の実行の手続の開始があったときに限る。	（貸金等根保証契約の元本の確定事由）第465条の4　次に掲げる場合には、貸金等根保証契約における主たる債務の元本は、確定する。
①　債権者が、保証人の財産について、金銭の支払を目的とする債権についての強制執行又は担保権の実行を申し立てたとき。	①　債権者が、主たる債務者又は保証人の財産について、金銭の支払を目的とする債権についての強制執行又は担保権の実行を申し立てたとき。ただし、強制執行又は担保権の実行の手続の開始があったときに限る。
②　保証人が破産手続開始の決定を受けたとき。	②　主たる債務者又は保証人が破産手続開始の決定を受けたとき。
③　（略）	③　主たる債務者又は保証人が死亡したとき。

2 前項に規定する場合のほか、個人貸金等根保証契約における主たる債務の元本は、次に掲げる場合にも確定する。ただし、第1号に掲げる場合にあっては、強制執行又は担保権の実行の手続の開始があったときに限る。 ① 債権者が、主たる債務者の財産について、金銭の支払を目的とする債権についての強制執行又は担保権の実行を申し立てたとき。 ② 主たる債務者が破産手続開始の決定を受けたとき。	（新設）

ポイント 76　元本額の確定②（465条の4第2項）

　主たる債務に貸金や手形債務の割引を受けることで負担する債務が含まれている場合は、次の場合も元本が確定します。

　①主たる債務者の財産に強制執行又は担保権の実行がなされたとき

　②主たる債務者が破産決定を受けたとき

【元本確定事由の対比】

　個人根保証で保証される具体的な元本額の確定事由は、貸金等の個人根保証と建物賃貸借その他の個人根保証とで異なります。

	元本確定事由	貸金等個人保証	建物賃貸借等 その他の個人保証
①	債権者が、保証人の財産について、金銭の支払を目的とする債権についての強制執行又は担保権の実行を申し立てたとき。(ただし、強制執行又は担保権の実行の手続の開始があったときに限る。)	確定する	確定する
②	保証人が破産手続開始の決定を受けたとき。	確定する	確定する
③	主たる債務者又は保証人が死亡したとき。	確定する	確定する
④	債権者が、主債務者の財産について、金銭の支払を目的とする債権についての強制執行又は担保権の実行を申し立てたとき。(ただし、強制執行又は担保権の実行の手続の開始があったときに限る。)	確定する	確定しない →理由は※
⑤	主たる債務者が破産手続開始の決定を受けたとき	確定する	確定しない →理由は※

※たとえば、賃借人に強制執行等がなされても元本確定しません。賃借人の財産状況が悪化しても、賃料不払いなどによって信頼関係が破壊されない限り、賃貸借契約は続くからです。

ポイント 77　元本確定期日

　中間試案においては、旧法465条の3（元本確定期日）の規律の適用範囲も拡大し、保証人が個人である根保証契約一般に適用するという考え方が検討の対象とされていました（中間試案第17、5(2)）。しかし、これに対しては、パブリック・コメントの手続において、借地借家法によって保護される建物賃貸借契約などを念頭に置いて、賃貸借契約は存続するにもかかわらず、根保証契約によって担保

される債務は元本確定期日までに生じたものに限定されることに対する批判が寄せられ、第465条の3の適用範囲の拡大については取り上げられませんでした。

改正条項	旧法
（個人貸金等根保証契約の元本確定期日） 第465条の3　個人根保証契約であってその主たる債務の範囲に金銭の貸渡し又は手形の割引を受けることによって負担する債務（以下「貸金等債務」という。）が含まれるもの（以下「個人貸金等根保証契約」という。）において主たる債務の元本の確定すべき期日（以下「元本確定期日」という。）の定めがある場合において、その元本確定期日がその個人貸金等根保証契約の締結の日から5年を経過する日より後の日と定められているときは、その元本確定期日の定めは、その効力を生じない。	（貸金等根保証契約の元本確定期日） 第465条の3　貸金等根保証契約において主たる債務の元本の確定すべき期日（以下「元本確定期日」という。）の定めがある場合において、その元本確定期日がその貸金等根保証契約の締結の日から5年を経過する日より後の日と定められているときは、その元本確定期日の定めは、その効力を生じない。
2　個人貸金等根保証契約において元本確定期日の定めがない場合（前項の規定により元本確定期日の定めがその効力を生じない場合を含む。）には、その元本確定期日は、その個人貸金等根保証契約の締結の日から3年を経過する日とする。	2　貸金等根保証契約において元本確定期日の定めがない場合（前項の規定により元本確定期日の定めがその効力を生じない場合を含む。）には、その元本確定期日は、その貸金等根保証契約の締結の日から3年を経過する日とする。
3　個人貸金等根保証契約における元本確定期日の変更をする場合において、変更後の元本確定期日がその変更をした日から5年を経過する日より後の日となるときは、その元本確定期日の変更は、その効力を生じない。ただし、元本確定期日の前2箇月以内に元本確定期日の変更	3　貸金等根保証契約における元本確定期日の変更をする場合において、変更後の元本確定期日がその変更をした日から5年を経過する日より後の日となるときは、その元本確定期日の変更は、その効力を生じない。ただし、元本確定期日の前2箇月以内に元本確定期日の変更

をする場合において、変更後の元本確定期日が変更前の元本確定期日から5年以内の日となるときは、この限りでない。

4　第446条第2項及び第3項の規定は、個人貸金等根保証契約における元本確定期日の定め及びその変更（その個人貸金等根保証契約の締結の日から3年以内の日を元本確定期日とする旨の定め及び元本確定期日より前の日を変更後の元本確定期日とする変更を除く。）について準用する。

（保証人が法人である根保証契約の求償権）

第465条の5　保証人が法人である根保証契約において、第465条の2第1項に規定する極度額の定めがないときは、その根保証契約の保証人の主たる債務者に対する求償権に係る債務を主たる債務とする保証契約は、その効力を生じない。

2　保証人が法人である根保証契約であってその主たる債務の範囲に貸金等債務が含まれるものにおいて、元本確定期日の定めがないとき、又は元本確定期日の定め若しくはその変更が第465条の3第1項若しくは第3項の規定を適用するとすればその効力を生じないものであるときは、その根保証契約の保証人の主たる債務者に対する求償権に係る債務を主たる債務とする保証契約は、その効力を生じない。主たる債務の範

をする場合において、変更後の元本確定期日が変更前の元本確定期日から5年以内の日となるときは、この限りでない。

4　第446条第2項及び第3項の規定は、貸金等根保証契約における元本確定期日の定め及びその変更（その貸金等根保証契約の締結の日から3年以内の日を元本確定期日とする旨の定め及び元本確定期日より前の日を変更後の元本確定期日とする変更を除く。）について準用する。

（保証人が法人である貸金等債務の根保証契約の求償権）

第465条の5　保証人が法人である根保証契約であってその主たる債務の範囲に貸金等債務が含まれるものにおいて、第465条の2第1項に規定する極度額の定めがないとき、元本確定期日の定めがないとき、又は元本確定期日の定め若しくはその変更が第465条の3第1項若しくは第3項の規定を適用するとすればその効力を生じないものであるときは、その根保証契約の保証人の主たる債務者に対する求償権についての保証契約（保証人が法人であるものを除く。）は、その効力を生じない。

囲にその求償権に係る債務が含まれる
根保証契約も、同様とする。
3 前二項の規定は、求償権に係る債務
を主たる債務とする保証契約又は主た
る債務の範囲に求償権に係る債務が含
まれる根保証契約の保証人が法人であ
る場合には、適用しない。

ポイント 78 「情報提供義務」①－保証契約締結時の情報提供（465条の10）

(1) 情報提供義務のあらまし

①情報提供義務

　事業のために生じる債務の個人保証を依頼するときは、債務者は、当該保
証人になろうとする者個人に対して債務者の財産や収支、債務の状況、担
保として提供するものがあるか等を説明しなければなりません。

②保証契約の取消

　債務者がその説明をしなかったり事実と異なる説明をしたこと（以下「不
実の説明等」）によって個人が保証人となった場合で、債権者が不実の説明
等があったことを知っていたか又は知ることができたときは、保証人は保
証契約を取り消せることになります。

改正条項	旧法
（契約締結時の情報の提供義務） 第465条の10　主たる債務者は、事業 のために負担する債務を主たる債務と する保証又は主たる債務の範囲に事 業のために負担する債務が含まれる根 保証の委託をするときは、委託を受ける 者に対し、次に掲げる事項に関する情	（新設）

報を提供しなければならない。

① 財産及び収支の状況

② 主たる債務以外に負担している債務の有無並びにその額及び履行状況

③ 主たる債務の担保として他に提供し、又は提供しようとするものがあるときは、その旨及びその内容

2 主たる債務者が前項各号に掲げる事項に関して情報を提供せず、又は事実と異なる情報を提供したために委託を受けた者がその事項について誤認をし、それによって保証契約の申込み又はその承諾の意思表示をした場合において、主たる債務者がその事項に関して情報を提供せず又は事実と異なる情報を提供したことを債権者が知り又は知ることができたときは、保証人は、保証契約を取り消すことができる。

3 前二項の規定は、保証をする者が法人である場合には、適用しない。

(2) 今後の対応等

　保証契約の際、保証人が情報提供を受けたことを確認する書面を作成します。

【文例】

「賃借人は、保証人に対し、賃借人の財産や収支、債務の状況、担保として提供するものがあるか等を真実正確に情報提供、説明したものであり、保証人は、その情報提供、説明を受けたことを確認する。賃借人は、賃貸人、保証人に対し、同内容が事実であることを確認、保証する。」

　金融機関の場合、債権者の説明内容をどの程度確認しなければならないかは今

後さらに議論が必要といわれています。説明の現場に同席することは、「おたく（金融機関）も一緒に聞いていたでしょう。」との主張につながって、取消の可能性をかえって高めることになるということから妥当でないとの見解もありますが、逆に、債務者が金融機関の持っている情報と異なる説明をした場合は、再度の説明を促すことでリスク管理をなし得るとの見解もあります（金融法事情№2072、21頁以下）。

「事実と異なる情報を提供したことを知ることができた」場合も取消の対象になりますが、法務当局は、「知ることができた」ことの立証責任は保証人にある上（192回国会衆議院法務委員会11号）、債権者に厳格な調査義務を課したものではないとの見解（部会における笹井朋昭関係官の発言。金融法事情№2072、23頁）を表明していますが、法務省民事局長の小川政府参考人は、「とりわけ、実務上の動きとして考えられることでございますが、保証契約が取り消されるリスクを完全に解消しておこうという観点から、要するに、金融機関とすると何でも知っておこうということになりますので、主債務者がどのような情報を提供したのかなどを積極的に確認する実務慣行が形成されることも予測されるところでありまして、そういう状況になりますと、そうであるにもかかわらず情報提供義務違反が生じたという場合には、それを金融機関が知り得るということも想定されるところでございまして、あくまで、やはり客観的な状況が重要であろうというふうに考えております。」と述べています。

また、階委員の「情報提供を受けたことを確認するだけじゃなくて、どういった情報を受けたのかということをちゃんと紙に書いて残しておくということにすれば、債権者には当然、公正証書の内容は知らしめられるわけですから、それによって、この465条の10で保証人が立証責任を負わなくてはいけないという問題をクリアできるんじゃないかなという気がするんですけれども、どうなんでしょうか。単に確認するだけじゃなくて、公正証書に盛り込むということはどうでしょう。」との質問に対し、小川政府参考人は、「立証の手段を与えるという意味では、一つの方法かとは思います。」とし、さらに、階委員の「いや、それは結構重要な話で、よく見ると「口述を筆記し、」とかと書いていますから、確かに1号の方は「口授すること。」ということで、表現もちょっと違いますね。だから、ぜひ、保証人といろいろなやりとりをする中で、たとえば、保証人は、主たる債務者から絶対迷惑はかけない、これだけ巨額の資産を持っているというような説明を受けたので保証するに至りました、こういったこともちゃんと書面に残しておくと、まさに、それがうそだった場合は錯誤の取消しとか、あるいは465条の10に基づく

取消しとか、そういうことが容易に援用できると思うので、この口述を筆記するときにそういった中身も筆記していただく、これはぜひ実務上やっていただきたいと思うんですが、いかがでしょうか。」との質問に対し、小川政府参考人は、「検討させていただきたいと思います。」と答弁していますので（192回国会衆議院法務委員会11号）、債権者が、積極的に確認することを求めているように思います。

ポイント 79 「情報提供義務」②—保証人の請求による情報提供（458条の2）

(1) 改正のあらまし

　保証人から請求があれば、債権者は、主たる債務の元本、利息、損害賠償、その他、主たる債務に関する全ての債務について、不履行の有無、残額、履行期限が過ぎているものの額を知らせなければなりません。

改正条項	旧法
(主たる債務の履行状況に関する情報の提供義務) 第458条の2　保証人が主たる債務者の委託を受けて保証をした場合において、保証人の請求があったときは、債権者は、保証人に対し、遅滞なく、主たる債務の元本及び主たる債務に関する利息、違約金、損害賠償その他その債務に従たる全てのものについての不履行の有無並びにこれらの残額及びそのうち弁済期が到来しているものの額に関する情報を提供しなければならない。	(新設)

(2) 今後の影響等

　情報提供義務は、個人保証人からの請求に限られず、法人である保証人からの請求によっても生じます。この対象に含む保証人に対する情報提供について、債

権者が守秘義務の制約を免れる根拠となり得るものであるからです。（部会資料83－2、22頁以下）。

　この義務に違反しても直接の罰則規定はありませんが、照会に正確に応じなかったことにより損害が生じたなどとして、損害賠償責任が問われる可能性があります。

ポイント 80 「情報提供義務」③―期限の利益喪失についての情報提供（458条の3）

（1）改正のあらまし

　個人保証人を保護するため

①主たる債務に期限の利益がある場合（例：分割払いの約定）で、主たる債務者が期限の利益を喪失したときは、債権者は、個人保証人に対し、期限の利益喪失を知ったときから2カ月以内に、期限を喪失したことを通知しなければなりません。

②その通知を債権者がしなかったときは、債権者は、当該保証人に対しては、期限の利益喪失時から通知をするまでの間の遅延損害金を請求できません。

改正条項	旧法
（主たる債務者が期限の利益を喪失した場合における情報の提供義務） 第458条の3　主たる債務者が期限の利益を有する場合において、その利益を喪失したときは、債権者は、保証人に対し、その利益の喪失を知った時から2箇月以内に、その旨を通知しなければならない。 2 前項の期間内に同項の通知をしなかったときは、債権者は、保証人に対し、主たる債務者が期限の利益を喪失した時から同項の通知を現にするまでに生じた遅延損害金（期限の利益を喪失しなかったとしても生ずべきものを除く。）に	（新設）

	係る保証債務の履行を請求することができない。 3 前二項の規定は、保証人が法人である場合には、適用しない。	

(2) 今後の影響等

①、②の規定により、債権者が通知をしなかったときは、期限の利益喪失時点から通知を実際にしたときまでの間の遅延損害金の請求を保証人に対しては請求できないことになりますので、注意を要します。

保証制度における情報提供義務について

	契約締結時の情報提供義務 （465条の10）	主債務者の履行状況の情報提供義務 （458条の2）	期限の利益喪失時の情報提供義務 （458条の3）
誰が情報提供するのか	主債務者	債権者	債権者
対象となる保証契約	①事業のために負担する債務を主たる債務とする保証または ②主たる債務の範囲に事業のために負担する債務が含まれる根保証	根保証を含む保証契約全般	根保証を含む保証契約全般
法人の保証人に適用されるか	適用なし	守秘義務解除の要請から法人保証にも適用あり	適用なし
保証委託	必要	必要。無委託保証人に回答する場合は債務者の同意が必要となる	不要
情報提供しなければならない期限	保証の委託のとき	保証人の請求があったときに、遅滞なく	債権者が期限の利益の喪失を知った時から2カ月以内

情報の内容	①財産・収支の状況②主債務以外に負担している債務の有無ならびにその額および履行状況③主債務の担保として他に提供し、または提供しようとする者があるときはその旨およびその内容	①主債務の元本および主債務に関する利息、違約金、損害賠償その他その債務に従たるすべてのものについての不履行の有無② ①の残額およびそのうち弁済期が到来しているものの額	主債務者が期限の利益を喪失したこと
違反の効果	保証契約の取消。ただし、主債務者が情報を提供せず、または事実と異なる情報を提供したことを債権者が知りまたは知ることができたときに限る。主債務者の故意は要件とされていないので、主債務者の主観にかかわらないことは留意が必要。	規定がないので一般的な債務不履行の規定に従うが、実際に損害賠償・解除ができるかは疑問。損害賠償は何が損害なのか問題となり、解除は軽微性が問題になるからである。	期限の利益喪失時からその旨の通知をした時までに生じた遅延損害金（期限の利益を喪失しなかったとしても生ずべきものを除く）について、保証履行請求はできない

ポイント 81 「保証債務の附従性」の制限

(1)「主たる債務の目的又は態様が保証契約の締結後に加重されたときであっても、保証人の負担は加重されない。」とされ、保証契約締結後の主債務の加重には附従しない規律が設けられます（新法448条）。

　今後、賃貸借契約中に賃料の増額がなされた場合、保証人は増額分については責任を負うのか疑義が生じないように、契約書の特約で「増額された賃料についても責任を負う。」旨の合意をすることが検討されるべきです。

改正条項	旧法
(保証人の負担と主たる債務の目的又は態様)	(保証人の負担が主たる債務より重い場合)
第448条　(略)	第448条　(略)
2　主たる債務の目的又は態様が保証契約の締結後に加重されたときであっても、保証人の負担は加重されない。	(新設)

(2)　保証債務に関する経過措置は次のとおりです。

（保証債務に関する経過措置）
第21条　施行日前に締結された保証契約に係る保証債務については、なお従前の例による。
2　保証人になろうとする者は、施行日前においても、新法第465条の6第1項（新法第465条の8第1項において準用する場合を含む。）の公正証書の作成を嘱託することができる。
3　公証人は、前項の規定による公正証書の作成の嘱託があった場合には、施行日前においても、新法第465条の6第2項及び第465条の7（これらの規定を新法第465条の8第1項において準用する場合を含む。）の規定の例により、その作成をすることができる。

（施行期日）
第1条　この法律は、公布の日から起算して3年を超えない範囲内において政令で定める日から施行する。
　ただし、次の各号に掲げる規定は、当該各号に定める日から施行する。
1　（略）
2　（略）
3　附則第21条第2項及び第3項（保証意思に関する公正証書作成の嘱託と公正証書の作成）の規定　公布の日から起算して2年9月を超えない範囲内において政令で定める日

21　債権譲渡 $\left(\begin{array}{l}\text{部会資料9−1、9−2、37、63、74A、74B、78B、81B（将来債権の譲渡）、}\\\text{81−3、82−2、83−1、83−2、84−1、84−2、84−3、85、87、88−1、88−2}\end{array}\right)$

ポイント	82	債権譲渡の効力

①譲渡禁止特約があっても債権譲渡は原則有効（新法466条2項）

②譲渡禁止特約がある債権譲渡の悪意・重過失の譲受人には債務者は履行拒絶できる（3項）

　この場合には、債務者は、譲渡人に対して債務の履行をすればよく（3項）、弁済の相手方を固定し得ることで債務者の利益を擁護したとされています。

　なお、新法466条4項によると債務者が債務を履行しない場合には、譲受人等の第三者は相当の期間を定めて譲渡人への履行の催告をし、その期間内に履行がないときは、譲受人に対する履行を拒むことはできないことになります。

改正条項	旧法
（債権の譲渡性）	（債権の譲渡性）
第466条　（略）	第466条　（略）
2 当事者が債権の譲渡を禁止し、又は制限する旨の意思表示（以下「譲渡制限の意思表示」という。）をしたときであっても、債権の譲渡は、その効力を妨げられない。	2 前項の規定は、当事者が反対の意思を表示した場合には、適用しない。ただし、その意思表示は、善意の第三者に対抗することができない。
3 前項に規定する場合には、譲渡制限の意思表示がされたことを知り、又は重大な過失によって知らなかった譲受人その他の第三者に対しては、債務者は、その債務の履行を拒むことができ、かつ、譲渡人に対する弁済その他の債務を消滅させる事由をもってその第三者に対抗することができる。	（新設）
4 前項の規定は、債務者が債務を履行	（新設）

改正条項	旧法
しない場合において、同項に規定する第三者が相当の期間を定めて譲渡人への履行の催告をし、その期間内に履行がないときは、その債務者については、適用しない。	

供託原因の新設 （部会資料78B、9頁・81-3、2頁）

　譲渡制限特約付債権が譲渡された場合、弁済の相手方の判断に迷う債務者が供託によって債務を免れることができる必要があるため、新たな独立の供託原因を設けて、供託を認めました。供託をした場合は、遅滞なく、譲渡人と譲受人に対して供託の通知をする必要があります（新法466条の2）。

改正条項	旧法
（譲渡制限の意思表示がされた債権に係る債務者の供託） 第466条の2　債務者は、譲渡制限の意思表示がされた金銭の給付を目的とする債権が譲渡されたときは、その債権の全額に相当する金銭を債務の履行地（債務の履行地が債権者の現在の住所により定まる場合にあっては、譲渡人の現在の住所を含む。次条において同じ。）の供託所に供託することができる。 2　前項の規定により供託をした債務者は、遅滞なく、譲渡人及び譲受人に供託の通知をしなければならない。 3　第1項の規定により供託をした金銭は、譲受人に限り、還付を請求することができる。	（新設）

改正条項	旧法
第466条の3　前条第1項に規定する場合において、譲渡人について破産手続開始の決定があったときは、譲受人（同項の債権の全額を譲り受けた者であって、その債権の譲渡を債務者その他の第三者に対抗することができるものに限る。）は、譲渡制限の意思表示がされたことを知り、又は重大な過失によって知らなかったときであっても、債務者にその債権の全額に相当する金銭を債務の履行地の供託所に供託させることができる。この場合においては、同条第2項及び第3項の規定を準用する。	（新設）

【コメント】

(1) 譲受人は譲渡を受けた債権を回収できない可能性がある

　債務者が466条の2の新設供託原因に基づき供託した場合、また、譲渡人が破産した場合は譲受人から債務者に対して供託請求できることになり、これらの供託金は譲受人だけが還付請求できるので、譲受人は無資力リスクを負わなくても済みます。しかし、第466条3項、4項に基づいて弁済金が譲渡人に支払われた場合や、この場合に譲渡人が受領拒絶して債務者が譲渡人に対して供託した場合（193回国会参議院法務委員会第13号で政府参考人がこのケースがあり得ることを認めている）で譲渡人が還付請求し、その前後に譲渡人が破産に至らないけれども無資力に陥ったという場合には、譲受人は譲渡を受けた債権を回収できない可能性があります。

(2) 譲渡禁止特約の債務不履行

　譲渡禁止特約のある債権を有効に譲渡できるといっても債務者との関係では債権譲渡特約違反の債務不履行を犯すことになるので、原契約の解除や取引打ち切りの可能性があり、本当に資金調達の手段として利用される

か疑問であるとの指摘がなされています。また、金融機関が譲渡禁止特約付債権を譲り受けることがコンプライアンス違反となるのではないかということも懸念されています。この点については下請代金支払遅延等防止法などの政策、すなわち強い債務者がこの法改正の趣旨に反して契約解除はできないという論調を形成すべきとされています。また、官庁や経済団体・業界団体などによる標準契約自体を改訂して、譲渡制限特約を付さないことを標準とするような約款を作るよう努力すること、また、監督指針や金融検査マニュアルを整備して譲渡制限特約付債権の担保取得がコンプライアンス上問題がないことを明らかにすべきとされています。金融機関としても譲渡制限に関する改正法の内容は、譲渡を促進しうるものの、以上のような懸念があることから、実際に使われるかどうかは、まさに実務をどのように考えるかにかかっています（金融法務事情No.2072、24頁参照）

ポイント 84 　差押債権者との関係 （部会資料74A、6〜7頁・81−3、4頁）

(1) 債権の譲渡禁止特約は差押権者に対抗できません（新法466条の4第1項）。私人間合意により、差押禁止財産を作出することを認めないという従前の判例の考え方を明文化したものです。

　ただし、悪意・重過失の譲受人その他の第三者の債権者が強制執行した場合は、債務者は譲渡禁止特約を対抗できるとされています（2項）。

(2) 譲渡禁止特約のある預貯金債権の悪意・重過失の譲受人は、債務者（金融機関等）に対して、権利を主張できません（新法466条の5第1項）。

　金融機関の預貯金には譲渡禁止特約が付されていることは周知されているため、譲受人は悪意又は重過失と考えられるところ、金融機関による円滑な払戻業務に支障を生じないよう、規定されたものです。

　ただし、預貯金債権といえども、差押が可能であることは従前のとおりです（2項）。

　この改正によって、譲受人の善意・悪意や重過失の有無にかかわらず、譲渡は

譲渡人と譲受人のみならず債務者や第三者との関係でも有効であり、譲受人は有効に債権を取得することができることになります。二重譲渡のケースで考えると、旧民法下の判例・多数説の物件的効力説によると第1譲受人が特約の存在について悪意であれば、その譲渡は無効ですので、特約の存在について善意・無過失の第2譲受人が現れれば、その第2譲受人が有効に債権を取得することができました。これに対して改正法のもとでは、第1譲受人が特約の存在につき悪意または重過失であっても譲渡自体は有効になりますので、この第1譲受人は第三者対抗要件を備えている限り、第2譲受人にその譲渡を対抗でき、第2譲受人は善意であっても債権は取得できません。改正法によって結論が異なることとなる事例です。今回の改正は、このように確かに債権譲渡を促進する効果があります。金融機関も債権譲渡ファイナンスを積極的に行う契機になることが期待されています。

改正条項	旧法
(譲渡制限の意思表示がされた債権の差押え) 第466条の4　第466条第3項の規定は、譲渡制限の意思表示がされた債権に対する強制執行をした差押債権者に対しては、適用しない。 2 前項の規定にかかわらず、譲受人その他の第三者が譲渡制限の意思表示がされたことを知り、又は重大な過失によって知らなかった場合において、その債権者が同項の債権に対する強制執行をしたときは、債務者は、その債務の履行を拒むことができ、かつ、譲渡人に対する弁済その他の債務を消滅させる事由をもって差押債権者に対抗することができる。	(新設)

改正条項	旧法
(預金債権又は貯金債権に係る譲渡制限の意思表示の効力) 第466条の5　預金口座又は貯金口座に係る預金又は貯金に係る債権(以下「預貯金債権」という。)について当事者がした譲渡制限の意思表示は、第466条第2項の規定にかかわらず、その譲渡制限の意思表示がされたことを知り、又は重大な過失によって知らなかった譲受人その他の第三者に対抗することができる。 2　前項の規定は、譲渡制限の意思表示がされた預貯金債権に対する強制執行をした差押債権者に対しては、適用しない。	(新設)

改正条項	旧法
(債権の譲渡における債務者の抗弁) 第468条　債務者は、対抗要件具備時までに譲渡人に対して生じた事由をもって譲受人に対抗することができる。	(指名債権の譲渡における債務者の抗弁) 第468条　債務者が異議をとどめないで前条の承諾をしたときは、譲渡人に対抗することができた事由があっても、これをもって譲受人に対抗することができない。この場合において、債務者がその債務を消滅させるために譲渡人に払い渡したものがあるときはこれを取り戻し、譲渡人に対して負担した債務があるときはこれを成立しないものとみなすことができる。
2　第466条第4項の場合における前項の規定の適用については、同項中「対抗要件具備時」とあるのは、「第466条	2　譲渡人が譲渡の通知をしたにとどまるときは、債務者は、その通知を受けるまでに譲渡人に対して生じた事由をもって

第4項の相当の期間を経過した時」とし、第466条の3の場合における同項の規定の適用については、同項中「対抗要件具備時」とあるのは、「第466条の3の規定により同条の譲受人から供託の請求を受けた時」とする。	譲受人に対抗することができる。

　異議をとどめない承諾の制度は廃止されました。それは「観念の通知」といわれている異議をとどめない承諾（単に債権が譲渡されたという事実を認識した旨を債務者に通知する行為もこれにあたる）が行われると抗弁の喪失という債務者にとっては予期しない効果が生じることになり、債務者保護の観点から妥当でないとの政策判断によるものです。改正法のもとで債権譲渡の際に抗弁を切断するためには、抗弁を放棄する旨の意思表示が必要です。これについては特段の規定はありませんが、意思表示によって抗弁の放棄はできますから新たに規定を設ける必要はないと考えられたためです。しかし、全て解釈に委ねられたため、①抗弁をどこまで特定して放棄する必要があるのかという問題や、②譲受人の主観がどのように考慮されるのかという問題があるといわれています。①については抗弁の放棄の意味を十分説明したうえで、債務者が抗弁の内容を理解しているということをあらわすため、できるだけ抗弁を列挙し、そのうえで、「その他の一切の抗弁を放棄します。」と表現するのが妥当でしょう。②については、旧法化の判例は異議を留めない承諾に強い効果を認めることとのバランス上、譲受人に善意・無過失を要求しています。改正法化では、債務者に抗弁放棄の明確な意思表示を求める以上譲受人の主観はもはや問題にしなくてもよいといわれています。（金融法事情No.2072、27頁）

ポイント 85　債権譲渡と相殺の関係　（部会資料74A、13頁）

　譲渡対象債権が譲渡された後に、債務者が、譲渡人に対して有する反対債権を自働債権として、相殺できるかについて、以下の三つの場合において、相殺ができる旨、明定されました（新法469条）。債務者の相殺の期待を保護する改正となっています。

①債務者の有する反対債権が、債権譲渡の対抗要件具備よりも先立つ場合（最判昭和50.12.8を明文化したもの）。

②債務者が、債権譲渡の対抗要件具備よりも後に反対債権を取得した場合であっても、反対債権を生じさせた原因が対抗要件具備時以前に生じていた場合。たとえば、対抗要件具備前に委託による保証契約が締結され、対抗要件具備後に保証債務を履行し、取得した事後求償権との相殺。

③債務者が、債権譲渡の対抗要件具備よりも後に反対債権を取得した場合であっても、反対債権が譲渡対象債権を生ずる原因である契約に基づいて生じた場合。たとえば、譲渡された将来の売買代金債権と当該売買契約の目的物の瑕疵を理由とする損害賠償債権との相殺。

改正条項	旧法
（債権の譲渡における相殺権） 第469条　債務者は、対抗要件具備時より前に取得した譲渡人に対する債権による相殺をもって譲受人に対抗することができる。 2 債務者が対抗要件具備時より後に取得した譲渡人に対する債権であっても、その債権が次に掲げるものであるときは、前項と同様とする。ただし、債務者が対抗要件具備時より後に他人の債権を取得したときは、この限りでない。 ①　対抗要件具備時より前の原因に基づいて生じた債権 ②　前号に掲げるもののほか、譲受人の取得した債権の発生原因である契約に基づいて生じた債権 3 第466条第4項の場合における前二項の規定の適用については、これらの規定中「対抗要件具備時」とあるのは、「第466条第4項の相当の期間を経過し	（新設）

た時」とし、第466条の3の場合における
これらの規定の適用については、これら
の規定中「対抗要件具備時」とあるのは、
「第466条の3の規定により同条の譲受
人から供託の請求を受けた時」とする。

ポイント 86 「将来債権」の譲渡性 （部会資料74A、81B、84-3頁）

　将来債権の譲渡性について、次の規律が新設され、未発生賃料債権も譲渡する
ことができます（新法466条の6）。

　①債権譲渡は、その意思表示の時に債権が現に発生していることを要しない。

　②債権が譲渡された場合において、その意思表示の時に債権が現に発生してい
　　ないときは、譲受人は、その後発生した債権を当然に取得する。

改正条項	旧法
（将来債権の譲渡性） 第466条の6　債権の譲渡は、その意思表示の時に債権が現に発生していることを要しない。 2 債権が譲渡された場合において、その意思表示の時に債権が現に発生していないときは、譲受人は、発生した債権を当然に取得する。 3 前項に規定する場合において、譲渡人が次条の規定による通知をし、又は債務者が同条の規定による承諾をした時（以下「対抗要件具備時」という。）までに譲渡制限の意思表示がされたときは、譲受人その他の第三者がそのことを知っていたものとみなして、第466条第	（新設）

3項（譲渡制限の意思表示がされた債権が預貯金債権の場合にあっては、前条第1項）の規定を適用する。	

改正条項	旧法
（債権の譲渡の対抗要件） 第467条　債権の譲渡（現に発生していない債権の譲渡を含む。）は、譲渡人が債務者に通知をし、又は債務者が承諾をしなければ、債務者その他の第三者に対抗することができない。 2　（略）	（指名債権の譲渡の対抗要件） 第467条　指名債権の譲渡は、譲渡人が債務者に通知をし、又は債務者が承諾をしなければ、債務者その他の第三者に対抗することができない。 2　（略）

ポイント 87　将来の不動産の賃料債権の譲渡

（部会資料81B、8頁以下）

（1）改正議論の途中では、不動産の円滑な流通を保護する「不動産の賃料債権が譲渡された場合において、その意思表示の時に賃料債権が現に発生していないときは、譲受人は、譲渡人から賃貸借契約上の地位が第三者に移転した後に発生した賃料債権を取得することができない。」（甲案）も提案されましたが、結局、採用されませんでした。

「将来の不動産の賃料債権」が譲渡された場合、賃料債権の譲受人は、その物件が第三者に譲渡された場合でも、譲渡後に発生した賃料債権も取得することができる、という466条の6が新設され、かつ、最判平成10年3月24日民集52巻2号399頁が、将来発生する不動産賃料債権が差し押さえられた後に、当該不動産が譲渡され、賃貸人たる地位が移転した場合であっても、差押えの効力が不動産の譲受人のもとで発生する賃料債権に及ぶとしたように、現在は、将来発生する不動産の賃料債権が譲渡された場合には、その後に不動産が他の第三者に譲渡されると、譲渡人から移転した契約上の地位に基づき発生する債権に将来債権譲渡の効力が及ぶという見解が有力であることから解釈すると、不動産の買主は賃料債

権を取得できないとの結論になるものと思われます。

　今後、収益物件を仲介するにあたっては、将来の賃料が譲渡されていないか、譲渡人や収益物件の賃借人に対し、十分調査する必要があります。また、不動産の買主が将来の賃料債権は譲渡されていないとの前提で収益物件を取得した場合には、錯誤に基づく取消、契約不適合に基づく請求を検討することになると思われます。

(2)　債権の譲渡に関する経過措置は次のとおりです。

> （債権の譲渡に関する経過措置）
> 附則第22条　施行日前に債権の譲渡の原因である法律行為がされた場合におけるその債権の譲渡については、新法第466条から第469条までの規定にかかわらず、なお従前の例による。

22　債務引受 （部会資料9−1、9−2、38、67A、80−3、83−1、83−2、84−1、84−2、85、88−1、88−2）

ポイント 88　「併存的債務引受」の内容（470条）

　併存的債務引受の引受人は、債務者と連帯して、債務者が債権者に対して負担する債務と同一の内容の債務を負担する（新法470条1項）。

　債務者の意思に反する併存的債務引受も認められる（第2項）。

　解除権、取消権は、契約当事者でなければ行使できないので、引受人は行使できませんが、債務者が解除権・取消権の行使によって債務を免れるべき限度において、引受人は、債務の履行を拒むことができます（新法471条2項）。

　併存的債務引受は、厳しい規制を課した改正法の保証制度の潜脱に利用されるのではないかと懸念されています（松田佳久「日本不動産学会誌」No.116、48頁）。

ポイント 89　併存的債務引受の当事者（470条）

　併存的債務引受は、債権者と引受人との合意による場合のほか、債務者と引受

人との合意によってもできます（新法470条3項）。

　債務者と引受人との合意によって成立する併存的債務引受は、第三者のために
する契約であり、債権者が引受人となる者に対して承諾をした時に効力を生じま
す（第4項）。

改正条項	旧法
第5節　債務の引受	（新設）
第1款　併存的債務引受	（新設）
（併存的債務引受の要件及び効果） 第470条　併存的債務引受の引受人は、債務者と連帯して、債務者が債権者に対して負担する債務と同一の内容の債務を負担する。 2　併存的債務引受は、債権者と引受人となる者との契約によってすることができる。 3　併存的債務引受は、債務者と引受人となる者との契約によってもすることができる。この場合において、併存的債務引受は、債権者が引受人となる者に対して承諾をした時に、その効力を生ずる。 4　前項の規定によってする併存的債務引受は、第三者のためにする契約に関する規定に従う。	（新設）

改正条項	旧法
（併存的債務引受における引受人の抗弁等） 第471条　引受人は、併存的債務引受により負担した自己の債務について、そ	（新設）

の効力が生じた時に債務者が主張することができた抗弁をもって債権者に対抗することができる。
2 債務者が債権者に対して取消権又は解除権を有するときは、引受人は、これらの権利の行使によって債務者がその債務を免れるべき限度において、債権者に対して債務の履行を拒むことができる。

ポイント 90 「免責的債務引受」の内容（472条）

　免責的債務引受の引受人は、債務者が債権者に対して負担する債務と同一の内容の債務を負担し、債務者は自己の債務を免れることが明記されました（新法472条1項）。

ポイント 91 免責的債務引受の当事者—新しい方法
（部会資料67A、35頁）

（1）「免責的債務引受は、債権者と引受人となる者との契約によってすることができます。この場合において、免責的債務引受は、債権者が債務者に対してその契約をした旨を通知した時に、その効力を生ずる。」とされました。この規律は、従来の実務を変更するものです（新法472条2項）。

（2）「免責的債務引受は、債務者と引受人となる者が契約をし、債権者が引受人となる者に対して承諾をすることによってもすることができる。」と明記されました（3項）。

改正条項	旧法
第2款　免責的債務引受	（新設）
（免責的債務引受の要件及び効果） 第472条　免責的債務引受の引受人は債務者が債権者に対して負担する債務と同一の内容の債務を負担し、債務者は自己の債務を免れる。 2 免責的債務引受は、債権者と引受人となる者との契約によってすることができる。この場合において、免責的債務引受は、債権者が債務者に対してその契約をした旨を通知した時に、その効力を生ずる。 3 免責的債務引受は、債務者と引受人となる者が契約をし、債権者が引受人となる者に対して承諾をすることによってもすることができる。	（新設）

改正条項	旧法
（免責的債務引受における引受人の抗弁等） 第472条の2　引受人は、免責的債務引受により負担した自己の債務について、その効力が生じた時に債務者が主張することができた抗弁をもって債権者に対抗することができる。 2 債務者が債権者に対して取消権又は解除権を有するときは、引受人は、免責的債務引受がなければこれらの権利の行使によって債務者がその債務を免	（新設）

152

れることができた限度において、債権者に対して債務の履行を拒むことができる。 （免責的債務引受における引受人の求償権） 第472条の3 免責的債務引受の引受人は、債務者に対して求償権を取得しない。	（新設）

ポイント 92 担保権、保証の移転方法 （部会資料83−2、26頁）

（1）免責的債務引受がされた場合に引受前の債務を担保していた担保権又は保証を移転することができますが、担保設定者が免責的債務引受の当事者ではない場合には、担保設定者又は保証人の承諾が必要です（新法472条の4）。

　さらに、保証人の承諾は、書面又は電磁的記録であることを要します(3項~5項)。

改正条項	旧法
（免責的債務引受による担保の移転） 第472条の4 債権者は、第472条第1項の規定により債務者が免れる債務の担保として設定された担保権を引受人が負担する債務に移すことができる。ただし、引受人以外の者がこれを設定した場合には、その承諾を得なければならない。 2 前項の規定による担保権の移転は、あらかじめ又は同時に引受人に対してする意思表示によってしなければならない。 3 前二項の規定は、第472条第1項の規定により債務者が免れる債務の保証をした者があるときについて準用する。	（新設）

4 前項の場合において、同項において準用する第1項の承諾は、書面でしなければ、その効力を生じない。 5 前項の承諾がその内容を記録した電磁的記録によってされたときは、その承諾は、書面によってされたものとみなして、同項の規定を適用する。	

(2) 債務引受けに関する経過措置は次のとおりです。

（債務の引受けに関する経過措置）

附則第23条　新法第470条から第472条の4までの規定は、施行日前に締結された債務の引受けに関する契約については、適用しない。

23　契約上の地位の移転 （部会資料9−1、9−2、38、74A、80−1、82−1、
83−1、84−1、84−2、85、88−1）

ポイント 93　「契約上の地位の移転」の明記（539条の2）

　「契約の当事者の一方が第三者との間で契約上の地位を譲渡する旨の合意をした場合において、その契約の相手方が当該譲渡を承諾したときは、契約上の地位は、当該第三者に移転する。」との規律が明記されました。

　ただし、不動産の譲渡にともなう賃貸人の地位の移転については、別途規定があるので、賃借人の承諾は不要です（新法605条の3）。

改正条項	旧法
第3款　契約上の地位の移転	（新設）
第539条の2　契約の当事者の一方が第三者との間で契約上の地位を譲渡する旨の合意をした場合において、その契	（新設）

約の相手方がその譲渡を承諾したとき
は、契約上の地位は、その第三者に移
転する。

契約上の地位の移転に関する経過措置は次のとおりです。

> （契約上の地位の移転に関する経過措置）
> 附則第31条　新法第539条の2の規定は、施行日前にされた契約上の地位
> を譲渡する旨の合意については、適用しない。

24　弁　済

（部会資料10-1、10-2、39、70A、80-3、83-1、83-2、第三者弁済
77B、弁済による代位・62、84-2、84-3、85、88-1、88-2）

ポイント 94　弁済の意義

　弁済によって債権が消滅するということは、民法上の最も基本的なルールの一
つですが、そのことを明示する規定は置かれておらず、弁済に関する規定が「債
権の消滅」という節（第3編第1章第5節）に置かれていることから、弁済が債権
の消滅原因であることを読み取ることができるのみでした。その結果、現在は、
弁済の款の冒頭に「第三者の弁済」という異例な事態を扱った規定が置かれるこ
とになっており、弁済以外の債権の消滅原因に関する規定との平仄が合っていな
い状態にあるため弁済の意義の規定が置かれました（法務当局解説要旨　部会資
料70A、21頁）

改正条項	旧法
第6節　債権の消滅	第5節　債権の消滅
（弁済） 第473条　債務者が債権者に対して債 務の弁済をしたときは、その債権は、消 滅する。	（新設）

　細かな規律の明記や規律の変更はありましたが、実務に大きな影響を与える改正はありません。

　弁済をする正当な利益を有しない第三者は、債務者の意思に反して弁済はできません（新法474条2項本文）が、債務者の意思に反することを債権者が知らなかった場合、債務者の意思を確認できない債権者を保護するため、弁済を有効としています（2項ただし書）。

　金融機関等の預貯金の払戻に関して、権利者でない者に対して、善意かつ無過失で、払戻しに応じた事案では、新法478条が適用されます（最判昭和37.8.21）。改正法は、「取引上の社会通念に照らして」受領権者としての外観を有する者に対してした弁済かどうかを判断するものとしています。

　旧法480条は、新法478条で対応可能なため、削除されました。

　現在の判例・通説では、以下の者が債権の準占有者に該当すると考えられており、これを変更するものではありません（部会資料70A、27頁）。

① 　表見相続人（大判昭和15年5月29日民集19巻903号）
② 　無効な債権譲渡の譲受人（大判大正7年12月7日民録24輯、2310頁）
③ 　債権が二重譲渡された場合に劣後する譲受人（最判昭和61年4月11日民集40巻3号、558頁）
④ 　偽造の債権証書・受取証書の所持人（大判昭和2年6月22日民集6巻、408頁）
⑤ 　詐称代理人（最判昭和37年8月21日民集16巻9号、1809頁等）
⑥ 　預金通帳と届出印の持参人（大判昭和16年6月20日民集20巻、921頁）

改正条項	旧法
（第三者の弁済） 第474条　債務の弁済は、第三者もすることができる。	（第三者の弁済） 第474条　債務の弁済は、第三者もすることができる。<u>ただし、その債務の性質がこれを許さないとき、又は当事者が反対の意思を表示したときは、この限りでない。</u>
2 <u>弁済をするについて正当な利益を有</u>	2 利害関係を有しない第三者は、債務

する者でない第三者は、債務者の意思
に反して弁済をすることができない。ただ
し、債務者の意思に反することを債権者
が知らなかったときは、この限りでない。
3 前項に規定する第三者は、債権者の
意思に反して弁済をすることができな
い。ただし、その第三者が債務者の委託
を受けて弁済をする場合において、その
ことを債権者が知っていたときは、この限
りでない。
4 前三項の規定は、その債務の性質が
第三者の弁済を許さないとき、又は当事
者が第三者の弁済を禁止し、若しくは
制限する旨の意思表示をしたときは、適
用しない。

者の意思に反して弁済をすることができ
ない。

（新設）

（新設）

改正条項	旧法
（受領権者としての外観を有する者に対する弁済） 第478条　受領権者（債権者及び法令の規定又は当事者の意思表示によって弁済を受領する権限を付与された第三者をいう。以下同じ。）以外の者であって取引上の社会通念に照らして受領権者としての外観を有するものに対してした弁済は、その弁済をした者が善意であり、かつ、過失がなかったときに限り、その効力を有する。	（債権の準占有者に対する弁済） 第478条　債権の準占有者に対してした弁済は、その弁済をした者が善意であり、かつ、過失がなかったときに限り、その効力を有する。
（受領権者以外の者に対する弁済） 第479条　前条の場合を除き、受領権	（受領する権限のない者に対する弁済） 第479条　前条の場合を除き、弁済を

157

者以外の者に対してした弁済は、債権者がこれによって利益を受けた限度においてのみ、その効力を有する。

受領する権限を有しない者に対してした弁済は、債権者がこれによって利益を受けた限度においてのみ、その効力を有する。

改正条項	旧法
第480条　削除	（受取証書の持参人に対する弁済） 第480条　受取証書の持参人は、弁済を受領する権限があるものとみなす。ただし、弁済をした者がその権限がないことを知っていたとき、又は過失によって知らなかったときは、この限りでない。
（差押えを受けた債権の第三債務者の弁済） 第481条　差押えを受けた債権の第三債務者が自己の債権者に弁済をしたときは、差押債権者は、その受けた損害の限度において更に弁済をすべき旨を第三債務者に請求することができる。 2　（略）	（支払の差止めを受けた第三債務者の弁済） 第481条　支払の差止めを受けた第三債務者が自己の債権者に弁済をしたときは、差押債権者は、その受けた損害の限度において更に弁済をすべき旨を第三債務者に請求することができる。 2　（略）

改正条項	旧法
（代物弁済） 第482条　弁済をすることができる者（以下「弁済者」という。）が、債権者との間で、債務者の負担した給付に代えて他の給付をすることにより債務を消滅させる旨の契約をした場合において、その弁済者が当該他の給付をしたときは、その給付は、弁済と同一の効力を有する。	（代物弁済） 第482条　債務者が、債権者の承諾を得て、その負担した給付に代えて他の給付をしたときは、その給付は、弁済と同一の効力を有する。

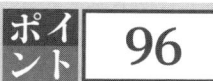

弁済した物の取戻しに関する476条が削除された理由

　弁済者が制限行為能力者であった場合に関する旧法476条については、弁済を法律行為と見ない今日の理解のもとでは、弁済そのものの取消しではなく、給付の内容である法律行為の取消しにのみ適用されるものであると考えられており、具体的な適用場面は、制限行為能力者が代物弁済をした場合に限られるといわれていました。このため、その存在意義が疑問視されていたところ、今般の改正において、代物弁済契約を諾成契約として改めると、代物の給付は代物弁済契約の履行であって、法律行為ではないため取消しの対象とはならず、他方、代物弁済契約を取り消したとしても、「弁済」を取り消したこととはならないため、同条の適用場面が消滅することになると考えられました。このように考えると、同条は、今般の改正にともない、その存在意義を失うことになるので、これを削除するとされました（法務当局解説要旨　部会資料70Ａ、24頁）。

改正条項	旧法
<u>（弁済として引き渡した物の取戻し）</u> 第475条　（略）	<u>（弁済として引き渡した物の取戻し）</u> 第475条　弁済をした者が弁済として他人の物を引き渡したときは、その弁済をした者は、更に有効な弁済をしなければ、その物を取り戻すことができない。
改正法476条の上書きにより削除	<u>第476条　譲渡につき行為能力の制限を受けた所有者が弁済として物の引渡しをした場合において、その弁済を取り消したときは、その所有者は、更に有効な弁済をしなければ、その物を取り戻すことができない。</u>
（弁済として引き渡した物の消費又は譲渡がされた場合の弁済の効力等）	（弁済として引き渡した物の消費又は譲渡がされた場合の弁済の効力等）

第476条 前条の場合において、債権者が弁済として受領した物を善意で消費し、又は譲り渡したときは、その弁済は、有効とする。この場合において、債権者が第三者から賠償の請求を受けたときは、弁済をした者に対して求償をすることを妨げない。	第477条 前二条の場合において、債権者が弁済として受領した物を善意で消費し、又は譲り渡したときは、その弁済は、有効とする。この場合において、債権者が第三者から賠償の請求を受けたときは、弁済をした者に対して求償をすることを妨げない。

ポイント 97 弁済の方法

（1）当初、法制審においては、引き渡すべき特定物の品質については、当事者間の合意によって常に定まるのであるから、旧法483条を存置する必要はなく、かつ、同条がこれまで特定物ドグマの根拠の一つとされることがあったことなどの理由に基づき、同条を削除することとされていました。しかし、483条は債権総則に置かれている規定であり、たとえば、売買以外の契約に基づき特定物の引渡しをしなければならない場合や、不当利得返還請求権に基づき特定物の引渡しをしなければならない場合には、同条の適用の余地があるため、補充規定として残されました。

（2）特定物の引渡しをすべき時の品質を定める判断基準を「法律行為の性質又は当事者の意思」から「契約その他の債権の発生原因及び取引上の社会通念に照らして」に改める理由（法務当局解説要旨　部会資料84－3、8頁）

　要綱仮案第23、6（1）では、特定物の引渡しをすべき時の品質を定める判断基準を、「法律行為の性質又は当事者の意思」としていましたが、特定物の引渡しをすべき場合には、契約に基づいて引き渡す場合の他、事務管理等による法定債権に基づき引き渡す場合も含まれることから、上記の判断基準では、法定債権に基づき特定物を引き渡す場合における品質を定める基準とはならないと考えられます。そこで、新法400条の表現を参照し、「契約その他の債権の発生原因及び取引上の社会通念に照らして」と改めることとしました。

(3) 預金口座の振込の有効要件について（法務当局解説要旨　部会資料80－3、24頁・83－2、28頁）

　従前の案では、「金銭の給付を目的とする債務については、債権者の預金又は貯金の口座（以下「預貯金口座」という。）に対する払込みによって、その弁済をすることができる。ただし、当事者が反対の意思を表示した場合又は異なる取引上の慣習がある場合は、この限りでない。」と規定していましたが、この案に対しては、第92回会議において、預貯金口座に対する払込みによって弁済をすることができる場合の要件が広すぎるので、当事者間の合意があったときに限り、預貯金口座への払込みによって弁済をすることができる旨の規定に改めるべきであるとの意見がありました。この点については、賛否が分かれ、規定を設けることは困難であると考えられたため、従前の案は削除し、どのような場合に預貯金口座への払込みによって弁済をすることができるかという点については、引き続き解釈に委ねることとされました。

改正条項	旧法
（特定物の現状による引渡し） 第483条　債権の目的が特定物の引渡しである場合において、<u>契約その他の債権の発生原因及び取引上の社会通念に照らしてその引渡しをすべき時の品質を定めることができない</u>ときは、弁済をする者は、その引渡しをすべき時の現状でその物を引き渡さなければならない。	（特定物の現状による引渡し） 第483条　債権の目的が特定物の引渡しであるときは、弁済をする者は、その引渡しをすべき時の現状でその物を引き渡さなければならない。

改正条項	旧法
<u>（弁済の場所及び時間）</u> 第484条　（略） <u>2 法令又は慣習により取引時間の定めがあるときは、その取引時間内に限り、弁済をし、又は弁済の請求をすることができる。</u>	<u>（弁済の場所）</u> 第484条　（略） （新設）

	（取引時間）
（削除）	商法第520条　法令又は慣習により商人の取引時間の定めがあるときは、その取引時間内に限り、債務の履行をし、又はその履行の請求をすることができる。

改正条項	旧法
（受取証書の交付請求） 第486条　弁済を<u>する者は</u>、<u>弁済と引換えに</u>、弁済を<u>受領</u>する者に対して受取証書の交付を請求することができる。	（受取証書の交付請求） 第486条　弁済を<u>した者は</u>、弁済を受領<u>した</u>者に対して受取証書の交付を請求することができる。

改正条項	旧法
<u>（預金又は貯金の口座に対する払込みによる弁済）</u> <u>第477条　債権者の預金又は貯金の口座に対する払込みによってする弁済は、債権者がその預金又は貯金に係る債権の債務者に対してその払込みに係る金額の払戻しを請求する権利を取得した時に、その効力を生ずる。</u>	（新設）

弁済の充当

（1）　債務者以外の弁済をすることができる第三者も充当に関する合意ができることを明確にするために、新法490条を、「弁済をする者と弁済を受領する者との間に」とされました。（法務当局解説要旨　部会資料83-2、30頁）

　弁済の充当に関する合意は、債務者以外の弁済をすることができる第三者もすることができると解されています。従前の案の「当事者間に弁済の充当の順序に

第2章 改正内容のポイント 24 弁 済

ポイント
98

関する合意があるとき」という文言では、上記の解釈を読み取ることが困難であるという問題があったことから、改正法は、弁済をすることができる者と債権者との間の合意があれば、その合意によって充当される旨を明示することと規定されましたした。

(2) 合意による弁済の充当に関する490条について（法務当局解説要旨　部会資料84−3、9頁）

　要綱仮案第23、7（1）では、同ア及びイの場合（ア　債務者が同一の債権者に対して同種の給付を内容とする数個の債務を負担するとき（イに該当するときを除く。）。イ　債務者が同一の債権者に対して同種の給付を内容とする一個又は数個の債務を負担する場合において、そのうち一個又は数個の債務について元本のほか利息及び費用を支払うべきとき。）における補充的な充当ルールの存在を示唆しつつ、その場合であっても合意による充当ルールが優先するという形で、充当ルールの全体像をわかりやすく表現することを試みていました。しかし、このような規定の方法によると、同ア又はイの場合以外に充当に関する合意がされたときに、その合意の効力が認められないかのような反対解釈の余地が生ずるという問題がありました。そこで、これを解消するため、合意による充当のルールについては、新法488条及び489条の規定にかかわらず、これらの特則として機能するものとして規定されました。

改正条項	旧法
(同種の給付を目的とする数個の債務がある場合の充当) 第488条　債務者が同一の債権者に対して同種の給付を目的とする数個の債務を負担する場合において、弁済として提供した給付が全ての債務を消滅させるのに足りないとき(次条第1項に規定する場合を除く。)は、弁済をする者は、給付の時に、その弁済を充当すべき債務を指定することができる。 2·3　（略）	(弁済の充当の指定) 第488条　債務者が同一の債権者に対して同種の給付を目的とする数個の債務を負担する場合において、弁済として提供した給付がすべての債務を消滅させるのに足りないときは、弁済をする者は、給付の時に、その弁済を充当すべき債務を指定することができる。 2·3　（略）

4　弁済をする者及び弁済を受領する者がいずれも第1項又は第2項の規定による指定をしないときは、次の各号の定めるところに従い、その弁済を充当する。 ①　債務の中に弁済期にあるものと弁済期にないものとがあるときは、弁済期にあるものに先に充当する。 ②　全ての債務が弁済期にあるとき、又は弁済期にないときは、債務者のために弁済の利益が多いものに先に充当する。 ③　債務者のために弁済の利益が相等しいときは、弁済期が先に到来したもの又は先に到来すべきものに先に充当する。 ④　前二号に掲げる事項が相等しい債務の弁済は、各債務の額に応じて充当する。	（新設）

改正条項	旧法
（元本、利息及び費用を支払うべき場合の充当） 第489条　債務者が一個又は数個の債務について元本のほか利息及び費用を支払うべき場合（債務者が数個の債務を負担する場合にあっては、同一の債権者に対して同種の給付を目的とする数個の債務を負担するときに限る。）において、弁済をする者がその債務の全部を消滅させるのに足りない給付をしたときは、これを順次に費用、利息及び元本に充当しなければならない。 2　前条の規定は、前項の場合におい	（元本、利息及び費用を支払うべき場合の充当） 第491条　債務者が一個又は数個の債務について元本のほか利息及び費用を支払うべき場合において、弁済をする者がその債務の全部を消滅させるのに足りない給付をしたときは、これを順次に費用、利息及び元本に充当しなければならない。 2　第489条の規定は、前項の場合につ

て、費用、利息又は元本のいずれかの全てを消滅させるのに足りない給付をしたときについて準用する。

改正法489条の上書きにより削除。
改正法488条4項へ←

いて準用する。

（法定充当）
第489条　弁済をする者及び弁済を受領する者がいずれも前条の規定による弁済の充当の指定をしないときは、次の各号の定めるところに従い、その弁済を充当する。
1　債務の中に弁済期にあるものと弁済期にないものとがあるときは、弁済期にあるものに先に充当する。
2　すべての債務が弁済期にあるとき、又は弁済期にないときは、債務者のために弁済の利益が多いものに先に充当する。
3　債務者のために弁済の利益が相等しいときは、弁済期が先に到来したもの又は先に到来すべきものに先に充当する。
4　前二号に掲げる事項が相等しい債務の弁済は、各債務の額に応じて充当する。

改正条項	旧法
（合意による弁済の充当） 第490条　前二条の規定にかかわらず、弁済をする者と弁済を受領する者との間に弁済の充当の順序に関する合意があるときは、その順序に従い、その弁済を充当する。	（新設）

改正条項	旧法
（数個の給付をすべき場合の充当） 第491条　一個の債務の弁済として数個の給付をすべき場合において、弁済をする者がその債務の全部を消滅させるのに足りない給付をしたときは、前三条の規定を準用する。	（数個の給付をすべき場合の充当） 第490条　一個の債務の弁済として数個の給付をすべき場合において、弁済をする者がその債務の全部を消滅させるのに足りない給付をしたときは、前二条の規定を準用する。

ポイント 99　弁済の提供の効果

「弁済の提供の効果」と「受領遅滞の効果」をどのように整理するか（法務当局解説要旨　部会資料70A、36頁）。

(1) 現状及び問題の所在

旧民法は、弁済の提供の効果について、「債務の不履行によって生ずべき一切の責任を免れる」とだけ規定し（旧法492条）、他方、受領遅滞の効果については、「履行の提供があったときから遅滞の責任を負う」とだけ規定しています（旧法413条）。弁済の提供とこれに基づく受領遅滞の具体的な効果は条文上必ずしも明確ではありませんが、以下の①から⑤までの効果が生ずると解されています。

① 履行遅滞による債務不履行責任の不発生
② 債権者の同時履行の抗弁権の消滅
③ 特定物の引渡しの場合における注意義務の軽減
④ 増加費用の債権者負担
⑤ 目的物滅失等の場合における危険の移転

この①から⑤までが弁済の提供と受領遅滞のいずれの効果となるかについては、学説上、さまざまな見解が示されていましたが、①②を弁済の提供の効果として整理する見解が有力に主張されていました。これは、弁済の提供が専ら債務者の行為を規律するものですから、債務者が行うべき行為に基づく効果のみを弁済の提供の効果として位置づけるという立場です。①②はいずれも、債権者の行為とは無関係に、債務者の行為から発生する効果であると見るのが自然であるの

に対し、③から⑤までは、専ら債権者の責任や負担が加重されるという効果であり、債権者の行為と結びつく効果であると整理するのが妥当だからです。しかし、旧民法第492条は、「債務の不履行によって生ずべき一切の責任」を免れるとしており、履行不能による債務者の責任と関係する⑤も同条の効果として位置づけられるかのようにも読めました。

以上のような考え方があることを踏まえ、弁済の提供と受領遅滞の効果とを整理したうえで、弁済の提供の具体的な効果を条文上明確化することが検討課題となっていました。

(2) 改正の内容

改正案は、弁済の提供の効果として、上記のうち、①②と整理したうえで、①のみを規定しました。②は新法533条において既に規定されている内容ですから、同条が維持される限りは、492条では、①のみを規定すればよいという理由に基づくものです。そして、履行不能以外による債務不履行に基づく責任を弁済の提供によって免れることができることを明らかにする趣旨で、解除の要件等（部会資料68A第3、1(1)等）を参照し、「債務を履行をしないことによって生ずべき責任を免れる」としています。受領遅滞の効果としては、債務者が、受領遅滞となった後に履行不能となったことに基づく責任を負わないこと（ポイント49参照）が明文化されていることからも（部会資料68A第5）、弁済の提供の効果が①に限られることは明確になっています。

改正条項	旧法
（弁済の提供の効果） 第492条　債務者は、弁済の提供の時から、債務を履行しないことによって生ずべき責任を免れる。	（弁済の提供の効果） 第492条　債務者は、弁済の提供の時から、債務の不履行によって生ずべき一切の責任を免れる。

ポイント 100 供託に関する規定

(1) 受領拒絶を原因とする供託には弁済の提供が必要であることを明記し、口頭の提供をしても債権者が受け取らないことが明らかな場合に供託できるかどうか

は、引き続き解釈に委ねることとしています（法務当局解説要旨　部会資料70A、36頁）。

　判例・通説に基づき、受領拒絶を原因とする供託には弁済の提供が必要であることを明記しました（新法494条1項一関係）。供託実務では、口頭の提供をしても債権者が受け取らないことが明らかな場合に、弁済の提供をすることなく供託することができるとしています。改正法は、これを引き続き維持することを前提としていますが、この判例を一般化して規定することには異論があり得ることから、解釈に委ねることとしたものです。

(2)　弁済者の無過失の主張・立証責任の所在について（法務当局解説要旨　部会資料70A、38頁）（494条1項②関係）

　弁済者の無過失の主張・立証責任の所在については、債権者不確知の原因の多くが債権者側の事情と考えられることに留意する必要があるとの指摘があります。たとえば、債権譲渡の効力の有無について当事者間に争いがある場合には債権者不確知を供託原因とする供託が可能であるとされていますが、譲渡当事者の一方の主張が明らかに不当である場合には弁済者の無過失が認められないとすると、譲渡の有効性に関する争いにおける当事者の主張の合理性についての主張・立証責任が弁済をすることができる者に課されることになり、不当ではないかという問題意識に基づくものです。新法494条2項は、以上のような問題意識を踏まえて、債権者などの供託の有効性を争う者が、弁済者に過失があることについての主張・立証責任を負うこととして、旧法第494条後段を改めるものです。

(3)　弁済者が債権者を確知できないことを理由に供託の効力を争う場合には供託の効力を争う債権者に立証責任があることを明確にしました（新法494条2項）

(4)　適切な供託所又は保管者を見つけられない場合のように、弁済の目的物の性質とは関係なく、供託が困難である場合に自助売却が認められる文言とする（法務当局解説要旨　部会資料70A、41頁）（新法497条④関係）

　適切な供託所又は保管者を見つけられない場合のように、弁済の目的物の性質

とは関係なく、供託が困難である場合に自助売却が認められることは、「弁済の目的物が供託に適しないとき」という旧法497条の条文の文言からは必ずしも明らかではありません。また、実際には、法495条2項の規定による供託所の指定又は供託物保管者の選任を得る見込みの有無が明らかになるまでには、相当の時間が必要となります。供託が認められるまでに時間がかかれば、その間は遅延損害金等が発生することになりますが、時間をかけて供託所又は保管者を探しても、現実的には適切な供託所又は保管者を見つけることはむずかしいといわれており、このような現状は、弁済者の利益保護の観点からは問題があると考えられます。そこで、たとえば、債務の履行地に当該物品を保管することができる供託法所定の供託所が存在しない場合には、同項の規定による供託所の指定又は供託物保管者の選任を得る見込みの有無にかかわらず、自助売却を認めることが妥当であり、改正法は、以上を踏まえ、新たな自助売却の要件として、「その物を供託することが困難なとき」を加えています。

(5)「価格の低落のおそれがあること」の要件を自助売却要件に追加（法務当局解説要旨 部会資料70A、41頁）（497条②関係）

「滅失若しくは損傷のおそれがある」弁済の目的物の例としては、たとえば、腐りやすい食品や変質のおそれがある薬品等、物理的な価値の低下のおそれがある物が想定されています。しかし、物理的な価値の低下でなくても、市場での価格の変動が激しく、放置しておけば価値が暴落し得るようなものについては、自助売却を認める必要があると指摘されています。そこで、二では、「その物について滅失、損傷その他の事由による価格の低落のおそれがあるとき」を、自助売却の要件として付け加えることとしています。

(6) 民法第498条1項は、債権者が供託物の還付請求権を取得することを明らかにする規定を設けるものである（法務当局解説要旨 部会資料70A、42頁）。

弁済者が債権者を確知できないことを理由に供託の効力を争う場合には供託の効力を争う債権者に立証責任があることを明確にしました（新法494条2項）。

改正条項	旧法
(供託)	(供託)
第494条　弁済者は、次に掲げる場合には、債権者のために弁済の目的物を供託することができる。この場合においては、弁済者が供託をした時に、その債権は、消滅する。	第494条　債権者が弁済の受領を拒み、又はこれを受領することができないときは、弁済をすることができる者（以下この目において「弁済者」という。）は、債権者のために弁済の目的物を供託してその債務を免れることができる。　弁済者が過失なく債権者を確知することができないときも、同様とする。
①　弁済の提供をした場合において、債権者がその受領を拒んだとき。	
②　債権者が弁済を受領することができないとき。	
2　弁済者が債権者を確知することができないときも、前項と同様とする。ただし、弁済者に過失があるときは、この限りでない。	
(供託に適しない物等)	(供託に適しない物等)
第497条　弁済者は、次に掲げる場合には、裁判所の許可を得て、弁済の目的物を競売に付し、その代金を供託することができる。	第497条　弁済の目的物が供託に適しないとき、又はその物について滅失若しくは損傷のおそれがあるときは、弁済者は、裁判所の許可を得て、これを競売に付し、その代金を供託することができる。その物の保存について過分の費用を要するときも、同様とする。
①　その物が供託に適しないとき。	
②　その物について滅失、損傷その他の事由による価格の低落のおそれがあるとき。	
③　その物の保存について過分の費用を要するとき。	
④　前三号に掲げる場合のほか、その物を供託することが困難な事情があるとき。	

（供託物の還付請求等）	（供託物の受領の要件）
第498条　弁済の目的物又は前条の代金が供託された場合には、債権者は、供託物の還付を請求することができる。	第498条　（新設）
2　債務者が債権者の給付に対して弁済をすべき場合には、債権者は、その給付をしなければ、供託物を受け取ることができない。	（略）

ポイント 101 弁済による代位

　弁済による代位の改正は、任意代位と法定代位を統合した上、467条の対抗要件を必要とする場合を「弁済をするについて正当な利益を有しない者の弁済」に限定するものです（法務当局解説要旨　部会資料70Ａ、42頁参照）

　今般の改正によって、有効に第三者による弁済の提供がされた場合であっても、債権者は受領を拒絶することができるので（新法474条2項）、第三者に債権が移転することを債権者が希望しない場合には、弁済の受領を拒絶すればよく、他方で、弁済を受領しつつ、代位についてのみ拒絶する権利を債権者に認める必要はないという考慮に基づくものです。もっとも、この改正499条の規律のもとでも、債権者と弁済者との間で代位しない旨の合意をした場合には、その合意によって代位しないこととなることを前提としています。

　499条のように改正をする場合には、499条と500条との違いは467条の準用の有無のみとなるので、別々の条文で規律する必要性が乏しくなることから、これらの規定を統合することを前提として、新法499条の「代位することができる」という表現ではなく、「代位する」と表現とされました。

　上記のように旧法499条1項と500条とを統合する関係で、新法500条は、代位について第三者対抗要件を必要となる範囲を代位について正当な利益を有しない者の弁済の範囲に限定するものであり、実質的には現状を維持するものであると説明されています。

【コメント】
　新法467条の規定を準用する意味は、正当な利益を有しない者の任意代位を債務者に対抗する為には、債権者から債務者への代位通知又は債務者の代位承諾が必要ということ、債務者以外の第三者に対抗するには、それが確定日付のある証書によってされる事が必要ということです。

改正条項	旧法
（弁済による代位の要件） 第499条　債務者のために弁済をした者は、債権者に代位する。 （削る）	（任意代位） 第499条　債務者のために弁済をした者は、その弁済と同時に債権者の承諾を得て、債権者に代位することができる。 2　第467条の規定は、前項の場合について準用する。
第500条　第467条の規定は、前条の場合（弁済をするについて正当な利益を有する者が債権者に代位する場合を除く。）について準用する。	（法定代位） 第500条　弁済をするについて正当な利益を有する者は、弁済によって当然に債権者に代位する。

改正条項	旧法
（弁済による代位の効果） 第501条　前二条の規定により債権者に代位した者は、債権の効力及び担保としてその債権者が有していた一切の権利を行使することができる。	（弁済による代位の効果） 第501条　前二条の規定により債権者に代位した者は、自己の権利に基づいて求償をすることができる範囲内において、債権の効力及び担保としてその債権者が有していた一切の権利を行使することができる。この場合においては、次の各号の定めるところに従わなければならない。

ポイント 101

（削る）	① 保証人は、あらかじめ先取特権、不動産質権又は抵当権の登記にその代位を付記しなければ、その先取特権、不動産質権又は抵当権の目的である不動産の第三取得者に対して債権者に代位することができない。
（削る）第3項1号へ	② 第三取得者は、保証人に対して債権者に代位しない。
（削る）第3項2号へ	③ 第三取得者の一人は、各不動産の価格に応じて、他の第三取得者に対して債権者に代位する。
（削る）第3項3号へ	④ 物上保証人の一人は、各財産の価格に応じて、他の物上保証人に対して債権者に代位する。
（削る）第3項4号へ	⑤ 保証人と物上保証人との間においては、その数に応じて、債権者に代位する。ただし、物上保証人が数人あるときは、保証人の負担部分を除いた残額について、各財産の価格に応じて、債権者に代位する。
（削る）	⑥ 前号の場合において、その財産が不動産であるときは、第1号の規定を準用する。
2 前項の規定による権利の行使は、債権者に代位した者が自己の権利に基づいて債務者に対して求償をすることができる範囲内（保証人の一人が他の保証人に対して債権者に代位する場合には、自己の権利に基づいて当該他の保証人に対して求償をすることができる範囲内）に限り、することができる。	（新設）

3　第1項の場合には、前項の規定によるほか、次に掲げるところによる。 ①　第三取得者（債務者から担保の目的となっている財産を譲り受けた者をいう。以下この項において同じ。）は、保証人及び物上保証人に対して債権者に代位しない。 ②　第三取得者の一人は、各財産の価格に応じて、他の第三取得者に対して債権者に代位する。 ③　前号の規定は、物上保証人の一人が他の物上保証人に対して債権者に代位する場合について準用する。 ④　保証人と物上保証人との間においては、その数に応じて、債権者に代位する。ただし、物上保証人が数人あるときは、保証人の負担部分を除いた残額について、各財産の価格に応じて、債権者に代位する。 ⑤　第三取得者から担保の目的となっている財産を譲り受けた者は、第三取得者とみなして第1号及び第2号の規定を適用し、物上保証人から担保の目的となっている財産を譲り受けた者は、物上保証人とみなして第1号、第3号及び前号の規定を適用する。	（新設）

ポイント 102 一部弁済による代位者は単独で抵当権を実行し得ない旨の規律

（法務当局解説要旨　部会資料70 A、43頁参照）

　新法502条1項は、一部弁済による代位の要件について、代位者が単独で抵当権を実行することができるとした判例（上記大決昭和6年4月7日）を改め、代位者による単独での抵当権の実行を認めないこととしたうえで、これを抵当権以外の権利行使にも一般化して明文化するものです。この判例に対しては、代位者単独での抵当権の実行を認めることは求償権の保護という代位制度の目的を逸脱して債権者に不利益を与えるものであるという批判があり、この批判は説得的であると考えられていました。また、弁済による代位が実務的に問題となるのは、金融取引が多いわけですが、金融取引の実務においては、特約によって、代位者の権利行使が制限されるのが一般的であり、このような取引実務とも整合的です。改正法素案502条1項は、以上のような理由に基づくものです。

　同条2項は、一部弁済による代位が認められる場合であっても、債権者は単独で権利行使することが妨げられないとするものです。代位制度は債権者や第三者を害しないことを理由として認められているものであるという点を考慮すると、債権者による権利の行使が、債権の一部を弁済したに過ぎない代位者によって制約されるべきではないという理由に基づくものです。

　同条3項は、一部弁済による代位の効果について、抵当権が実行された場合における配当の事例で債権者が優先すると判断した判例法理を、抵当権以外の権利行使にも一般化して明文化するものです。

改正条項	旧法
（一部弁済による代位） 第502条　債権の一部について代位弁済があったときは、代位者は、債権者の同意を得て、その弁済をした価額に応じて、債権者とともにその権利を行使することができる。 2　前項の場合であっても、債権者は、単	（一部弁済による代位） 第502条　債権の一部について代位弁済があったときは、代位者は、その弁済をした価額に応じて、債権者とともにその権利を行使する。 （新設）

改正条項	旧法
独でその権利を行使することができる。	
3　前二項の場合に債権者が行使する権利は、その債権の担保の目的となっている財産の売却代金その他の当該権利の行使によって得られる金銭について、代位者が行使する権利に優先する。	（新設）
4　第1項の場合において、債務の不履行による契約の解除は、債権者のみがすることができる。この場合においては、代位者に対し、その弁済をした価額及びその利息を償還しなければならない。	2　前項の場合において、債務の不履行による契約の解除は、債権者のみがすることができる。この場合においては、代位者に対し、その弁済をした価額及びその利息を償還しなければならない。

ポイント 103　担保保存義務に関する規定

(1)　債権者が担保を喪失し、又は減少させたことについて取引上の社会通念に照らして合理的な理由があると認められるときは、代位権者等への償還義務を免れるという規定が新設されました。

改正条項	旧法
（債権者による担保の喪失等） 第504条　弁済をするについて正当な利益を有する者（以下この項において「代位権者」という。）がある場合において、債権者が故意又は過失によってその担保を喪失し、又は減少させたときは、その代位権者は、代位をするに当たって担保の喪失又は減少によって償還を受けることができなくなる限度にお	（債権者による担保の喪失等） 第504条　第500条の規定により代位をすることができる者がある場合において、債権者が故意又は過失によってその担保を喪失し、又は減少させたときは、その代位をすることができる者は、その喪失又は減少によって償還を受けることができなくなった限度において、その責任を免れる。

いて、その責任を免れる。<u>その代位権者が物上保証人である場合において、その代位権者から担保の目的となっている財産を譲り受けた第三者及びその特定承継人についても、同様とする。</u> <u>2 前項の規定は、債権者が担保を喪失し、又は減少させたことについて取引上の社会通念に照らして合理的な理由があると認められるときは、適用しない。</u>	（新設）

(2) 弁済に関する経過措置は次のとおりです。

> （弁済に関する経過措置）
> 附則第25条　施行日前に債務が生じた場合におけるその債務の弁済については、次項に規定するもののほか、なお従前の例による。
> 2　施行日前に弁済がされた場合におけるその弁済の充当については、新法第488条から第491条までの規定にかかわらず、なお従前の例による。

25 相 殺 $\left(\begin{array}{l}10-1、10-2、39、70A、80-3、83-1、83-2、第三者弁済77B、\\ 弁済による代位・62、84-2、84-3、85、88-1、88-2\end{array}\right)$

ポイント 104 不法行為等により生じた債権を受働債権とする相殺の見直し（509条）

(1) 新法509条1号では、「悪意」と表記し、軽微な不法行為に基づく損害賠償債務については、相殺禁止の対象から外した。

(2) 新法509条2号では、生命身体の侵害による場合を規律し、不法行為に限らず、債務不履行に基づく損害賠償債務についても、相殺禁止の対象にした。

工作物責任の損害賠償は相殺禁止の対象に なるのかについて（法務当局解説要旨 部会資料83-2、32頁）

　当初の案では、改正法509条の１号及び２号のいずれに対しても、「債務者が債権者に対してした」という限定が付されていました。その後の議論で、特に２号についてこのような限定が付されていると、たとえば、工作物責任（717条）が生ずる場合における損害賠償債務が相殺禁止の対象とはならないことになってしまい、不当であるとの意見がありました。そこで、法案では、人の生命又は身体の侵害に基づく損害賠償債務については、全て相殺禁止の対象とする趣旨で、「債務者が債権者に対してした」という文言を削除することとしました。なお、１号についても同様に、従前の「債務者が債権者に対してした」という文言を削除しましたが、工作物責任に基づく損害賠償債務については、「悪意による不法行為」とはいえないことから、法案の内容でも、引き続き相殺禁止の対象とはならないと考えられます。

　また、この修正にともない、債権者が１号又は２号に該当する損害賠償債権を他人から取得した場合には相殺禁止の対象とはならないことを明らかにするただし書を加えています。この場合には、現実の支払を受けさせることによる被害者保護などの相殺禁止の趣旨が当てはまらないことから、相殺禁止の対象から除外する必要があると考えられるからです。

　「債務者が債権者に対してした」という文言を削除したことで、
　　　○工作物責任で財産的侵害　　　　　　　　相殺可
　　　○工作物責任で生命・身体への侵害　　　　509条2号で相殺不可
　　　○故意による財産に対する侵害　　　　　　509条1号で相殺不可
　　　（部会資料83－2、32頁）

改正条項	旧法
（相殺の要件等） 第505条　（略） 2 前項の規定にかかわらず、当事者が相殺を禁止し、又は制限する旨の意思表示をした場合には、その意思表示は、第三者がこれを知り、又は重大な過失によって知らなかったときに限り、その第三者に対抗することができる。	（相殺の要件等） 第505条　（略） 2 前項の規定は、当事者が反対の意思を表示した場合には、適用しない。ただし、その意思表示は、善意の第三者に対抗することができない。

改正条項	旧法
（不法行為等により生じた債権を受働債権とする相殺の禁止） 第509条　次に掲げる債務の債務者は、相殺をもって債権者に対抗することができない。ただし、その債権者がその債務に係る債権を他人から譲り受けたときは、この限りでない。 ①　悪意による不法行為に基づく損害賠償の債務 ②　人の生命又は身体の侵害による損害賠償の債務（前号に掲げるものを除く。）	（不法行為により生じた債権を受働債権とする相殺の禁止） 第509条　債務が不法行為によって生じたときは、その債務者は、相殺をもって債権者に対抗することができない。

ポイント 106 「相殺適状」―無制限説の明文化（511条）

（部会資料69A、26頁）

最大判昭和45年6月24日民集24巻6号587頁（以下「昭和45年判決」という。）は、差押え前に取得した債権を自働債権とするのであれば、差押え時に相殺適状にある必要はなく、自働債権と受働債権の弁済期の先後を問わず、相殺を対抗するこ

とができるという見解（無制限説）を採っており、改正法も判例を反映させて511条1項を規定しています。

　さらに、差押後に取得した債権であっても、破産法で相殺を対抗することができる範囲と民法で相殺を差押債権者に対抗することができる範囲とを整合させることが妥当であるとの考えから、「差押えの前の原因に基づいて生じた」ものであるときは、相殺をもって差押債権者に対抗できるとし、相殺の担保的機能に対する期待をより一層保護しました（2項本文）。

　「差押え前に委託を受けた保証人が差押え後に保証債務を履行したことにより生じた事後求償権を自働債権とする相殺」や、「差押え前に締結されていた銀行取引約定書に基づき差押え後に生じた手形買戻請求権を自働債権とする相殺」などについて問題となります。

改正条項	旧法
（差押えを受けた債権を受働債権とする相殺の禁止） 第511条　差押えを受けた債権の第三債務者は、差押え後に取得した債権による相殺をもって差押債権者に対抗することはできないが、差押え前に取得した債権による相殺をもって対抗することができる。 2　前項の規定にかかわらず、差押え後に取得した債権が差押え前の原因に基づいて生じたものであるときは、その第三債務者は、その債権による相殺をもって差押債権者に対抗することができる。ただし、第三債務者が差押え後に他人の債権を取得したときは、この限りでない。	（支払の差止めを受けた債権を受働債権とする相殺の禁止） 第511条　支払の差止めを受けた第三債務者は、その後に取得した債権による相殺をもって差押債権者に対抗することができない。 （新設）

	取得した債権	相殺の可否
①	第三債務者が差押え後に取得した債権	×
②	第三債務者が差押え前に取得した債権	○
③	第三債務者が差押え後に取得した債権が差押え前の原因に基づいて生じた時	○
④	第三債務者が差押え後に取得した他人の債権が債権が差押え前の原因に基づいて生じた時	×

　②については、たとえば差押え前に委託による保証契約が締結され、差押後に保証債務を履行し、取得した事後求償権と相殺、③については、たとえば、差押え前に譲渡された将来の売買代金債権と差押え後に取得した当該売買契約の目的物の瑕疵を理由とする損害賠償債権との相殺がこれにあたります。

ポイント 107 相殺の充当

　新法491条（旧法490条）の取扱いについて（法務当局解説要旨　部会資料84－3、12頁）

　相殺の充当に関する旧法512条は、弁済の充当に関する488条から491条までを相殺について準用していました。要綱仮案第24、4においては、その規定内容を具体的に規定する方向の案文が示されていましたが、上記の準用規定のうち新法491条（旧法490条）に相当する規律が省略されており、相当でないとの指摘がり、新法512条の2において同条の規律を維持する旨を明記しています。

改正条項	旧法
（相殺の充当） 第512条　債権者が債務者に対して有する1個又は数個の債権と、債権者が債務者に対して負担する1個又は数個の債務について、債権者が相殺の意思	（相殺の充当） 第512条　第488条から第491条までの規定は、相殺について準用する。

表示をした場合において、当事者が別
段の合意をしなかったときは、債権者の
有する債権とその負担する債務は、相
殺に適するようになった時期の順序に
従って、その対当額について相殺によっ
て消滅する。

2 前項の場合において、相殺をする債
権者の有する債権がその負担する債
務の全部を消滅させるのに足りないとき
であって、当事者が別段の合意をしな
かったときは、次に掲げるところによる。

① 債権者が数個の債務を負担すると
き（次号に規定する場合を除く。）は、第
488条第4項第2号から第4号までの規
定を準用する。

② 債権者が負担する1個又は数個の
債務について元本のほか利息及び費
用を支払うべきときは、第489条の規定を
準用する。この場合において、同条第2
項中「前条」とあるのは、「前条第4項第
2号から第4号まで」と読み替えるものと
する。

3 第1項の場合において、相殺をする債
権者の負担する債務がその有する債
権の全部を消滅させるのに足りないとき
は、前項の規定を準用する。

改正条項	旧法
第512条の2 債権者が債務者に対して有する債権に、1個の債権の弁済として数個の給付をすべきものがある場	（新設）

合における相殺については、前条の規定を準用する。債権者が債務者に対して負担する債務に、1個の債務の弁済として数個の給付をすべきものがある場合における相殺についても、同様とする。

（相殺に関する経過措置）

附則第26条　施行日前にされた旧法第505条第2項に規定する意思表示については、なお従前の例による。

2　施行日前に債権が生じた場合におけるその債権を受働債権とする相殺については、新法第509条の規定にかかわらず、なお従前の例による。

3　施行日前の原因に基づいて債権が生じた場合におけるその債権を自働債権とする相殺（差押えを受けた債権を受働債権とするものに限る。）については、新法第511条の規定にかかわらず、なお従前の例による。

4　施行日前に相殺の意思表示がされた場合におけるその相殺の充当については、新法第512条及び第512条の2の規定にかかわらず、なお従前の例による。

26　更　改 （部会資料10-1、10-2、69A、69B、80-3、83-1、83-2、84-2、85、88-1）

ポイント 108　「更改」の意思

(1) 更改には、従前の給付の内容についての重要な変更とともに「更改の意思」が必要となります（新法513条）。

(2) 債権者の交替による更改は三者間の合意によってのみ成立することを明確化しました（新法515条）

改正条項	旧法
（更改） 第513条　当事者が従前の債務に代えて、新たな債務であって次に掲げるものを発生させる契約をしたときは、従前の債務は、更改によって消滅する。	（更改） 第513条　当事者が債務の要素を変更する契約をしたときは、その債務は、更改によって消滅する。
①　従前の給付の内容について重要な変更をするもの	（新設）
②　従前の債務者が第三者と交替するもの	（新設）
③　従前の債権者が第三者と交替するもの	（新設）
（削る）	2 条件付債務を無条件債務としたとき、無条件債務に条件を付したとき、又は債務の条件を変更したときは、いずれも債務の要素を変更したものとみなす。

改正条項	旧法
（債務者の交替による更改） 第514条　債務者の交替による更改は、債権者と更改後に債務者となる者との契約によってすることができる。この場合において、更改は、債権者が更改前の債務者に対してその契約をした旨を通知した時に、その効力を生ずる。	（債務者の交替による更改） 第514条　債務者の交替による更改は、債権者と更改後に債務者となる者との契約によってすることができる。ただし、更改前の債務者の意思に反するときは、この限りでない。
2 債務者の交替による更改後の債務者は、更改前の債務者に対して求償権を取得しない。	（新設）

改正条項	旧法
（債権者の交替による更改） 第515条　債権者の交替による更改は、更改前の債権者、更改後に債権者となる者及び債務者の契約によってすることができる。 2 債権者の交替による更改は、確定日付のある証書によってしなければ、第三者に対抗することができない。	（債権者の交替による更改） 第515条　（新設） （略）

改正条項	旧法
（更改後の債務への担保の移転） 第518条　債権者（債権者の交替による更改にあっては、更改前の債権者）は、更改前の債務の目的の限度において、その債務の担保として設定された質権又は抵当権を更改後の債務に移すことができる。ただし、第三者がこれを設定した場合には、その承諾を得なければならない。 2 前項の質権又は抵当権の移転は、あらかじめ又は同時に更改の相手方（債権者の交替による更改にあっては、債務者）に対してする意思表示によってしなければならない。	（更改後の債務への担保の移転） 第518条　更改の当事者は、更改前の債務の目的の限度において、その債務の担保として設定された質権又は抵当権を更改後の債務に移すことができる。ただし、第三者がこれを設定した場合には、その承諾を得なければならない。 （新設）

(3) 更改に関する経過措置は次のとおりです。

（更改に関する経過措置）
附則第27条　施行日前に旧法第513条に規定する更改の契約が締結された更改については、なお従前の例による。

27　有価証券　（部会資料50、70A、82-2、83-1、84-1、84-2、85、88-1）

<table><tr><td>ポイント</td><td>109</td><td>有価証券に関する規定の整備</td></tr></table>

　旧民法の有価証券制度の現状と問題点を要約すると、必要な規律が網羅されておらず、一部の証券についてのみの規定で、規定を欠く事項があるということです。また、「指図証券及び記名式所持人払証券以外の記名証券」に関する規定もなく、さらに、商法や手形法と平仄を合わせる必要もあること等から、有価証券に関する規定を全般的に整備しました。

　有価証券に関して、旧法86条3項、363条、365条、469条、470条、471条、472及び473条を削除し、以下のような規律が設けられました。

改正条項	旧法
（不動産及び動産） 第86条（略）	（不動産及び動産） 第86条　土地及びその定着物は、不動産とする。
2（略）	2 不動産以外の物は、すべて動産とする。
3（削除）	3 無記名債権は、動産とみなす。

（無記名債権に関する経過措置）
　第4条　施行日前に生じたこの法律による改正前の民法（以下「旧法」という。）第86条第3項に規定する無記名債権（その原因である法律行為が施行日前にされたものを含む。）については、なお従前の例による。

改正条項	旧法
改正法470条の上書きにより削除。 →改正法520条の10へ	（指図債権の債務者の調査の権利等） 第470条　指図債権の債務者は、その証書の所持人並びにその署名及び押印の真偽を調査する権利を有するが、その義務を負わない。ただし、債務者に

悪意又は重大な過失があるときは、その
弁済は、無効とする。

改正条項	旧法
第7節　有価証券	（新設）
第1款　指図証券	（新設）
（指図証券の譲渡） 第520条の2　指図証券の譲渡は、その証券に譲渡の裏書をして譲受人に交付しなければ、その効力を生じない。	（新設） →旧469条から

改正条項	旧法
（指図証券の裏書の方式） 第520条の3　指図証券の譲渡については、その指図証券の性質に応じ、手形法（昭和7年法律第20号）中裏書の方式に関する規定を準用する。	（新設）

改正条項	旧法
（指図証券の所持人の権利の推定） 第520条の4　指図証券の所持人が裏書の連続によりその権利を証明するときは、その所持人は、証券上の権利を適法に有するものと推定する。	（新設）

改正条項	旧法
（指図証券の善意取得） 第520条の5　何らかの事由により指図証券の占有を失った者がある場合にお	（新設）

いて、その所持人が前条の規定によりその権利を証明するときは、その所持人は、その証券を返還する義務を負わない。ただし、その所持人が悪意又は重大な過失によりその証券を取得したときは、この限りでない。

改正条項	旧法
（指図証券の譲渡における債務者の抗弁の制限） 第520条の6　指図証券の債務者は、その証券に記載した事項及びその証券の性質から当然に生ずる結果を除き、の証券の譲渡前の債権者に対抗することができた事由をもって善意の譲受人に対抗することができない。	（新設） →旧472条から

改正条項	旧法
（指図証券の質入れ） 第520条の7　第520条の2から前条までの規定は、指図証券を目的とする質権の設定について準用する。	（新設） →旧365条から

改正条項	旧法
（指図証券の弁済の場所） 第520条の8　指図証券の弁済は、債務者の現在の住所においてしなければならない。	（新設）

改正条項	旧法
<u>（指図証券の提示と履行遅滞）</u> <u>第520条の9　指図証券の債務者は、その債務の履行について期限の定めがあるときであっても、その期限が到来した後に所持人がその証券を提示してその履行の請求をした時から遅滞の責任を負う。</u>	（新設）

改正条項	旧法
<u>（指図証券の債務者の調査の権利等）</u> <u>第520条の10　指図証券の債務者は、その証券の所持人並びにその署名及び押印の真偽を調査する権利を有するが、その義務を負わない。ただし、債務者に悪意又は重大な過失があるときは、その弁済は、無効とする。</u>	（新設） →旧470条から

改正条項	旧法
<u>（指図証券の喪失）</u> <u>第520条の11　指図証券は、非訟事件手続法（平成23年法律第51号）第100条に規定する公示催告手続によって無効とすることができる。</u>	（新設）

改正条項	旧法
<u>（指図証券喪失の場合の権利行使方法）</u> <u>第520条の12　金銭その他の物又は有価証券の給付を目的とする指図証券の所持人がその指図証券を喪失した場合において、非訟事件手続法第114条</u>	（新設）

改正条項	旧法
に規定する公示催告の申立てをしたときは、その債務者に、その債務の目的物を供託させ、又は相当の担保を供してその指図証券の趣旨に従い履行をさせることができる。	

改正条項	旧法
第2款　記名式所持人払証券	（新設）
（記名式所持人払証券の譲渡） 第520条の13　記名式所持人払証券（債権者を指名する記載がされている証券であって、その所持人に弁済をすべき旨が付記されているものをいう。以下同じ。）の譲渡は、その証券を交付しなければ、その効力を生じない。	（新設）

改正条項	旧法
（記名式所持人払証券の所持人の権利の推定） 第520条の14　記名式所持人払証券の所持人は、証券上の権利を適法に有するものと推定する。	（新設）

改正条項	旧法
（記名式所持人払証券の善意取得） 第520条の15　何らかの事由により記名式所持人払証券の占有を失った者がある場合において、その所持人が前条の規定によりその権利を証明するときは、その所持人は、その証券を	（新設）

返還する義務を負わない。ただし、その所持人が悪意又は重大な過失によりその証券を取得したときは、この限りでない。

改正条項	旧法
（記名式所持人払証券の譲渡における債務者の抗弁の制限） 第520条の16　記名式所持人払証券の債務者は、その証券に記載した事項及びその証券の性質から当然に生ずる結果を除き、その証券の譲渡前の債権者に対抗することができた事由をもって善意の譲受人に対抗することができない。	（新設）

改正条項	旧法
（記名式所持人払証券の質入れ） 第520条の17　第520条の13から前条までの規定は、記名式所持人払証券を目的とする質権の設定について準用する。	（新設）

改正条項	旧法
（指図証券の規定の準用） 第520条の18　第520条の8から第520条の12までの規定は、記名式所持人払証券について準用する。	（新設）

改正条項	旧法
<u>第3款　その他の記名証券</u>	（新設）
<u>第520条の19　債権者を指名する記載がされている証券であって指図証券及び記名式所持人払証券以外のものは、債権の譲渡又はこれを目的とする質権の設定に関する方式に従い、かつ、その効力をもってのみ、譲渡し、又は質権の目的とすることができる。</u> <u>2　第520条の11及び第520条の12の規定は、前項の証券について準用する。</u>	（新設）

改正条項	旧法
<u>第4款　無記名証券</u>	（新設）
<u>第520条の20　第2款（記名式所持人払証券）の規定は、無記名証券について準用する。</u>	（新設） →旧473条から

（指図債権に関する経過措置）
第12条　施行日前に生じた旧法第365条に規定する指図債権（その原因である法律行為が施行日前にされたものを含む。）については、なお従前の例による。

（有価証券に関する経過措置）
附則第28条　新法第520条の2から第520条の20までの規定は、施行日前に発行された証券については、適用しない。

28 契約に関する基本原則 （部会資料11−1、11−2、41、75A、80−3、83−2）

ポイント 110 契約の自由の原則が明記されました（521条）

改正条項	旧法
（契約の締結及び内容の自由） 第521条　何人も、法令に特別の定めがある場合を除き、契約をするかどうかを自由に決定することができる。 2 契約の当事者は、法令の制限内において、契約の内容を自由に決定することができる。	（新設）

29 契約の成立 （部会資料67A、81−3、83−1、83−2、84−1、84−2、85、88−1）

ポイント 111 申込みと承諾

(1) 申込みと承諾について次のような規律が設けられます。①契約の締結を申し入れる意思表示であることという要素に加え、②契約の内容を示したものであることという要素を加えています。

改正条項	旧法
（契約の成立と方式） 第522条　契約は、契約の内容を示してその締結を申し入れる意思表示（以下「申込み」という。）に対して相手方が承諾をしたときに成立する。 2 契約の成立には、法令に特別の定め	（新設） →旧526条1項から

193

改正条項	旧法
がある場合を除き、書面の作成その他の方式を具備することを要しない。	

(2)　承諾の期間の定めのある申込みについて1項「ただし書き」が追加され、次のように改訂されます。

改正条項	旧法
（承諾の期間の定めのある申込み） 第523条　承諾の期間を定めてした申込みは、撤回することができない。ただし、申込者が撤回をする権利を留保したときは、この限りでない。 2（略）	（承諾の期間の定めのある申込み） 第521条　承諾の期間を定めてした契約の申込みは、撤回することができない。 2 申込者が前項の申込みに対して同項の期間内に承諾の通知を受けなかったときは、その申込みは、その効力を失う。

(3)　承諾の期間の定めのない申込みに関する旧法524条1項は、次のように改訂されました。対話者間における申し込みには新たに2項、3項が追加されました。

改正条項	旧法
（承諾の期間の定めのない申込み） 第525条　承諾の期間を定めないでした申込みは、申込者が承諾の通知を受けるのに相当な期間を経過するまでは、撤回することができない。ただし、申込者が撤回をする権利を留保したときは、この限りでない。 2 対話者に対してした前項の申込みは、同項の規定にかかわらず、その対話が継続している間は、いつでも撤回することができる。	（承諾の期間の定めのない申込み） 第524条　承諾の期間を定めないで隔地者に対してした申込みは、申込者が承諾の通知を受けるのに相当な期間を経過するまでは、撤回することができない。 （新設）

3 対話者に対してした第1項の申込みに対して対話が継続している間に申込者が承諾の通知を受けなかったときは、その申込みは、その効力を失う。ただし、申込者が対話の終了後もその申込みが効力を失わない旨を表示したときは、この限りでない。	（新設）

ポイント 112　申込者の死亡等

改正条項	旧法
（申込者の死亡等） 第526条　申込者が申込みの通知を発した後に死亡し、意思能力を有しない常況にある者となり、又は行為能力の制限を受けた場合において、申込者がその事実が生じたとすればその申込みは効力を有しない旨の意思を表示していたとき、又はその相手方が承諾の通知を発するまでにその事実が生じたことを知ったときは、その申込みは、その効力を有しない。 改正法526条の上書きにより削除。	 （申込者の死亡又は行為能力の喪失） 第525条　第97条第2項の規定は、申込者が反対の意思を表示した場合又はその相手方が申込者の死亡若しくは行為能力の喪失の事実を知っていた場合には、適用しない。

契約の成立時期に関する旧法526条1項・527条は、いずれも削除されます。すなわち、到達主義の原則を契約成立の場面でも適用するため、526条を削除するものです。また、契約の成立時期について発信主義の特則を廃止することにともなって、527条を削除することとしています。

改正条項	旧法
1項（削除） →522条へ （契約の成立と方式） 第522条　契約は、契約の内容を示してその締結を申し入れる意思表示（以下「申込み」という。）に対して相手方が承諾をしたときに成立する。 2 契約の成立には、法令に特別の定めがある場合を除き、書面の作成その他の方式を具備することを要しない。	（隔地者間の契約の成立時期） 第526条　隔地者間の契約は、承諾の通知を発した時に成立する。 2 申込者の意思表示又は取引上の慣習により承諾の通知を必要としない場合には、契約は、承諾の意思表示と認めるべき事実があった時に成立する。
改正法527条上書きにより削除。 （承諾の通知を必要としない場合における契約の成立時期） 第527条　申込者の意思表示又は取引上の慣習により承諾の通知を必要としない場合には、契約は、承諾の意思表示と認めるべき事実があった時に成立する。	（申込みの撤回の通知の延着） 第527条　申込みの撤回の通知が承諾の通知を発した後に到達した場合であっても、通常の場合にはその前に到達すべき時に発送したものであることを知ることができるときは、承諾者は、遅滞なく、申込者に対してその延着の通知を発しなければならない。 2 承諾者が前項の延着の通知を怠ったときは、契約は、成立しなかったものとみなす。

ポイント 114　懸賞広告

（1）懸賞広告に関する旧法529条は、次のように改訂されます。犯人逮捕に結びつく情報を提供した者に報酬を支払う旨の懸賞広告があった場合に、有益な目撃情報を提供した者がいれば懸賞広告者の目的は達成されるにもかかわらず、その者が懸賞広告を知っていれば報酬請求権が生ずるが、知らなければ生じないという区別をする合理的理由はないと考えられるので、その広告を知っていたか否かにかかわらず、その行為をした者に対してその報酬を与える義務を負う旨が明記されたものです。

改正条項	旧法
（懸賞広告） 第529条　ある行為をした者に一定の報酬を与える旨を広告した者（以下「懸賞広告者」という。）は、その行為をした者がその広告を知っていたかどうかにかかわらず、その者に対してその報酬を与える義務を負う。	（懸賞広告） 第529条　ある行為をした者に一定の報酬を与える旨を広告した者（以下この款において「懸賞広告者」という。）は、その行為をした者に対してその報酬を与える義務を負う。

（2）懸賞広告の撤回権について次の規律が設けられます。民法上、懸賞広告の効力の存続期間の定めはありませんが、懸賞広告者が撤回をしない限り、指定行為を完了した者がいればいつまでも報酬を与える義務を負うことになるのは適当でなく、懸賞広告にも存続期間があることを定める必要があるからです。

改正条項	旧法
（指定した行為をする期間の定めのある懸賞広告） 第529条の2　懸賞広告者は、その指定した行為をする期間を定めてした広告を撤回することができない。ただし、その広告において撤回をする権利を留保	（新設）

改正条項	旧法
したときは、この限りでない。 2 前項の広告は、その期間内に指定した行為を完了する者がないときは、その効力を失う。	

改正条項	旧法
（指定した行為をする期間の定めのない懸賞広告） 第529条の3　懸賞広告者は、その指定した行為を完了する者がない間は、その指定した行為をする期間を定めないでした広告を撤回することができる。ただし、その広告中に撤回をしない旨を表示したときは、この限りでない。	（新設）

(3) 懸賞広告の撤回の方法に関する旧法530条は次のように改訂されます。改正法は、指定行為をする期間の定めがある懸賞広告では撤回をすることができないこととしつつ、広告者の意思を尊重する観点から、懸賞広告者が撤回をする可能性がある旨を表示したときは、懸賞広告を撤回することができることとしています。

　改正法と旧法の規定の違いは、期間の定めがあるにもかかわらずその期間内に撤回をする場合に、改正法であればあらかじめ懸賞広告者が反対の意思表示をしている必要があるのに対して、旧法では撤回権を放棄していないことを証明できれば足りることにあります。

　懸賞広告者の意思を尊重するという趣旨において違いはないが、改正法の方が、相手方にとって撤回される可能性の有無が明確になります。また、旧法530条2項を改め、撤回の方法は当事者が選択することができることとしたうえで、前の広告の方法と異なる方法によって撤回した場合にはこれを知った者に対してのみ効果が生ずることとするものです。旧民法の用語に合わせて、本文中の懸賞広告を単に「広告」としています。

改正条項	旧法
（懸賞広告の撤回の方法） 第530条　前の広告と同一の方法による広告の撤回は、これを知らない者に対しても、その効力を有する。 2 広告の撤回は、前の広告と異なる方法によっても、することができる。ただし、その撤回は、これを知った者に対してのみ、その効力を有する。	（懸賞広告の撤回） 第530条　前条の場合において、懸賞広告者は、その指定した行為を完了する者がない間は、前の広告と同一の方法によってその広告を撤回することができる。ただし、その広告中に撤回をしない旨を表示したときは、この限りでない。 2 前項本文に規定する方法によって撤回をすることができない場合には、他の方法によって撤回をすることができる。この場合において、その撤回は、これを知った者に対してのみ、その効力を有する。 3 懸賞広告者がその指定した行為をする期間を定めたときは、その撤回をする権利を放棄したものと推定する。

（契約の成立に関する経過措置）

附則第29条　施行日前に契約の申込みがされた場合におけるその申込み及びこれに対する承諾については、なお従前の例による。

2　施行日前に通知が発せられた契約の申込みについては、新法第526条の規定にかかわらず、なお従前の例による。

3　施行日前にされた懸賞広告については、新法第529条から第530条までの規定にかかわらず、なお従前の例による。

30　定型約款 $\left(\begin{array}{l}\text{部会資料42、77B、78B（定型条項の定義）、81B、83－2、}\\\text{86－1、86－2、88－1、88－2}\end{array}\right)$

ポイント 115　「定型約款」規定の新設（548条の2）

　従来の学説では約款については次の3つのテーマがあるといわれ、改正法では
(1)～(3) について規定がおかれました。その要旨は下記のとおりです。

(1)　法的拘束力の根拠

　契約説と準法規説がありました。548条の2の規定は契約説を採用したものと
思われます。

(2)　解釈の基準

　作成者不利の原則は改正法では明文規定は置かれませんでした。

(3)　内容規制

　不当な内容の条項が入った場合の、その条項の効力については改正法では「合
意をしなかったものとみなす。」となりました。法務省民事局長の国会答弁では、不
当条項規制には不意打ち条項規則も含んで読むという解釈が示されました。

　今回の改正で取り入れられた定型約款は、従来論じられていた約款よりもかな
り狭く限定されており、定型約款にあたらないものについては、引き続き従来の
学説の議論が妥当すると思われます。

　「定型約款とは、定型取引（ある特定の者が不特定多数の者を相手方として行
う取引であって、その内容の全部又は一部が画一的であることがその双方にとっ
て合理的なものをいう。以下同じ。）において、契約の内容とすることを目的と
してその特定の者により準備された条項の総体をいう。」とされました。
　定型約款の典型例は、生命保険約款、普通預金規定、市販ソフトウエアの利用
規約などです。
　個性に着目した取引や、画一的である理由が交渉力格差による場合は、画一的
であることが双方にとって合理的とはいえないので、定型約款にはあたらないと

考えられます。たとえば、企業間取引において用いられる契約書ひな形、約款、労働契約は、定型約款に該当しません。

　通常の売買、賃貸借契約も「画一的であることが合理的」にあたらないので、定型約款による規制は受けないものと考えられます。ただし、小川政府参考人（法務省民事局長）は、「複数の大規模な居住用建物を建設した大手の不動産会社が、同一の契約書のひな形を使って多数に上る各居室の賃貸借契約を締結しているといった事情がある場合には、契約内容を画一的なものとすることにより各種管理コストが低減し、入居者としても契約内容が画一であることから利益を享受することもあり得ます。そのような場合には、個別の事情により、例外的にひな形が定型約款に該当することがあり得ると考えられます。」と答弁しています（第192回国会衆議院法務委員会第16号）

　原則的には、定型取引合意をすれば、個別条項について合意がなくても合意したものとみなす規律（新法548条の2、ただし第2項に注意）、請求があったら定型約款を表示する義務があり、拒むと、個別条項みなし合意が否定されるという定型約款の表示義務（新法548条の3）、変更する場合の手続（新法548条の4）など、新たなルールが明記されました。

　定型約款か否かは、わかりづらいとの質問に対し、小川政府参考人は、「最終的に、ある約款が定型約款に該当するか否かというのは、恐らく具体的に紛争が生じた場合に、その事案ごとに裁判所によって判断されることになるというふうに考えている。」と述べています（衆議院192回13号、53頁）。この答弁についてはかなり残念であるとの評価であり、業界においてもユーザー側も定型約款だということが事前にわかるような論点整理が必要といわれています。

　衆議院の付帯決議では、

定型約款について、以下の事項について留意すること。
1　定型約款に関する規定のうち、いわゆる不当条項及び不意打ち条項の規制の在り方について、本法施行後の取引の実情を勘案し、消費者保護の観点を踏まえ、必要に応じ対応を検討すること。
2　定型約款準備者が定型約款における契約条項を変更することができる場合の合理性の要件について、取引の実情を勘案し、消費者保護の観点を踏まえ、適切に解釈、運用されるよう努めること。

参議院の付帯決議でも

> 定型約款について、以下の事項について留意すること。
> 1　定型約款に関する規定のうち、いわゆる不当条項及び不意打ち条項の規制の在り方について、本法施行後の取引の実情を勘案し、消費者保護の観点を踏まえ、必要に応じ対応を検討すること。
> 2　定型約款準備者が定型約款における契約条項を変更することができる場合の合理性の要件について、取引の実情を勘案し、消費者保護の観点を踏まえ、適切に解釈、運用されるよう努めること。

としています。

<個別条項みなし合意>

改正条項	旧法
第5款　定型約款	（新設）
（定型約款の合意） 第548条の2　定型取引（ある特定の者が不特定多数の者を相手方として行う取引であって、その内容の全部又は一部が画一的であることがその双方にとって合理的なものをいう。以下同じ。）を行うことの合意（次条において「定型取引合意」という。）をした者は、次に掲げる場合には、定型約款（定型取引において、契約の内容とすることを目的としてその特定の者により準備された条項の総体をいう。以下同じ。）の個別の条項についても合意をしたものとみなす。 ①　定型約款を契約の内容とする旨の合意をしたとき。 ②　定型約款を準備した者（以下「定型約款準備者」という。）があらかじめそ	（新設）

の定型約款を契約の内容とする旨を相
手方に表示していたとき。
2 前項の規定にかかわらず、同項の条
項のうち、相手方の権利を制限し、又は
相手方の義務を加重する条項であっ
て、その定型取引の態様及びその実情
並びに取引上の社会通念に照らして第
1条第2項に規定する基本原則に反し
て相手方の利益を一方的に害すると認
められるものについては、合意をしな
かったものとみなす。

※「表示していたとき」とは、約款そのも
のの表示は不要である。定型約款を契
約の内容とする旨を相手方に表示する
ことである。定型約款準備者のホーム
ページなどで公表していることだけでは
「表示」とはいえない。

　農協取引約定書（銀行取引約定書）が定型約款ではないといわれる根拠として、
当事者間で交渉の余地があるからだといわれています。たとえば、期限の利益喪
失事由が厳しすぎるということで、仮差押えがあっても30日の治癒期間とする治
癒条項を設けて欲しいとか、危険負担を平等にしてほしいとかの要望に応じる例
があるといわれています。また、農協取引約定書（銀行取引約定書）は、締結時
に各条項について説明をし、納得を得ることが一般であり、読まなくても組み入
れという定型約款の前提とは異なるものがあるとか、当事者双方にとって合理性
があるかどうかの問題があり、その点でも定型約款にはそぐわない面があるとい
われています。

　ちなみに、定型約款に当たるといわれている預金規定、為替規定に「私は〇〇
規定について承諾の上、以下申し込みます。」というような文言が入っているか
確認する必要があります。

<定型約款の表示義務>

改正条項	旧法
（定型約款の内容の表示） 第548条の3　定型取引を行い、又は行 おうとする定型約款準備者は、定型取引 合意の前又は定型取引合意の後相当	（新設）

改正条項	旧法
の期間内に相手方から請求があった場合には、遅滞なく、相当な方法でその定型約款の内容を示さなければならない。ただし、定型約款準備者がすでに相手方に対して定型約款を記載した書面を交付し、又はこれを記録した電磁的記録を提供していたときは、この限りでない。 2 定型約款準備者が定型取引合意の前において前項の請求を拒んだときは、前条の規定は、適用しない。ただし、一時的な通信障害が発生した場合その他正当な事由がある場合は、この限りでない。	※事前の開示請求があったにもかかわらず、不当に応じない場合に組入を認めることは相当でないというのが趣旨である。

<定型約款の変更>

改正条項	旧法
（定型約款の変更） 第548条の4　定型約款準備者は、次に掲げる場合には、定型約款の変更をすることにより、変更後の定型約款の条項について合意があったものとみなし、個別に相手方と合意をすることなく契約の内容を変更することができる。 ①　定型約款の変更が、相手方の一般の利益に適合するとき。 ②　定型約款の変更が、契約をした目的に反せず、かつ、変更の必要性、変更後の内容の相当性、この条の規定により定型約款の変更をすることがある旨の定めの有無及びその内容その他の変更に係る事情に照らして合理的なものであるとき。 2 定型約款準備者は、前項の規定によ	（新設） ※1号の相手方の一般の利益に適合するときというのは、特定の相手方の利益に適合することでは足りず、変更の内容が相手方全員の利益に適合する場合を意味する。

> る定型約款の変更をするときは、その効力発生時期を定め、かつ、定型約款を変更する旨及び変更後の定型約款の内容並びにその効力発生時期をインターネットの利用その他の適切な方法により周知しなければならない。
> 3　第1項第2号の規定による定型約款の変更は、前項の効力発生時期が到来するまでに同項の規定による周知をしなければ、その効力を生じない。
> 4　第548条の2第2項の規定は、第1項の規定による定型約款の変更については、適用しない。

（法務当局解説要旨　部会資料88−2、5頁）

（1）部会資料86−2の第28の4（1）では、定型約款の変更の要件として、定型約款に民法の規定による定型約款の変更をすることができる旨の定め（変更条項）があることが必要であるとされていましたが、第98回会議においても、変更条項を必須とすることは適当でないとの意見がありました。また、この要件を前提として、定型約款準備者が施行日までの間に一方的に変更条項を定めることができることとする経過措置を設けることを検討していましたが、これについても、経過措置で原則である本則の規律とあまりに大きく異なるルールを設けるのは適切ではないとの指摘もありました。

　以上を踏まえ、定型約款の変更について、定型約款に変更条項を設けることを必須の要件とはしないこととしました。もっとも、変更条項を必須とはしないとしても、変更条項が置かれ、かつ、その内容が具体的である場合には、変更の合理性は認められ易くなると考えられます。そこで、（1）イ（改正民法548条の4第1項ニ）では、変更条項の有無及びその内容は変更の合理性の判断において考慮がされる旨を明らかにしています。たとえば、変更の対象や要件等を具体的に定めた変更条項が定型約款に置かれている場合には、その変更条項に従った変更をすることは、変更の合理性の判断にあたって有利な事情として考慮されること

になります。

　以上によると、定型約款中に変更条項がなくても、変更条項を設けるための定型約款の変更を含む定型約款の変更が可能であることになります。したがって、施行日前に締結された契約に係る定型約款に変更条項が設けられていない場合について、定型約款準備者が施行日前に当該定型約款に変更条項を設けることができる旨の経過措置は設ける必要はないことになりました。

(2)　また、新法548条の2第2項の規定は、定型約款の変更については適用されない（定型約款の変更については、より厳格であり、かつ、考慮要素も異なる同条1項各号の規律による。）ことを前提としていましたが、両者の関係は必ずしも明瞭ではないとの指摘があることから、確認的に新法548条の4第4項の規定を新たに設けることとしました。

ポイント 116　定型約款に関する経過措置

　定型約款に関する経過措置は次のとおりであり、「定型約款の合意に関する規定、変更に関する規定は施行日前に締結された定型取引にも適用する。ただし、旧法の規定によって生じた効力を妨げない。」（附則33条1項）とされ、「この規定は、契約当事者の一方が、施行前に書面による反対の意思表示をした場合には適用しない」（同条2項、3項）とされているので、留意が必要です。

（定型約款に関する経過措置）

附則第33条　新法第548条の2から第548条の4までの規定は、施行日前に締結された定型取引（新法第548条の2第1項に規定する定型取引をいう。）に係る契約についても、適用する。ただし、旧法の規定によって生じた効力を妨げない。

2　前項の規定は、同項に規定する契約の当事者の一方（契約又は法律の規定により解除権を現に行使することができる者を除く。）により反対の意思の表示が書面でされた場合（その内容を記録した電磁的記録によってされた場合を含む。）には、適用しない。

3　前項に規定する反対の意思の表示は、施行日前にしなければならない。

　この条文の意味は若干理解しにくいのですが、それまでに解除することができる場合には遡及適用され、解除することができない取引については遡及適用を拒むことができるという形になっています。ちなみに解除に関して、賠償義務の定めがある場合でも、遡及適用されることになるとされています。当該拒絶の通知は平成30年6月2日より前から受付けられることになります。定型約款を使用している金融機関等はそれまでに当該通知が受付けられる体制を作っておく必要があります。顧客からの当該通知は改正法施行日までの約2年の間に受付けられる必要がありますが、拒絶の通知がなされた場合には、当該顧客との間では引き続き旧法での管理が必要となります。そのような不都合を甘受しても任意解約を認めない商品・サービスであるか見極める必要があります（基本的には、そのような商品・サービスはないと思われます）。万一、任意解約不可が真にやむを得ない場合は、附則33条3項が施行される前に、顧客を個別に管理できるように態勢整備をする必要があります。以下はその対応策です。

（1）まず何が定型約款にあたるかを確認する必要があります。現時点で次のように言われています。

【定型約款といわれているもの】
① ソフトウェアを購入する場合のソフトウェアの利用規約（部会資料83－2・86－1、1頁）
② 預金規定（部会資料86－2）、為替規定
③ 住宅ローン契約（192回国会衆議院法務委員会15号局長答弁）－「画一的であることが合理的であると言えるため」
④ 消費者ローン契約（同局長国会答弁）
⑤ インターネットサイトの利用取引における利用約款（192回国会衆議院法務委員会13号局長答弁）

【定型約款ではないといわれているもの】
① 製品原材料の供給契約書（部会資料83－2）－画一性があっても、交渉力の差によるものだから
② 銀行取引約定書（農協取引約定書）平成28年12月9日衆議院法務委員会における小川民事局局長　答弁「銀行取引約定書は個別に交渉して修正されること

もあり、その意味では、画一的であることが合理的であるとは言いがたいので、定型約款には当たらない」（192回国会衆議院法務委員会議事録15号）

③ 労働契約（部会資料86-1）同上の局長国会答弁（法務委員会議事録15号）－相手方の個性に着目して行われる取引である不特定多数の者を相手とする取引に当たらない

④ フランチャイズ契約　同上の局長国会答弁（法務委員会議事録15号）－事業者間契約である。事実上定型的なもので運用されているとしても、「定型約款の性質そのものというよりは、両者の交渉力の差の問題でございますので、その意味では事業者間の契約」

(2) 次に定型約款に顧客の解除権が明記されているか確認します。明記されていれば、経過措置に関して特段の対応は不要になります。

(3) 解除権が明記されていない場合には顧客からの任意の解除が可能かを確認します。実質的に解除が可能であれば、2と同様であり、特段の対応は不要となります。

(4)（解除権が明記されていない場合）解除可能である旨を顧客に表示します。ただし、該当するすべての商品・サービスについて解除可能である旨を公表するのは現実的ではないので、附則33条2項の意思表示をしてきた顧客に対し、解除が可能であることを説明し、契約の解除を行うか、新法の適用を認めるか、どちらかを選択してもらいます。（金融法務事情№2072、31頁）

31　第三者のためにする契約 （部会資料67Ａ、83-3、84-1、84-2、85、88-1）

ポイント 117　「第三者のためにする契約」の整備

　第三者のためにする契約は、その成立時に第三者（受益者）が現に存しない場合又は第三者が特定していない場合であっても、効力を妨げられないという規律が加えられました（新法537条2項）。

　第三者の権利が発生した後に、債務者（諾約者）がその第三者に対する債務を

履行しない場合には、契約の相手方（要約者）は、その第三者（受益者）の承諾を得なければ、契約を解除することができない旨の規定が加えられました（新法538条2項）。

改正条項	旧法
（第三者のためにする契約） 第537条　（略） 2 前項の契約は、その成立の時に第三者が現に存しない場合又は第三者が特定していない場合であっても、そのためにその効力を妨げられない。 3 第1項の場合において、第三者の権利は、その第三者が債務者に対して同項の契約の利益を享受する意思を表示した時に発生する。	（第三者のためにする契約） 第537条　（略） （新設） 2 前項の場合において、第三者の権利は、その第三者が債務者に対して同項の契約の利益を享受する意思を表示した時に発生する。

改正条項	旧法
（第三者の権利の確定） 第538条　（略） 2 前条の規定により第三者の権利が発生した後に、債務者がその第三者に対する債務を履行しない場合には、同条第1項の契約の相手方は、その第三者の承諾を得なければ、契約を解除することができない。	（第三者の権利の確定） 第538条　（略） （新設）

（契約の効力に関する経過措置）
附則第30条　（略）
2　新法第537条第2項及び第538条第2項の規定は、施行日前に締結された第三者のためにする契約については、適用しない。

32　売　買 $\left(\begin{array}{l}部会資料15-1、15-2、43、75A、81-3、83-1、83-2、84-1、\\84-2、84-3、85、88-1、88-2\end{array}\right)$

ポイント 118　手付に関する改訂―倍額提供による解除

　手付に関しては、最高裁判決を明文化する内容になります。

　すなわち、旧民法の「売主はその倍額を償還して、契約の解除をすることができる。」とあるのを「売主はその倍額を現実に提供して、契約の解除をすることができる。」に改められ、さらに「履行の着手」について「当事者の履行の着手」から「相手方の履行の着手」に改められることになりました。前者の改正により現実の払渡しをしなくても売主が買主に倍額を現実に提供をすることにより手付解除をすることができることになります。

改正条項	旧法
（手付） 第557条　買主が売主に手付を交付したときは、買主はその手付を放棄し、売主はその倍額を現実に提供して、契約の解除をすることができる。ただし、その相手方が契約の履行に着手した後は、この限りでない。 2　第545条第4項の規定は、前項の場合には、適用しない。	（手付） 第557条　買主が売主に手付を交付したときは、当事者の一方が契約の履行に着手するまでは、買主はその手付を放棄し、売主はその倍額を償還して、契約の解除をすることができる。 2　第545条第3項の規定は、前項の場合には、適用しない。

ポイント 119　売主の義務

　売主の義務の中に対抗要件を備えさせる義務が明記されました。

改正条項	旧法
<u>（権利移転の対抗要件に係る売主の義務）</u> <u>第560条　売主は、買主に対し、登記、登録その他の売買の目的である権利の移転についての対抗要件を備えさせる義務を負う。</u>	（新設）

ポイント 120 「契約の内容に適合しない場合の売主の責任」（契約不適合責任）

　売主の担保責任は、契約不適合責任となり、「無過失責任」から「契約責任」に転換されます。

　契約不適合を図示すると次のようになります。

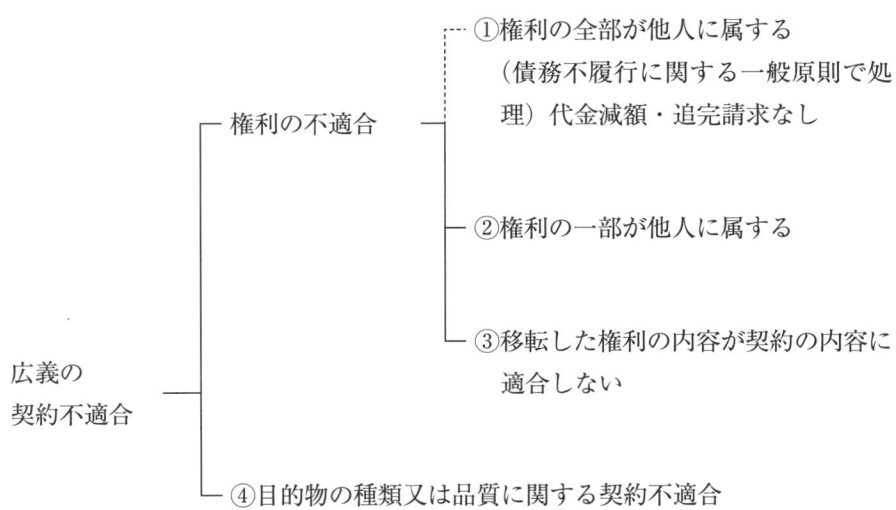

　①は、解除・損害賠償請求で処理

　②③④は、解除・損害賠償・追完・代金減額請求で処理

（1）権利の全部が他人に属する他人物売買

　権利の全部が他人に属する売買は、債務不履行に関する一般原則で処理されるので、契約の解除と損害賠償請求で処理されますが、追完請求・代金減額請求の規定は適用されません。追完請求・代金減額請求の規定は、「売主が買主に移転した権利」について適用されるものだからです（562条は「引き渡された目的物」に関する規定です）。ただし、他人物の売主が所有者と折衝して所有権を取得し買主に移転するという学術的な意味での売主の追完義務は認めてよいといわれています（新法561条参照）。

（2）物に関する契約不適合

　法定責任の目的物に関する「瑕疵担保責任」は、目的物の種類又は品質に関する「契約の内容に適合しない場合の売主の責任（契約不適合責任）」となり契約責任となりました。この場合、買主には契約解除、追完請求（修補・代替物引渡）、代金減額請求権を与えられます。以上の目的物に関する契約不適合の規定は、売主において買主に移転した権利が契約の内容に適合しない場合（権利の一部が他人に属する場合においてその権利の一部を移転しないときを含む。）について準用されます。

（3）契約不適合に関し売主に「責めに帰すべき事由がある」場合

　契約不適合に関して売主に「責めに帰すべき事由がある」場合には、買主はさらに履行利益としての損害賠償請求もなし得ます。

（4）代金減額請求・追完請求と解除権と損害賠償請求との関係

　売主の追完義務や代金減額請求の規定は買主の損害賠償請求や解除権行使を妨げないとありますが、代金減額請求と履行利益としての損害賠償・解除権とは両立しません。ちなみに、催告期間を設けて追完請求したにもかかわらず追完しない場合は、催告解除も可能となります。

（5）契約不適合の規定の権利に関する契約不適合（権利の一部が他人に属する場合においてその権利の一部を移転しないときを含む。）

　以上の目的物に関する契約不適合の制度は、買主に移転した権利が契約の内容に適合しないものである場合（権利の一部が他人に属する場合においてその権利

の一部を移転しないときを含む。）について準用されます。

表【種類・品質・数量以外の権利に関する契約不適合】

契約不適合の形態	旧 法	改正条項	備 考
権利の全部が他人に属する売買	○権利供与義務(560) ○契約の解除(561) ○売主が無過失でも信頼利益の損害賠償義務あり（561ただし書は、「買主が契約時に権利が売主に属しないことを知っていたときは、損害賠償請求できない。」と規定する。）	・権利供与義務（新法561） ・債務不履行に関する一般原則で処理される。 ↓ 契約の解除と損害賠償請求可（ただし、追完請求・代金減額請求の規定は適用されない）	○売主に免責事由が認められる場合は損害賠償義務（履行利益）はない。 ○改正法下では売主に免責事由が認められる場合、信頼利益の賠償義務もないとの結論になりそうであるが疑問との見解あり。[1] ○買主の追完請求・代金減額請求の規定は適用されない。これらの規定は「売主が買主に移転した権利」について適用されるものであるからである（562Iは「引き渡された目的物」に関する規定である）。ただし、他人物の売主が所有者と折衝して所有権を取得し買主に移転するという学術的な意味での売主の追完義務は認めてよい。[2]
権利の一部が他人に属する場合	・権利供与義務 ・代金減額請求 ・買主が善意であることを要件として売主無過失での損害賠償（信頼利益）の可能性（563条3項・565条）	・権利供与義務 ・追完請求 ・代金減額請求 ・契約解除 ・損害賠償	・代金減額請求と信頼利益の賠償義務は両立し得るのではないかとの問題提起がある。[3]

権利の不適合		・追完請求 ・代金減額請求 ・契約解除 ・損害賠償	

*1 吉田克己・民法改正と売買・贈与における契約不適合責任（「民法改正と不動産取引」（一般財団法人　土地総合研究所編、47頁）

*2 山野目章夫・民法の改正構想における売買と賃貸借の規定の見直し（「民法改正と不動産取引」（一般財団法人　土地総合研究所編、5頁）

*3 上記*1参照。

表【瑕疵担保責任と種類・品質・数量不足の契約不適合責任の両制度の比較表】

	瑕疵担保責任（旧法570条）	契約の内容に適合しない場合の売主の責任
法的性質	法定責任（無過失責任）	契約責任
要　件	「隠れたる瑕疵」 　瑕疵とは、契約時において契約の趣旨に適合する通常有すべき有すべき性状・性能を有しないこと。当事者の合意があれば合意も斟酌される（平22.6.1最判）。「隠れたる」とは契約締結当時、買主が瑕疵の存在について知らず、知らないことに過失がないこと。	目的物の種類・品質及び数量が契約の内容に適合しない場合
効　果	○損害賠償（信頼利益）→責めに帰すべき事由は不要 　ただし、売主が隠れたる瑕疵について悪意・重過失の場合→履行利益 　なお、買主が瑕疵を知ったときから1年以内に権利行使が必要である。ちなみに、売主が隠れたる瑕疵について悪意・重過失があった場合には履行利益がも問題とされるが、「契約の解除又は損害賠償は、買主が事実を張った時から1年以内に行使しなければならない。」という期間制限は、売主の主観を考慮していないので適用される（部会資料75A23頁3記述箇所は、24頁4行目）。	○損害賠償（他の契約違反と同様履行利益）→ただし、売主に責めに帰すべき事由がない時は、損害賠償義務を免れる（責めに帰すべき事由のないことの立証責任は売主にある）→この場合、買主は代金減額請求を選択し得る。 ○買主が契約の目的を達することができない場合は解除可（売主に責めに帰すべき事由不要）。相当な催告期間内に追完に応じない場合は催告解除もある。 ○追完請求（修補・代替物引渡請求権）→（売主に責めに帰すべき事由不要。ただし、その不適合が買主の責めに帰すべき事由によるものであるときは、追完義務はない。）

	○買主が契約の目的を達することができない場合は解除可（売主に責めに帰すべき事由不要）	○代金減額請求→（売主に責めに帰すべき事由不要）。買主が相当の期間を定めて履行の追完を催告し、その期間内に履行の追完がないとき。履行の追完が不能な場合には催告することなく直ちに減額請求は可能。） ○売主が追完請求に応じない場合、買主は、上記要件を具備すれば解除又は代金減額請求の選択があり得る。
特約の効力	○瑕疵担保責任を負わない旨の特約→有効（ただし、売主が悪意の場合は効力を有しない。旧法572）	○契約の内容に適合しない場合でも売主は責任を負わない→有効（法務省担当者の見解）→但し、契約の内容に適合しないことを売主が知っていた場合は効力を有しない。 ○雨漏りがあっても責任を負わない。→売主が雨漏りがあることを知っていても、契約の内容が雨漏りを前提としていれば有効（そもそも契約不適合責任はない）。 ○買主が雨漏りを知っていても、雨漏りがないことを契約の内容としていれば、買主は契約解除等の請求権を有する。
権利行使の期間	買主が瑕疵を知ったときから1年以内に権利行使が必要。売主の主観を考慮していない（引渡時から10年の時効にかかる）。	① 権利行使できるとき（引き渡し）から10年の時効にかかる。 ② ①の期間内に買主が不適合の事実（数量不足を除く）を知った場合、知った時から1年以内に売主に通知し、かつ、知った時から5年以内に権利行使しなければ時効にかかり、買主は、その不適合を理由とする履行の追完の請求、代金減額の請求、損害賠償の請求又は契約の解除をすることができない。 ③ 売主が引渡しの時に目的物が契約の内容に適合しないものであることを知っていたとき又は重大な過失によって知らなかったときは、買主の知って1年以内の通知義務は免除される。この場合には、他の契約違反の

| | | 時効と同様、買主が権利を行使でき
ることを知った時から5年又は権利行
使できるとき（引き渡し）から10年の時
効にかかる。 |

ポイント 121 「数量不足」の除外

　知った時から1年以内の期間制限から、「数量不足」が除外されていることに注目すべきです。数量不足の場合は、通常の時効で処理されます。理由は、性状に関する契約不適合の場合と異なり、数量不足は外形上明白であり、履行が終了したとの期待が売主に生ずることは通常考え難く、買主の権利に期間制限を適用してまで、売主を保護する必要性は乏しいと考えられること、また、数量不足の場合は、性状に関する不適合と異なり、目的物の使用や時間経過による劣化等により比較的短期間で瑕疵の有無の判断が困難となることから、法律関係の早期安定という期間制限の趣旨が妥当しない場面が多いように思われることが挙げられています。（法務当局解説要旨部会資料75A、22頁）

　改正法は、時効について次のように規律しています。

　債権は、次に掲げる場合には、時効によって消滅する。

① 債権者が権利を行使することができることを知った時から5年間行使しないとき。

② 権利を行使することができる時から10年間行使しないとき。

　（注）この改正にともない、商法第522条を削除するものとする。

改正条項	旧法
（他人の権利の売買における売主の義務） <u>第561条</u>　他人の権利（<u>権利の一部が</u> <u>他人に属する場合におけるその権利の</u> <u>一部を含む。）</u>を売買の目的としたとき は、売主は、その権利を取得して買主に 移転する義務を負う。	（他人の権利の売買における売主の義務） <u>第560条</u>　他人の権利を売買の目的と したときは、売主は、その権利を取得して 買主に移転する義務を負う。

改正条項	旧法
（買主の追完請求権） 第562条　引き渡された目的物が種類、品質又は数量に関して契約の内容に適合しないものであるときは、買主は、売主に対し、目的物の修補、代替物の引渡し又は不足分の引渡しによる履行の追完を請求することができる。ただし、売主は、買主に不相当な負担を課するものでないときは、買主が請求した方法と異なる方法による履行の追完をすることができる。 2 前項の不適合が買主の責めに帰すべき事由によるものであるときは、買主は、同項の規定による履行の追完の請求をすることができない。	（新設）

改正条項	旧法
（買主の代金減額請求権） 第563条　前条第1項本文に規定する場合において、買主が相当の期間を定めて履行の追完の催告をし、その期間内に履行の追完がないときは、買主は、その不適合の程度に応じて代金の減額を請求することができる。 2 前項の規定にかかわらず、次に掲げる場合には、買主は、同項の催告をすることなく、直ちに代金の減額を請求することができる。 ①　履行の追完が不能であるとき。 ②　売主が履行の追完を拒絶する意思を明確に表示したとき。	（新設）

③　契約の性質又は当事者の意思表示により、特定の日時又は一定の期間内に履行をしなければ契約をした目的を達することができない場合において、売主が履行の追完をしないでその時期を経過したとき。
④　前三号に掲げる場合のほか、買主が前項の催告をしても履行の追完を受ける見込みがないことが明らかであるとき。
3 第1項の不適合が買主の責めに帰すべき事由によるものであるときは、買主は、前二項の規定による代金の減額の請求をすることができない。

改正条項	旧法
(買主の損害賠償請求及び解除権の行使) 第564条　前二条の規定は、第415条の規定による損害賠償の請求並びに第541条及び第542条の規定による解除権の行使を妨げない。	(新設)

改正条項	旧法
第4款　契約の解除 (催告による解除) 第541条　当事者の一方がその債務を履行しない場合において、相手方が相当の期間を定めてその履行の催告をし、その期間内に履行がないときは、相手方は、契約の解除をすることができ	第3款　契約の解除 (履行遅滞等による解除権) 第541条　当事者の一方がその債務を履行しない場合において、相手方が相当の期間を定めてその履行の催告をし、その期間内に履行がないときは、相手方は、契約の解除をすることができる。

る。ただし、その期間を経過した時にお
ける債務の不履行がその契約及び取
引上の社会通念に照らして軽微である
ときは、この限りでない。

改正条項	旧法
（催告によらない解除） 第542条　次に掲げる場合には、債権者は、前条の催告をすることなく、直ちに契約の解除をすることができる。 ①　債務の全部の履行が不能であるとき。 ②　債務者がその債務の全部の履行を拒絶する意思を明確に表示したとき。 ③　債務の一部の履行が不能である場合又は債務者がその債務の一部の履行を拒絶する意思を明確に表示した場合において、残存する部分のみでは契約をした目的を達することができないとき。 ④　契約の性質又は当事者の意思表示により、特定の日時又は一定の期間内に履行をしなければ契約をした目的を達することができない場合において、債務者が履行をしないでその時期を経過したとき。 ⑤　前各号に掲げる場合のほか、債務者がその債務の履行をせず、債権者が前条の催告をしても契約をした目的を達するのに足りる履行がされる見込みがないことが明らかであるとき。 2 次に掲げる場合には、債権者は、前条	（定期行為の履行遅滞による解除権） 第542条　契約の性質又は当事者の意思表示により、特定の日時又は一定の期間内に履行をしなければ契約をした目的を達することができない場合において、当事者の一方が履行をしないでその時期を経過したときは、相手方は、前条の催告をすることなく、直ちにその契約の解除をすることができる。 参考 （履行不能による解除権） 第543条　履行の全部又は一部が不能となったときは、債権者は、契約の解除をすることができる。ただし、その債務の不履行が債務者の責めに帰することができない事由によるものであるときは、この限りでない。

219

改正条項	旧法
の催告をすることなく、直ちに契約の一部の解除をすることができる。 ① 債務の一部の履行が不能であるとき。 ② 債務者がその債務の一部の履行を拒絶する意思を明確に表示したとき。	

改正条項	旧法
（移転した権利が契約の内容に適合しない場合における売主の担保責任） 第565条 前三条の規定は、売主が買主に移転した権利が契約の内容に適合しないものである場合（権利の一部が他人に属する場合においてその権利の一部を移転しないときを含む。）について準用する。	（新設）

改正条項	旧法
（目的物の種類又は品質に関する担保責任の期間の制限） 第566条 売主が種類又は品質に関して契約の内容に適合しない目的物を買主に引き渡した場合において、買主がその不適合を知った時から1年以内にその旨を売主に通知しないときは、買主は、その不適合を理由として、履行の追完の請求、代金の減額の請求、損害賠償の請求及び契約の解除をすることができない。ただし、売主が引渡しの時にその不適合を知り、又は重大な過失によって知らなかったときは、この限りでない。	（新設）

ポイント 122　目的物の滅失等の危険の移転

　目的物が契約の内容に適合していない場合にも危険が移転することを明らかにする趣旨で、「売主が買主に目的物（売買の目的として特定したものに限る。）を引き渡した場合において、その引渡しがあった時以後にその目的物が当事者双方の責めに帰することができない事由によって滅失し、又は損傷したときは、買主は、その滅失又は損傷を理由とする履行の追完の請求、代金の減額の請求、損害賠償の請求及び契約の解除をすることができない。この場合において、買主は、代金の支払を拒むことができない。」との規定が明記されました（新法567条1項）。

　また、売主が契約の内容に適合する目的物をもって、その引渡しの債務の履行を提供したにもかかわらず、買主がその履行を受けることを拒み、又は受けることができない場合において、その履行の提供があった時以後に当事者双方の責めに帰することができない事由によってその目的物が滅失し、又は損傷したときも、前項と同様とするとされました（2項）。

改正条項	旧法
<u>（目的物の滅失等についての危険の移転）</u> 第567条　売主が買主に目的物（売買の目的として特定したものに限る。以下この条において同じ。）を引き渡した場合において、その引渡しがあった時以後にその目的物が当事者双方の責めに帰することができない事由によって滅失し、又は損傷したときは、買主は、その滅失又は損傷を理由として、履行の追完の請求、代金の減額の請求、損害賠償の請求及び契約の解除をすることができない。この場合において、買主は、代金の支払を拒むことができない。 2 売主が契約の内容に適合する目的物	（新設）

をもって、その引渡しの債務の履行を提供したにもかかわらず、買主がその履行を受けることを拒み、又は受けることができない場合において、その履行の提供があった時以後に当事者双方の責めに帰することができない事由によってその目的物が滅失し、又は損傷したときも、前項と同様とする。	
1項、2項は、改正法570条に合体。3項は削除。	（抵当権等がある場合における売主の担保責任） 第567条　売買の目的である不動産について存した先取特権又は抵当権の行使により買主がその所有権を失ったときは、買主は、契約の解除をすることができる。 2 買主は、費用を支出してその所有権を保存したときは、売主に対し、その費用の償還を請求することができる。 3 前二項の場合において、買主は、損害を受けたときは、その賠償を請求することができる。

ポイント 123　民法第567条第1項及び第3項を削除する理由

　旧法567条1項及び3項は、先取特権又は抵当権の負担のある不動産の買主がこれらの権利の行使によりその所有権を失ったときに、買主が契約の解除及び損害賠償をすることができることを定めています。しかし、新法565条により、契約の趣旨に適合しない先取特権又は抵当権の負担がある場合には、これらの権利が

実行される前後を問わず、債務不履行の一般原則により、契約の解除及び損害賠償をすることができることから、同条第1項及び第3項の規定は、重複した規定となるので、これは削除されました（新法570条に統合）。

改正条項	旧法
（抵当権等がある場合の買主による費用の償還請求） 第570条　買い受けた不動産について契約の内容に適合しない先取特権、質権又は抵当権が存していた場合において、買主が費用を支出してその不動産の所有権を保存したときは、買主は、売主に対し、その費用の償還を請求することができる。 *改正法570条に1項、2項合体。3項削除。	（抵当権等がある場合における売主の担保責任） 第567条　売買の目的である不動産について存した先取特権又は抵当権の行使により買主がその所有権を失ったときは、買主は、契約の解除をすることができる。 2 買主は、費用を支出してその所有権を保存したときは、売主に対し、その費用の償還を請求することができる。 3 前二項の場合において、買主は、損害を受けたときは、その賠償を請求することができる。

ポイント 124 競売手続と契約不適合責任

　競売手続の目的物に関しては、種類又は品質に関しての契約不適合責任の規定は見送られました。

　すなわち、①物の瑕疵についても担保責任の規律を及ぼすと現状よりも競売手続の結果が覆される機会が増大するので、配当受領者の地位が不安定になるという点、②執行裁判所としては競売手続の結果が覆ることによる関係当事者の不利益を懸念して手続を慎重に進めざるを得なくなり、競売手続の迅速円滑な進行が妨げられるという点、③上記①②の結果として競売制度が利用しづらくなるという点などが問題提起され、結局、物の瑕疵（目的物の種類又は品質に関して契約の内容に適合しないもの）に関する規定は競売には適用されないことになったのです。

　一方、競売における買受人の権利の特則としては、「民事執行法その他の法律

の規定に基づく競売（以下この条において単に「競売」という。）における買受人は、債務者に対し、契約の解除をし、又は代金の減額を請求することができる。」とされました。これにより、買受人は、権利の一部が他人に属する場合や数量不足又は物の一部滅失に関し旧法568条1項で認められていた契約の解除、代金減額請求のほか、移転した権利に契約不適合がある場合（同法566条参照）にも代金減額の請求ができることになりました。

　競売においては、その性質上、請求債権の債務者による履行の追完を観念することができないことから、改正法では追完請求の規律は競売に及ぼされたこととされています（568条1項には、追完請求に関する562条の請求は明記されていない）。これにともなって、代金減額の請求及び契約の解除をする際における履行の追完の催告も、解釈上不要であることが明らかになるとされています。

　また、旧法564条（同法565条による準用を含む）及び566条3項は、期間制限を設けていましたが、これは撤廃されましたので、買受人の権利につきましては消滅時効の一般原則によることになります（部会資料75A、22頁以下）。

改正条項	旧法
（競売における担保責任等） 第568条　民事執行法その他の法律の規定に基づく競売（以下この条において単に「競売」という。）における買受人は、第541条及び第542条の規定並びに第563条（第565条において準用する場合を含む。）の規定により、債務者に対し、契約の解除をし、又は代金の減額を請求することができる。	（強制競売における担保責任） 第568条　強制競売における買受人は、第561条から前条までの規定により、債務者に対し、契約の解除をし、又は代金の減額を請求することができる。
2（略）	2　前項の場合において、債務者が無資力であるときは、買受人は、代金の配当を受けた債権者に対し、その代金の全部又は一部の返還を請求することができる。
3（略）	3　前二項の場合において、債務者が物若しくは権利の不存在を知りながら申し出なかったとき、又は債権者がこれを知

	りながら競売を請求したときは、買受人は、これらの者に対し、損害賠償の請求をすることができる。
4　前三項の規定は、競売の目的物の種類又は品質に関する不適合については、適用しない。	（新設）

ポイント 125　代金支払拒絶事由

（1）買主は、権利の取得の前後を問わず、また売買の目的について所有権のみならず用益物権があると主張する者がいる等の場合についても、代金支払を拒絶することができることを、条文上、明記することになりました。

　売買の目的物に権利を主張する者がある場合の代金支払拒絶に関する新法576条の規定については、「権利を主張する者がある」という旧法の要件は狭すぎるので、「その他の事由」という文言を付け加えるとともに、「失うおそれがある」場合のほか「取得することができず、」の場合も掲げています。

改正条項	旧法
（権利を取得することができない等のおそれがある場合の買主による代金の支払の拒絶） 第576条　売買の目的について権利を主張する者があることその他の事由により、買主がその買い受けた権利の全部若しくは一部を取得することができず、又は失うおそれがあるときは、買主は、その危険の程度に応じて、代金の全部又は一部の支払を拒むことができる。ただし、売主が相当の担保を供したときは、この限りでない。	（権利を失うおそれがある場合の買主による代金の支払の拒絶） 第576条　売買の目的について権利を主張する者があるために買主がその買い受けた権利の全部又は一部を失うおそれがあるときは、買主は、その危険の限度に応じて、代金の全部又は一部の支払を拒むことができる。ただし、売主が相当の担保を供したときは、この限りでない。

（2）旧法577条は、抵当権等の負担のある不動産の買主が抵当権消滅請求（同法379条）をする機会を確保するため、抵当権消滅請求の手続が終わるまで、買主は代金支払を拒絶することができるとするものです。

しかし、抵当権等の登記がある場合であっても、当事者が抵当権等の存在を考慮して代金額を決定していたときは、抵当権消滅請求の機会を与える必要がないことから、その場合に旧法577条が適用されないことには異論はありませんでした。そこで、条文と解釈論との齟齬を解消する観点から、この異論のない解釈を新法577条として明文化する必要があるということになりました。

改正条項	旧法
（抵当権等の登記がある場合の買主による代金の支払の拒絶） 第577条　買い受けた不動産について契約の内容に適合しない抵当権の登記があるときは、買主は、抵当権消滅請求の手続が終わるまで、その代金の支払を拒むことができる。この場合において、売主は、買主に対し、遅滞なく抵当権消滅請求をすべき旨を請求することができる。 2　前項の規定は、買い受けた不動産について契約の内容に適合しない先取特権又は質権の登記がある場合について準用する。	（抵当権等の登記がある場合の買主による代金の支払の拒絶） 第577条　買い受けた不動産について抵当権の登記があるときは、買主は、抵当権消滅請求の手続が終わるまで、その代金の支払を拒むことができる。この場合において、売主は、買主に対し、遅滞なく抵当権消滅請求をすべき旨を請求することができる。 2　前項の規定は、買い受けた不動産について先取特権又は質権の登記がある場合について準用する。

ポイント 126　民法第571条の削除

売主の契約不適合責任に基づく塡補賠償債務と買主の代金支払債務とが同時履行の関係に立つことは、同時履行一般の規定である新法533条の規定で規律されることになります。新法533条は「債務の履行（債務の履行に代わる損害賠償の債務の履行を含む。）」と明記され、旧法571条は削除されました。

改正条項	旧法
（削除） 改正法533条へ	（売主の担保責任と同時履行） 第571条　第533条の規定は、第563条から第566条まで及び前条の場合について準用する。
（同時履行の抗弁） 第533条　双務契約の当事者の一方は、相手方がその債務の履行(債務の履行に代わる損害賠償の債務の履行を含む。)を提供するまでは、自己の債務の履行を拒むことができる。ただし、相手方の債務が弁済期にないときは、この限りでない。	（同時履行の抗弁） 第533条　双務契約の当事者の一方は、相手方がその債務の履行を提供するまでは、自己の債務の履行を拒むことができる。ただし、相手方の債務が弁済期にないときは、この限りでない。

（契約の効力に関する経過措置）
附則第30条　施行日前に締結された契約に係る同時履行の抗弁及び危険負担については、なお従前の例による。
2　（略）

ポイント 127　担保責任を負わない旨の特約

　新法572条は、引用する条番号に修正を加えただけであり、その内容は旧法572条と同じです。なお、本条は、新法559条を介して、請負などの有償契約にも基本的に準用されます（これにより、請負に関する旧法640条は削除されました）。

改正条項	旧法
（担保責任を負わない旨の特約） 第572条　売主は、第562条第1項本文又は第565条に規定する場合における	（担保責任を負わない旨の特約） 第572条　売主は、第560条から前条までの規定による担保の責任を負わない

担保の責任を負わない旨の特約をした
ときであっても、知りながら告げなかった
事実及び自ら第三者のために設定し又
は第三者に譲り渡した権利については、
その責任を免れることができない。

旨の特約をしたときであっても、知りなが
ら告げなかった事実及び自ら第三者の
ために設定し又は第三者に譲り渡した
権利については、その責任を免れること
ができない。

ポイント 128 「買戻し」の改訂―返還されるべき金銭の範囲

　買戻しについては、担保以外の目的で買戻しが用いられる場面を念頭に、売主
が返還しなければならない金銭の範囲につき柔軟な取扱いを認め、返還しなけれ
ばならない金銭の範囲については、当事者の合意で定めることができることとす
る一方、基準を示す趣旨で、買戻特約がされた場合に、売主が返還しなければな
らない金銭の範囲については、「買主が支払った代金及び契約の費用」とする旨
の同条の定めを任意規定として残しています。

改正条項	旧法
（買戻しの特約） 第579条　不動産の売主は、売買契約と同時にした買戻しの特約により、買主が支払った代金(別段の合意をした場合にあっては、その合意により定めた金額。第583条第1項において同じ。)及び契約の費用を返還して、売買の解除をすることができる。この場合おいて、当事者が別段の意思を表示しなかったときは、不動産の果実と代金の利息とは相殺したものとみなす。	（買戻しの特約） 第579条　不動産の売主は、売買契約と同時にした買戻しの特約により、買主が支払った代金及び契約の費用を返還して、売買の解除をすることができる。この場合において、当事者が別段の意思を表示しなかったときは不動産の果実と代金の利息とは相殺したものとみなす。

改正条項	旧法
（略）	（買戻しの期間） 第580条 買戻しの期間は、10年を超えることができない。特約でこれより長い期間を定めたときは、その期間は、10年とする。 2 買戻しについて期間を定めたときは、その後にこれを伸長することができない。 3 買戻しについて期間を定めなかったときは、5年以内に買戻しをしなければならない。

改正条項	旧法
（買戻しの特約の対抗力） 第581条 売買契約と同時に買戻しの特約を登記したときは、買戻しは、第三者に対抗することができる。 2 前項の登記がされた後に第605条の2第1項に規定する対抗要件を備えた賃借人の権利は、その残存期間中1年を超えない期間に限り、売主に対抗することができる。ただし、売主を害する目的で賃貸借をしたときは、この限りでない。	（買戻しの特約の対抗力） 第581条 売買契約と同時に買戻しの特約を登記したときは、買戻しは、第三者に対しても、その効力を生ずる。 2 登記をした賃借人の権利は、その残存期間中1年を超えない期間に限り、売主に対抗することができる。ただし、売主を害する目的で賃貸借をしたときは、この限りでない。

33 贈 与 （部会資料15−1、15−2、75A、75B、81B、81−3、82−1、83−1、83−2、84−1、84−2、84−3、85、88−1、88−2）

ポイント 129 「他人物贈与」の有効性

　旧民法の「自己の財産」を改正法は「ある財産」と改めることで他人に所有権のある財産を贈与する契約を当然有効としました。

改正条項	旧法
（贈与） 第549条 贈与は、当事者の一方が<u>あ</u> <u>る</u>財産を無償で相手方に与える意思を 表示し、相手方が受諾をすることによっ て、その効力を生ずる。	（贈与） 第549条 贈与は、当事者の一方が<u>自</u> <u>己</u>の財産を無償で相手方に与える意思 を表示し、相手方が受諾をすることに よって、その効力を生ずる。

ポイント 130 書面によらない贈与の「解除」

　書面によらない贈与は「撤回」することができるとの規定を「解除」することができると改正されました。これにより、意味や効果が変わるものではありません。

改正条項	旧法
（書面によらない贈与の<u>解除</u>） 第550条 書面によらない贈与は、各当 事者が<u>解除をする</u>ことができる。ただし、 履行の終わった部分については、この限 りでない。	（書面によらない贈与の<u>撤回</u>） 第550条 書面によらない贈与は、各当 事者が<u>撤回する</u>ことができる。ただし、履 行の終わった部分については、この限り でない。

ポイント 131 贈与者の責任

　① 贈与の無償性を考慮して贈与者の責任を軽減するという旧法551条第1項の
　　実質的な規律内容は維持
　② 契約に適合したものの移転等をすることが贈与者の債務の内容となる
という2点の調和を図るために
　「贈与者は、贈与の目的である物又は権利を、贈与の目的として特定した時の状態で引き渡し、又は移転することを約したものと推定する。」と改訂されます。「贈与の目的として特定した時の状態」とは、特定物贈与においては贈与契約の時の状態であり、種類物贈与においては目的が特定（確定）した時の状態を意味します。

改正条項	旧法
（贈与者の引渡義務等） 第551条　贈与者は、贈与の目的である物又は権利を、贈与の目的として特定した時の状態で引き渡し、又は移転することを約したものと推定する。 2（略）	（贈与者の担保責任） 第551条　贈与者は、贈与の目的である物又は権利の瑕疵又は不存在について、その責任を負わない。ただし、贈与者がその瑕疵又は不存在を知りながら受贈者に告げなかったときは、この限りでない。 2 負担付贈与については、贈与者は、その負担の限度において、売主と同じく担保の責任を負う。

ポイント 132　「他人物贈与者」の責任

　他人物贈与の贈与者の責任については財産取得義務を負うか否かについては契約の趣旨によって決まるので、特に規定は設けられませんでした。

34　消費貸借 （部会資料16－1、16－2、44、70A、81－3、83－1、83－2、84－1、84－2、85、88－1）

ポイント 133　書面による「諾成的消費貸借契約」を明文化

　消費貸借契約の締結に金銭の受領を必要としていたのを（要物契約）、要物契約に加え、書面を作成して「受け取った物と種類品質および数量の同じ物をもって返還する合意」することにより効力を生じる（諾成契約）ことが認められました。
　諾成契約に書面性を要求したのは、要物契約と諾成契約とが併存するとすれば、当事者の合意のみがある場合に、それが要物契約の前提としての合意にとどまるのか、直ちに契約を成立させる諾成契約としての合意なのかが判然としないという問題が生ずるとの指摘があったためです。

ポイント 134 インターネットを利用した「電磁的記録」も書面による取引として有効

　また、インターネット等を利用した電磁商取引等を行う機会がますます増大している近時の状況を反映し、消費貸借契約が電磁的記録な方法によってされたときであっても、契約上の義務を負う意思が外部的にも明らかになっている場合に限り、その法的拘束力を認めるというものです。

ポイント 135 書面でする消費貸借契約の「借主からの解除」

（1）　書面でする消費貸借の借主は、「貸主から金銭その他の物を受け取るまで、契約の解除をする」ことができます。この場合、貸主は、その契約の解除によって損害を受けたときは、借主に対し、損害賠償を請求することができます。

（2）　今後の影響等

　損害の内容としては、貸付金の調達コスト等のいわゆる積極損害が考えられるとされています。

　たとえば消費者金融の場面を想定すると、貸主である消費者金融業者は一般に多数の小口貸付けを行っているため、借主が受領を拒否した金銭を他の顧客に対する貸付けに振り向けること等によって特段の損害が生じないことも多いと考えられるとし、また、事前に賠償額の予定がされていることもあり得るが、それが過大である場合には民法第90条や不当条項規制の問題として処理され、消費者が借り手の場合には消費者契約法第9条により処理されると考えられるので、弊害はないというのが法務当局の見解です（193回国会、衆議院法務委員会8号、民事局長答弁参照）。

　しかし、実際の実務における消費者金融業者等の乱用が懸念されています。

ポイント 136 当事者の破産による書面でする 「消費貸借契約の失効」

　書面でする消費貸借契約は、借主が貸主から金銭その他の物を受け取る前に当事者の一方が破産手続開始の決定を受けたときは、その効力を失います。

　なお、当事者の一方が再生手続開始又は更生手続開始の決定を受けた場合に関する規律は、民事再生法第49条又は会社更生法第61条の解釈に委ねることとしています。

　これにともない、消費貸借の予約を規定する「消費貸借の予約は、その後に当事者の一方が破産手続開始の決定を受けたときは、その効力を失う。」(旧法589条)は削除されます。今般の改正において目的物の交付前にも消費貸借が諾成的に成立することを明文化することによって、要物契約としての消費貸借の予約は実質的に存在意義を失うからです。

改正条項	旧法
(書面でする消費貸借等) 第587条の2　前条の規定にかかわらず、書面でする消費貸借は、当事者の一方が金銭その他の物を引き渡すことを約し、相手方がその受け取った物と種類、品質及び数量の同じ物をもって返還をすることを約することによって、その効力を生ずる。 2 書面でする消費貸借の借主は、貸主から金銭その他の物を受け取るまで、契約の解除をすることができる。この場合において、貸主は、その契約の解除によって損害を受けたときは、借主に対し、その賠償を請求することができる。 3 書面でする消費貸借は、借主が貸主から金銭その他の物を受け取る前に当	(新設)

事者の一方が破産手続開始の決定を
受けたときは、その効力を失う。
4 消費貸借がその内容を記録した電磁
的記録によってされたときは、その消費
貸借は、書面によってされたものとみなし
て、前三項の規定を適用する。

改正条項	旧法
（利息） 第589条　貸主は、特約がなければ、借主に対して利息を請求することができない。 2 前項の特約があるときは、貸主は、借主が金銭その他の物を受け取った日以後の利息を請求することができる。 改正法589条の上書きにより削除。	（消費貸借の予約と破産手続の開始） 第589条　消費貸借の予約は、その後に当事者の一方が破産手続開始の決定を受けたときは、その効力を失う。

ポイント 137　準消費貸借に関する旧民法第588条から「消費貸借によらないで」との文言が削除

　判例は、消費貸借に基づく返還債務を旧債務とする準消費貸借を認めているので、この判例と抵触している「消費貸借によらないで」との文言は削除されます。
　なお、準消費貸借は、諾成的な消費貸借とは異なり、契約に基づく目的物の引渡しを予定していないため、目的物の引渡しに代えて書面を要求することにより軽率な消費貸借の締結を防ぐという趣旨が妥当しないと考えられるため、準消費貸借については書面を要求していません。

改正条項	旧法
（準消費貸借） 第588条　金銭その他の物を給付する義務を負う者がある場合において、当事者がその物を消費貸借の目的とすることを約したときは、消費貸借は、これによって成立したものとみなす。	（準消費貸借） 第588条　消費貸借によらないで金銭その他の物を給付する義務を負う者がある場合において、当事者がその物を消費貸借の目的とすることを約したときは、消費貸借は、これによって成立したものとみなす。

ポイント 138　消費貸借契約にともなう「利息」に関する規律の新設

　消費貸借契約にともなう利息について、改正法では、「(1) 貸主は、特約がなければ、借主に対して利息を請求することができない。」との規定を新設しました。

　利息の発生日については、元本の受領日から生ずるという判例法理があり、利息は元本利用の対価であることから受領日から生ずるという判例法理は合理的であること、また、これは金銭以外の目的物の消費貸借にも妥当することから、「(2) (1) の特約があるときは、貸主は、借主が金銭その他の物を受け取った日以後の利息を請求することができる。」と規定しています。

改正条項	旧法
<u>（利息）</u> <u>第589条　貸主は、特約がなければ、借主に対して利息を請求することができない。</u> <u>2 前項の特約があるときは、貸主は、借主が金銭その他の物を受け取った日以後の利息を請求することができる。</u> 改正法589条の上書きにより削除。	（新設） <u>（消費貸借の予約と破産手続の開始）</u>

	第589条　消費貸借の予約は、その後に当事者の一方が破産手続開始の決定を受けたときは、その効力を失う。

ポイント 139　貸主の担保責任

　改正法では、売買や贈与に関する担保責任の規律が整理されましたが、それと整合性を図るべく消費貸借における担保責任も下記のとおり整理されました。

① 利息付消費貸借契約には、売買の契約不適合責任を準用（新法559条）。
② 無利息の消費貸借については、贈与者の担保責任の規定を準用（新法551条）
③ 利息の有無にかかわらず、引き渡された物が種類又は品質に関して契約の内容に適合しないものであるときは、借主は、その物の価額を返還することができる。

改正条項	旧法
（貸主の引渡義務等） 第590条　第551条の規定は、前条第1項の特約のない消費貸借について準用する。 2　前条第1項の特約の有無にかかわらず、貸主から引き渡された物が種類又は品質に関して契約の内容に適合しないものであるときは、借主は、その物の価額を返還することができる。 【参考】 （贈与者の引渡義務等） 第551条　贈与者は、贈与の目的であ	（貸主の担保責任） 第590条　利息付きの消費貸借において、物に隠れた瑕疵があったときは、貸主は、瑕疵がない物をもってこれに代えなければならない。この場合においては、損害賠償の請求を妨げない。 2　無利息の消費貸借においては、借主は、瑕疵がある物の価額を返還することができる。この場合において、貸主がその瑕疵を知りながら借主に告げなかったときは、前項の規定を準用する。

る物又は権利を、贈与の目的として特定
した時の状態で引き渡し、又は移転する
ことを約したものと推定する。
2 負担付贈与については、贈与者は、そ
の負担の限度において、売主と同じく担
保の責任を負う。

ポイント 139・140

ポイント 140　期限前弁済に関する規律の明確化

　期限前弁済について、改正法は次のように規定しました。

① 借主は、期限の有無にかかわらずいつでも返還をすることができる。

② 当事者が返還の時期を定めた場合において、借主がその時期の前に返還を
したことによって貸主に損害が生じたときは、貸主は、その損害の賠償を
請求することができる。

　なお、期限前弁済によって貸主に生じた損害の有無及びその額については、従
前どおり個々の事案における解釈・認定に委ねることとすると説明されています。

　参議院第193回第13号法務委員会では、期限前弁済の損害の内容についてと厳
しい質疑がなされました。

　衆議院付帯決議では、「諾成的消費貸借における交付前解除又は消費貸借にお
ける期限前弁済の際に損害賠償請求をすることができる旨の規定は、損害が現実
に認められる場合についての規定であるところ、金銭消費貸借を業として行う者
については、資金を他へ転用する可能性が高いことを踏まえれば、基本的に損害
は発生し難いと考えられるから、その適用場面は限定的であることを、弱者が不
当に被害を受けることを防止する観点から、借手側への手厚い周知はもちろん、
貸手側にも十分に周知徹底を図ること。」とし、参議院付帯決議でも、「諾成的消
費貸借における交付前解除又は消費貸借における期限前弁済の際に損害賠償請求
をすることができる旨の規定については、本法施行後の状況を踏まえ、必要に応
じ対応を検討すること。」としています。

【コメント】

　損害の内容について、従来は、約定の返還時期までに生ずべきであった利息相当額であると説明されることが多かったといわれています。

　もっとも、期限前弁済を受けた貸主は、その期限前弁済によって受領した金銭等を他に貸し付けるなどすることによって利益を得ることができるのであるから、この場合における貸主の損害の内容は、約定の返還時期までに生ずべきであった利息相当額から上記の再運用等による利益を控除した額とすべきであるとの指摘があり、他方、利息は信用供与の対価であるから実際に元本を利用している間にのみ生ずるものであり、弁済がされた以降は信用供与がないのであるから、期限前弁済によって貸主に生じた損害の内容を考えるにあたっては、約定の返還時期までに生ずべきであった利息相当額を基礎とするのではなく、貸付金の調達コスト等のいわゆる積極損害を基礎とすべきであるとの指摘もあります。

　新法591条3項は、以上の議論を踏まえつつ、損害の有無及びその額については、従前どおり個々の事案における解釈・認定に委ねることとするものです。（部会資料70A、59頁）

改正条項	旧法
（返還の時期） 第591条　（略）	（返還の時期） 第591条　当事者が返還の時期を定めなかったときは、貸主は、相当の期間を定めて返還の催告をすることができる。
2 借主は、返還の時期の定めの有無にかかわらず、いつでも返還をすることができる。 3 当事者が返還の時期を定めた場合において、貸主は、借主がその時期の前に返還をしたことによって損害を受けたときは、借主に対し、その賠償を請求することができる。	2 借主は、いつでも返還をすることができる。 （新設）

35　賃貸借 $\left(\begin{array}{l}\text{部会資料16−1、16−2、45、69A、83−1、83−2、84−1、84−2、}\\\text{84−3、85、88−1}\end{array}\right)$

ポイント 141　賃借人の目的物返還債務の明記

　賃貸借の成立要件の中に賃借人の目的物返還債務を追加しました。

　賃貸借の規定の中に、賃借人の目的物返還債務が必ずしも明示的に規定されていませんでした。そこで、改定法では、「賃貸借は、当事者の一方がある物の使用及び収益を相手方にさせることを約し、相手方がこれに対してその賃料を支払うこと及び引渡しを受けた物を契約が終了したときに返還することを約することによって、その効力を生ずる。」と明記しています。

改正条項	旧法
（賃貸借） 第601条　賃貸借は、当事者の一方がある物の使用及び収益を相手方にさせることを約し、相手方がこれに対してその賃料を支払うこと及び引渡しを受けた物を契約が終了したときに返還することを約することによって、その効力を生ずる。	（賃貸借） 第601条　賃貸借は、当事者の一方がある物の使用及び収益を相手方にさせることを約し、相手方がこれに対してその賃料を支払うことを約することによって、その効力を生ずる。

ポイント 142　短期賃貸借の規定から制限行為能力者を削除

　制限行為能力者がどのような賃貸借契約を締結することができるかは行為能力に関する事項であって、行為能力の箇所に規定が設けられているので制限行為能力者は削除されました。

　新法602条各号に定める期間を超える賃貸借をした場合の取扱については、同条に関する一般的な理解を明文化し、同条各号に定める期間を超える賃貸借をした場合にはその超える部分のみを無効とする旨を定めるものです。

【コメント】

　旧法602条は短期賃貸借のみを締結することができる者として、「処分につき行為能力の制限を受けた者」を定めています。

　これは、処分につき行為能力の制限を受けている者、すなわち未成年者、成年被後見人、被保佐人及び被補助人が締結することができる賃貸借を限定したものとされています。しかし、制限行為能力者がどのような法律行為をすることができるかは、行為能力に関する規定（同法4条以下）において規定されており、賃貸借に関しても、被保佐人及び被補助人が締結することができない賃貸借の範囲は明示されており（同法13条1項9号、17条1項参照）、これに該当しない賃貸借はそれぞれ保佐人又は補助人の同意なくして単独ですることができることが明らかです。他方、未成年者が法定代理人の同意を得ないで賃貸借契約を締結した場合と、成年被後見人が賃貸借契約を締結した場合については、いずれも、短期賃貸借かどうかにかかわらず、取り消すことができるとされています（同法5条2項・9条）。

　このように、制限行為能力者がどのような賃貸借契約を締結することができるかは行為能力に関する事項であって、行為能力の箇所に規定が設けられているので、これと内容面で重複する規定を602条において設ける必要はないばかりか、602条が存在することにより、以下のような弊害が生じかねないことが指摘されています。すなわち、同条の文言上は、①制限行為能力者は、短期賃貸借であれば何ら制限なく締結することができ、また、②同条各号に定める期間を超える賃貸借契約を締結することはできないように理解することもできるということです。しかし、上記のとおり、未成年者が法定代理人の同意を得ないで賃貸借契約を締結した場合や、成年被後見人が賃貸借契約を締結した場合には、いずれも、その期間の長短にかかわらず、取り消すことができ（同法5条2項、9条）、他方で、被補助人については、602条各号に定める期間を超える賃貸借であっても、家庭裁判所の審判により補助人の同意を要する行為とされていなければ単独ですることができ、被補助人は短期賃貸借のみをすることができるわけではないということです。

　このように上記①②はいずれも誤っていますが、同条の存在はこのような誤解を生じさせかねないといえるので、「処分につき行為能力の制限を

受けた者」が短期賃貸借をすることができる旨の旧法602条の規定は、不
要である上、上記の誤解を招きかねないものであり、削除する必要がある
ということです。（部会資料69A、41頁）

改正条項	旧法
（短期賃貸借） 第602条　処分の権限を有しない者が賃貸借をする場合には、次の各号に掲げる賃貸借は、それぞれ当該各号に定める期間を超えることができない。<u>契約でこれより長い期間を定めたときであっても、その期間は、当該各号に定める期間とする。</u> ①〜④　（略）	（短期賃貸借） 第602条　<u>処分につき行為能力の制限を受けた者又は</u>処分の権限を有しない者が賃貸借をする場合には、次の各号に掲げる賃貸借は、それぞれ当該各号に定める期間を超えることができない。 ①〜④　（略）

ポイント 143 賃貸借契約の存続期間の制限

　賃貸借契約の存続期間は以下のように50年とされました（新法604条）。
(1) 賃貸借の存続期間は、50年を超えることができない。契約でこれより長い
期間を定めたときであっても、その期間は、50年とする。

(2) 賃貸借の存続期間は、更新することができる。ただし、その期間は、更新の
時から50年を超えることができない。

　現代社会においては、20年を超える賃貸借を認めるニーズがあるものの、あま
りにも長期にわたる賃貸借は、目的物の所有権にとって過度な負担になる等の弊
害が生ずる懸念があることから、何らかの存続期間の上限を設けるのが相当であ
ると考えられ、賃貸借の存続期間の上限を20年から50年に改め、更新を可能とし、
更新する場合でもその存続期間は、更新の時から50年を超えることができないと
しました。

附則第34条第2項は、「新法第604条第2項の規定は、施行日前に賃貸借契約が締結された場合において施行日以後にその契約の更新に係る合意がされるときにも適用する。」とあるので、施行前に締結された賃貸借契約についても施行後の更新契約では契約期間を50年を超えなければ新法の契約期間の内容で更新できることになります。

　借地契約や借家契約に対しては借地借家法の適用があり、民法の特則となっています。

・普通建物賃貸借契約

　「期間を1年未満とする建物の賃貸借は、期間の定めがない建物の賃貸借とみなす。

　2　民法第604条の規定は、建物の賃貸借については、適用しない。」（借地借家法29条）

・定期借地契約

　「存続期間を50年以上として一般定期借地権を設定」（借地借家法22条）

改正条項	旧法
（賃貸借の存続期間） 第604条　賃貸借の存続期間は、<u>50年</u>を超えることができない。契約でこれより長い期間を定めたときであっても、その期間は、<u>50年</u>とする。 2 賃貸借の存続期間は、更新することができる。ただし、その期間は、更新の時から<u>50年</u>を超えることができない。	（賃貸借の存続期間） 第604条　賃貸借の存続期間は、<u>20年</u>を超えることができない。契約でこれより長い期間を定めたときであっても、その期間は、<u>20年</u>とする。 2 賃貸借の存続期間は、更新することができる。ただし、その期間は、更新の時から<u>20年</u>を超えることができない。

ポイント 144　賃貸借の対抗力、賃貸人たる地位の移転

　賃貸借の対抗力について次のような規定が設けられます。

（1）不動産の賃貸借は、これを登記したときは、その不動産について物権を取得した者その他の第三者に対抗することができる。

（2）新法605条、借地借家法（平成3年法律第90号）10条又は31条その他の法令の規定による賃貸借の対抗要件を備えた場合において、その不動産が譲渡されたときは、その不動産の賃貸人たる地位は、その譲受人に移転する。

（3）（2）の規定にかかわらず、不動産の譲渡人及び譲受人が、賃貸人たる地位を譲渡人に留保する旨及びその不動産を譲受人が譲渡人に賃貸する旨の合意をしたときは、賃貸人たる地位は、譲受人に移転しない。この場合において、譲渡人と譲受人又はその承継人との間の賃貸借が終了したときは、譲渡人に留保されていた賃貸人たる地位は、譲受人又はその承継人に移転する。

（4）（2）又は（3）後段の規定による賃貸人たる地位の移転は、賃貸物である不動産について所有権の移転の登記をしなければ、賃借人に対抗することができない。

（5）（2）又は（3）後段の規定により賃貸人たる地位が譲受人又はその承継人に移転したときは、新法608条の規定による費用の償還に係る債務及び新法622条の21項に規定する敷金の返還に係る債務は、譲受人又はその承継人が承継する。

（1）と（2）は、判例・通説を明文化したものです。
（3）は、賃貸人の地位の留保に関する規定を明文化したものです。
　　　前段：賃貸人の地位を留保の要件
　　　・賃貸人の地位を留保する旨の合意
　　　・新所有者を賃貸人、旧所有者を賃借人とする賃貸借契約を締結すること
　　　後段：新所有者を賃貸人旧所有者を賃借人とする賃貸借契約の終了
　　　　　新所有者を賃貸人、旧所有者を賃借人とする賃貸借契約が終了した場合
　　　　　⇒改めて、賃貸人の地位が、旧所有者から新所有者又はその承継人に当然に移転します。
　　　これについてはさらに次のように解説されます
　　　　　　A⇒B⇒C　　　⇒：所有権の移転
　　　　　　⇕　　　　　　⇕↑：賃貸借関係
　　　　　　X
〔新所有者Bと旧所有者Aとの間の賃貸借契約の締結が要件とされる理由（部会資料69A、44頁）〕

①賃貸人の地位の留保合意がされる場合には、新所有者Bから旧所有者Aに何らかの利用権限が設定されることになるが、その利用権限の内容を明確にしておくことが望ましい。

②賃貸人の地位を留保した状態で新所有者Bが賃貸不動産をさらに新所有者Cに譲渡すると、その譲渡によって新所有者Bと旧所有者Aとの間の利用関係及び旧所有者Aと賃借人Xとの間の利用関係が全て消滅し、新所有者Bからの譲受人Cに対して賃借人Xが自己の賃借権を対抗することができなくなるのではないかとの疑義を生じさせないためには、新所有者Bと旧所有者Aとの間の利用関係を賃貸借としておくことが望ましい。

③賃貸借に限定したとしても、それによって旧所有者Aと新所有者Bとの間の合意のみで賃貸人の地位の留保が認められることになるのであるから、現在の判例法理のもとで賃借人の同意を個別に得ることとしている実務の現状に比べると、旧所有者と新所有者にとって不当な不便が課されるものでない。

　実務においては、「賃貸人の地位を旧所有者に留保したうえで旧所有者が所有権を譲渡」するニーズのほかに、「新所有者がその取得した所有権を留保したまま賃貸人の地位のみを旧所有者以外の第三者に譲渡する」ニーズもあるとの指摘もあるが、この点については、解釈に委ねることとしている。

改正条項	旧法
（不動産賃貸借の対抗力） 第605条　不動産の賃貸借は、これを登記したときは、その不動産について物権を取得した者その他の第三者に対抗することができる。	（不動産賃貸借の対抗力） 第605条　不動産の賃貸借は、これを登記したときは、その後その不動産について物権を取得した者に対しても、その効力を生ずる。

改正条項	旧法
（不動産の賃貸人たる地位の移転） 第605条の2　前条、借地借家法（平成3年法律第90号）第10条又は第31条その他の法令の規定による賃貸借の対抗要件を備えた場合において、その不動	（新設）

産が譲渡されたときは、その不動産の賃貸人たる地位は、その譲受人に移転する。

2 前項の規定にかかわらず、不動産の譲渡人及び譲受人が、賃貸人たる地位を譲渡人に留保する旨及びその不動産を譲受人が譲渡人に賃貸する旨の合意をしたときは、賃貸人たる地位は、譲受人に移転しない。この場合において、譲渡人と譲受人又はその承継人との間の賃貸借が終了したときは、譲渡人に留保されていた賃貸人たる地位は、譲受人又はその承継人に移転する。

3 第1項又は前項後段の規定による賃貸人たる地位の移転は、賃貸物である不動産について所有権の移転の登記をしなければ、賃借人に対抗することができない。

4 第1項又は第2項後段の規定により賃貸人たる地位が譲受人又はその承継人に移転したときは、第608条の規定による費用の償還に係る債務及び第622条の2第1項の規定による同項に規定する敷金の返還に係る債務は、譲受人又はその承継人が承継する。

　不動産の譲渡人が賃貸人であるときは、その賃貸人たる地位は、賃借人の承諾を要しないで、譲渡人と譲受人との合意により、譲受人に移転させることができ、この場合においては、新法605条の2第3項及び第4項の規定を準用します。賃借人の承諾がなくても賃借人に特段の不利益がないからで、新法539条の2の例外です。

　この規律は、賃借人が賃借人たる地位を不動産の譲受人に対し対抗できない場合でも、不動産の売主と買主の合意で賃貸人たる地位を買主に移転できることを明確にしたものであり、駐車場など、賃借人の対抗要件が問題とらない不動産賃貸借に有益と考えられています。

改正条項	旧法
（合意による不動産の賃貸人たる地位の移転） 第605条の3　不動産の譲渡人が賃貸人であるときは、その賃貸人たる地位は、賃借人の承諾を要しないで、譲渡人と譲受人との合意により、譲受人に移転させることができる。この場合においては、前条第3項及び第4項の規定を準用する。	（新設）

改正条項	旧法
第3款　契約上の地位の移転	（新設）
第539条の2　契約の当事者の一方が第三者との間で契約上の地位を譲渡する旨の合意をした場合において、その契約の相手方がその譲渡を承諾したときは、契約上の地位は、その第三者に移転する。	（新設）

不動産の賃借人による妨害排除請求権

　不動産の賃借人は、賃貸借の登記をした場合又は借地借家法その他の法律が定める賃貸借の対抗要件を備えた場合、当該第三者に対して次の請求ができます。

　・当該不動産の占有を第三者が妨害しているとき⇒妨害の停止の請求、

　・当該不動産を第三者が占有しているとき⇒返還の請求

　ちなみに、債権である賃借権に基づいて物権的な請求権が認められるのはあくまで例外的なものであることから、妨害予防請求権までは認められていません。

　附則34条は、「新法第605条の4の規定は、施行日前に不動産の賃貸借契約が締結された場合において施行日以後にその不動産の占有を第三者が妨害し、又はその不動産を第三者が占有しているときにも適用する。」とあるので、施行日前に締結された賃貸借でも対抗要件があれば、新法605条の4に基づいて妨害排除請求をなし得ることになります。

改正条項	旧法
（不動産の賃借人による妨害の停止の請求等） 第605条の4　不動産の賃借人は、第605条の2第1項に規定する対抗要件を備えた場合において、次の各号に掲げるときは、それぞれ当該各号に定める請求をすることができる。 ①　その不動産の占有を第三者が妨害しているとき　その第三者に対する妨害の停止の請求 ②　その不動産を第三者が占有しているとき　その第三者に対する返還の請求	（新設）

ポイント 147 「敷金」の定義化

　以下のように敷金が法的に明確に定義化されました。

(1) 賃貸人は、敷金（いかなる名義をもってするかを問わず、賃料債務その他の賃貸借に基づいて生ずる賃借人の賃貸人に対する金銭債務を担保する目的で、賃借人が賃貸人に交付する金銭をいう。）を受け取っている場合において、次に掲げるときは、賃借人に対し、その受け取った敷金の額から賃貸借に基づいて生じた賃借人の賃貸人に対する金銭債務の額を控除した残額を返還しなければならない。

　① 賃貸借が終了し、かつ、賃貸物の返還を受けたとき。
　② 賃借人が適法に賃借権を譲り渡したとき。

(2) 賃貸人は、賃借人が賃貸借に基づいて生じた金銭債務を履行しないときは、敷金をその債務の弁済に充てることができる。この場合において、賃借人は、賃貸人に対し、敷金をその債務の弁済に充てることを請求することができない。

(3) 新法316条は、敷金と先取特権の関係を明確にしています。

【コメント】

　敷引特約問題は、平成23年の最高裁判所の判決により、有効性について一応の決着を見ましたが、民法（債権法）改正法案の上記の敷金に関する定義により、消費者契約法10条による無効論が再燃するかもしれないと懸念されています。なぜなら、敷引の定義からすると、敷金から自動的に差し引くという敷引金部分は、<u>「賃貸借に基づいて生ずる賃借人の賃貸人に対する金銭の給付を目的とする債務を担保する目的」との定義と相入れないのではないかとの見解があり得るからです。</u>このように敷金が法的に明確に定義化されたことから、今後は以下のような特約を検討すべきと考えます。

　「賃借人乙は、<u>本契約から生じる債務の担保として、さらには、通常損耗及自然損耗費用の対価等としての敷金等として</u>○○円（賃料○カ月）を甲に預け入れるものとする。

　この敷金等は、乙が本件建物を明け渡した場合に、賃料の1カ月分を控除して乙に返還し、控除分は甲がのちに清算を要せず取得するものとするが、その理由として、甲と乙は、別紙「損耗・毀損の事例区分（部位別）一覧表」の「賃貸主の負担となる通常損耗及び自然損耗」の補修費用は月額賃料に含まれないこと、そのため、同控除額は同補修費用の対価等として甲が取得するものとし、同補修費用は、上記控除額でまかなうものであることを相互に確認する。」

改正条項	旧法
第4款　敷金	（新設）
第622条の2　賃貸人は、敷金（いかなる名目によるかを問わず、賃料債務その他の賃貸借に基づいて生ずる賃借人の賃貸人に対する金銭の給付を目的とする債務を担保する目的で、賃借人が賃貸人に交付する金銭をいう。以下この条において同じ。）を受け取っている場合において、次に掲げるときは、賃借人に対し、その受け取った敷金の額から賃貸借に基づいて生じた賃借人の賃貸人に対する金銭の給付を目的とする債務の額を控除した残額を返還しなければならない。 ①　賃貸借が終了し、かつ、賃貸物の返還を受けたとき。 ②　賃借人が適法に賃借権を譲り渡したとき。 2 賃貸人は、賃借人が賃貸借に基づいて生じた金銭の給付を目的とする債務を履行しないときは、敷金をその債務の	（新設）

249

弁済に充てることができる。この場合において、賃借人は、賃貸人に対し、敷金をその債務の弁済に充てることを請求することができない。	

改正条項	旧法
第316条　賃貸人は、第622条の2第1項に規定する敷金を受け取っている場合には、その敷金で弁済を受けない債権の部分についてのみ先取特権を有する。	第316条　賃貸人は、敷金を受け取っている場合には、その敷金で弁済を受けない債権の部分についてのみ先取特権を有する。

ポイント 148　賃借人の「修繕権」

(1) 賃借人の「修繕権」の内容

　旧法で規定されていない賃借人が自ら修繕する権利について、改正法では、次のように規定しています。すなわち、賃貸物の修繕が必要である場合において、次に掲げるときは、賃借人は、その修繕をすることができます。

　① 賃借人が賃貸人に修繕が必要である旨を通知し、又は賃貸人がその旨を知ったにもかかわらず、賃貸人が相当の期間内に必要な修繕をしないとき。

　② 急迫の事情があるとき。

　賃借人の責めに帰すべき事由で修繕箇所が生じた場合、すなわち、賃貸人に修繕義務がない場合（新法606条1項ただし書）でも修繕権は発生します。ただし、その場合には、賃借人に費用償還請求権（608条）は発生しないと解されます（中間試案補足説明458頁）。

(2) 今後の対応等

　仮に改正法で「修繕権」が規定された場合には、次のような特約を検討すべきでしょう。（ただし、消費者契約法が適用される居住用建物賃貸借の場合、消費者契約法10条で無効にならないか検討する必要があります）

【特約例】

　賃借人は、民法607条の2にかかわらず、増改築に及ぶものはもとより、耐震工事や建物の躯体に影響する大規模修繕に関する修繕権を有しないものとし、修繕権を有するのは小規模修繕に限るものとする。ただし、賃借人が小規模修繕を行う場合には、緊急を要する場合を除き、工事費見積書を添えて事前に賃貸人に通知するものとし、賃貸人に修繕の機会を与えるものとし、且つ、賃貸人の同意を得るものとする。

改正条項	旧法
（賃貸人による修繕等） 第606条　賃貸人は、賃貸物の使用及び収益に必要な修繕をする義務を負う。ただし、賃借人の責めに帰すべき事由によってその修繕が必要となったときは、この限りでない。 2（略）	（賃貸物の修繕等） 第606条　賃貸人は、賃貸物の使用及び収益に必要な修繕をする義務を負う。 2（略）

改正条項	旧法
（賃借人による修繕） 第607条の2　賃借物の修繕が必要である場合において、次に掲げるときは、賃借人は、その修繕をすることができる。 ①　賃借人が賃貸人に修繕が必要である旨を通知し、又は賃貸人がその旨を知ったにもかかわらず、賃貸人が相当の期間内に必要な修繕をしないとき。 ②　急迫の事情があるとき。	（新設）

ポイント 149 減収による「賃料の減額請求」

　改正法では、「耕作又は牧畜を目的とする土地の賃借人は、不可抗力によって賃料より少ない収益を得たときは、その収益の額に至るまで、賃料の減額を請求することができる。」と明記しています。

改正条項	旧法
（減収による賃料の減額請求） 第609条　耕作又は牧畜を目的とする土地の賃借人は、不可抗力によって賃料より少ない収益を得たときは、その収益の額に至るまで、賃料の減額を請求することができる。	（減収による賃料の減額請求） 第609条　収益を目的とする土地の賃借人は、不可抗力によって賃料より少ない収益を得たときは、その収益の額に至るまで、賃料の減額を請求することができる。ただし、宅地の賃貸借については、この限りでない。

ポイント 150 賃貸物の一部滅失等による「賃料の減額」・「賃貸借の終了」

（1）賃料の当然減額

　賃料減額については、従前の請求減額を改め、当然減額が規定されました。賃借物の一部が滅失その他の事由により使用及び収益をすることができなくなった場合において、それが賃借人の責めに帰することができない事由によるものであるときは、賃料は、その使用及び収益をすることができなくなった部分の割合に応じて、減額されます（部会資料69A、56頁）。

　帰責事由の立証責任は、賃借人に負わせるという現状を維持すると説明されています（中間試案の補足説明461頁参照）。

（2）賃貸借契約の終了

　賃借物の一部が滅失その他の事由により使用及び収益をすることができなく

なった場合において、残存する部分のみでは賃借人が賃借をした目的を達することができないときは、賃借人は、契約の解除をすることができる。

　このように、賃借物の一部の使用収益をすることができなくなった場合、賃借人からの請求を待たずに当然に賃料が減額されると規定されています。これは、賃料が、賃借物が賃借人の使用収益可能な状態に置かれたことの対価として日々発生するものであるから、賃借人が賃借物の一部の使用収益をすることができなくなった場合には、その対価としての賃料も当然にその部分の割合に応じて発生しないとの理解に基づくものです。

　目的物の使用・収益が不可能となった割合に応じて賃料が減額されるというのは、賃貸人・賃借人の公平な対価関係を維持する観点から導かれたものですが、このような規定が、実務上も妥当か否かは疑問があります。

　たとえば、建物が一部滅失した場合、滅失部分の価値の判断にはさまざまな要素を考慮する必要があり、滅失部分が、具体的にどの程度賃料を減額させるのかは直ちに明らかになるとは限らないのではないか（法文上は「その部分の割合」に応じて減額されるものとする、と規定されている。）。

　また、賃借人は、故障をそのまま放置し、賃貸人もその状況を認識していない状況下で、後日、賃借人から、その間の賃料が当然に減額されていると不意打ち的に主張されて、建物賃貸借の現場が混乱するおそれもあります（後記のように賃借人には通知義務があるので、賃貸人としては建物損害拡大を理由とする損害賠償請求や、減額請求に対し、権利乱用等で対抗することになるでしょう）。

　逆に、賃借人は、当然減額されたと考えて自らが適正と考える賃料を供託したところ、結果として、本来支払うべき賃料が供託額を上回っていた場合、賃貸人は、適正賃料の支払がないことを理由として、債務不履行解除を検討するでしょうから、かかるリスクを賃借人が負うことが予想されます。

　さらに、賃借人が賃料当然減額を主張すると、賃貸人は、通知義務（民法615条）を履行していれば修繕していたはずであるから、当然減額は認めないといった攻防を繰り広げることも考えられ、当然減額規定と修繕義務及び通知義務の関係が問題となります。改正法施行後は、悪用防止のための方策を検討する必要があるでしょう。たとえば、一部滅失したときから○○日以内に賃貸人に通知して初めて、一部滅失時点に遡って当然減額が認められる、という下記の特約等が考えられます。

【特約例】

　「賃借人は、本件賃貸物件に一部滅失を発見した場合には、直ちに、○○日以内に賃料減額割合を示して賃貸人に通知するものとし、この通知をしなかった場合には、通知以前の賃料減額を主張し得ないものとする。」

改正条項	旧法
（賃借物の一部滅失等による賃料の減額等） 第611条　賃借物の一部が滅失その他の事由により使用及び収益をすることができなくなった場合において、それが賃借人の責めに帰することができない事由によるものであるときは、賃料は、その使用及び収益をすることができなくなった部分の割合に応じて、減額される。 2　賃借物の一部が滅失その他の事由により使用及び収益をすることができなくなった場合において、残存する部分のみでは賃借人が賃借をした目的を達することができないときは、賃借人は、契約の解除をすることができる。	（賃借物の一部滅失による賃料の減額請求等） 第611条　賃借物の一部が賃借人の過失によらないで滅失したときは、賃借人は、その滅失した部分の割合に応じて、賃料の減額を請求することができる。 2　前項の場合において、残存する部分のみでは賃借人が賃借をした目的を達することができないときは、賃借人は、契約の解除をすることができる。

ポイント 151　転貸の効果

　転貸の効果については、判例、学説の考えを明確にしました。

(1) 賃借人が適法に賃借物を転貸したときは、転借人は、賃貸人と賃借人との間の賃貸借に基づく賃借人の債務の範囲を限度として、賃貸人に対して転貸借に基づく債務を直接履行する義務を負う。この場合においては、賃料の前払をもって

賃貸人に対抗することができない。

（2）（1）の規定は、賃貸人が賃借人に対してその権利を行使すること妨げない。
（旧法613条2項と同文）

（3）賃借人が適法に賃借物を転貸した場合には、賃貸人は、賃借人との間の賃貸借を合意により解除したことをもって転借人に対抗することができない。ただし、その解除の当時、賃貸人が賃借人の債務不履行による解除権を有していたときは、この限りでない。

改正条項	旧法
（転貸の効果） 第613条　賃借人が適法に賃借物を転貸したときは、転借人は、賃貸人と賃借人との間の賃貸借に基づく賃借人の債務の範囲を限度として、賃貸人に対して転貸借に基づく債務を直接履行する義務を負う。この場合においては、賃料の前払をもって賃貸人に対抗することができない。 2（略） 3 賃借人が適法に賃借物を転貸した場合には、賃貸人は、賃借人との間の賃貸借を合意により解除したことをもって転借人に対抗することができない。ただし、その解除の当時、賃貸人が賃借人の債務不履行による解除権を有していたときは、この限りでない。	（転貸の効果） 第613条　賃借人が適法に賃借物を転貸したときは、転借人は、賃貸人に対して直接に義務を負う。この場合においては、賃料の前払をもって賃貸人に対抗することができない。 2（略） （新設）

賃借物の「全部滅失等による賃貸借の終了」

(1) 新法616条は、「借主は、契約又はその目的物の性質によって定まった用法に従い、その物の使用及び収益をしなければならない。」との第594条（借主による使用及び収益）を賃貸借契約にも準用しています。

(2) 賃借物の「全部滅失等による賃貸借の終了」については、判例に従い、「賃借物の全部が滅失その他の事由により使用及び収益をすることができなくなった場合には、賃貸借は、これによって終了する。」と明記されました。

改正条項	旧法
（賃借人による使用及び収益） 第616条　第594条第1項の規定は、賃貸借について準用する。	（使用貸借の規定の準用） 第616条　第594条第1項、第597条第1項及び第598条の規定は、賃貸借について準用する。

改正条項	旧法
（賃借物の全部滅失等による賃貸借の終了） 第616条の2　賃借物の全部が滅失その他の事由により使用及び収益をすることができなくなった場合には、賃貸借は、これによって終了する。	（新設）

賃貸借の更新の推定等と
賃貸借の解除の効力

　敷金の定義規定が新法622条の2に明記されたことから、それに連動して619条2項に「第622条の2第1項に規定する敷金」と規定されました。また、620条は、「当事者の一方に過失があったときは、その者に対する」を削除していますが、部会資料には削除の理由について特に具体的な説明はなく、部会資料84−2によれば

整備的なものであるとしています。すなわち、損害賠償請求の一般規定である415条により損害賠償請求の可否を決するということだと思います。

改正条項	旧法
（賃貸借の更新の推定等） 第619条　（略） 2 従前の賃貸借について当事者が担保を供していたときは、その担保は、期間の満了によって消滅する。ただし、<u>第622条の2第1項に規定する</u>敷金については、この限りでない。	（賃貸借の更新の推定等） 第619条　（略） 2 従前の賃貸借について当事者が担保を供していたときは、その担保は、期間の満了によって消滅する。ただし、敷金については、この限りでない。

改正条項	旧法
（賃貸借の解除の効力） 第620条　賃貸借の解除をした場合には、その解除は、将来に向かってのみその効力を生ずる。この場合において<u>は</u>、損害賠償の請求を妨げない。	（賃貸借の解除の効力） 第620条　賃貸借の解除をした場合には、その解除は、将来に向かってのみその効力を生ずる。この場合において、<u>当事者の一方に過失があったときは、その者に対する</u>損害賠償の請求を妨げない。

ポイント 154　賃貸借終了後の「収去義務」及び「原状回復義務」

　賃貸借終了後の「収去義務」及び「原状回復義務」についても、改定法では、判例、通説に従った改訂がなされています。

(1) 収去義務（新法622条、599条1項）

　賃借人は、賃借物を受け取った後にこれに附属させた物がある場合において、賃貸借が終了したときは、その附属させた物を収去する義務を負う。ただし、賃借物から分離することができない物又は分離するのに過分の費用を要する物につ

いては、この限りでない。

(2) 収去の権利（新法622条、599条2項）

　賃借人は、賃借物を受け取った後にこれに附属させた物を、収去することができる。

(3) 原状回復義務（新法621条）

　賃借人は、賃借物を受け取った後にこれに生じた損傷（通常の使用及び収益によって生じた賃借物の損耗並びに賃借物の経年変化を除く。以下この条において同じ。）がある場合において、賃貸借が終了したときは、その損傷を原状に復する義務を負う。ただし、その損傷が賃借人の責めに帰することができない事由によるものであるときは、この限りでない。

改正条項	旧法
（賃借人の原状回復義務） 第621条　賃借人は、賃借物を受け取った後にこれに生じた損傷（通常の使用及び収益によって生じた賃借物の損耗並びに賃借物の経年変化を除く。以下この条において同じ。）がある場合において、賃貸借が終了したときは、その損傷を原状に復する義務を負う。ただし、その損傷が賃借人の責めに帰することができない事由によるものであるときは、この限りでない。	（損害賠償及び費用の償還の請求権についての期間の制限） 第621条　第600条の規定は、賃貸借について準用する。

改正条項	旧法
（使用貸借の規定の準用） 第622条　第597条第1項、第599条第1項及び第2項並びに第600条の規定は、賃貸借について準用する。	第622条　削除

改正条項	旧法
（期間満了等による使用貸借の終了） 第597条 当事者が使用貸借の期間を定めたときは、使用貸借は、その期間が満了することによって終了する。 2 当事者が使用貸借の期間を定めなかった場合において、使用及び収益の目的を定めたときは、使用貸借は、借主がその目的に従い使用及び収益を終えることによって終了する。 3 使用貸借は、借主の死亡によって終了する。　←（旧599条から）	（借用物の返還の時期） 第597条 借主は、契約に定めた時期に、借用物の返還をしなければならない。 2 当事者が返還の時期を定めなかったときは、借主は、契約に定めた目的に従い使用及び収益を終わった時に、返還をしなければならない。ただし、その使用及び収益を終わる前であっても、使用及び収益をするのに足りる期間を経過したときは、貸主は、直ちに返還を請求することができる。 3 当事者が返還の時期並びに使用及び収益の目的を定めなかったときは、貸主は、いつでも返還を請求することができる。

改正条項	旧法
（借主による収去等） 第599条 借主は、借用物を受け取った後にこれに附属させた物がある場合において、使用貸借が終了したときは、その附属させた物を収去する義務を負う。ただし、借用物から分離することができない物又は分離するのに過分の費用を要する物については、この限りでない。 2 借主は、借用物を受け取った後にこれに附属させた物を収去することができる。 3 借主は、借用物を受け取った後にこれに生じた損傷がある場合において、使用貸借が終了したときは、その損傷を原状	（新設）

に復する義務を負う。ただし、その損傷が
借主の責めに帰することができない事由
によるものであるときは、この限りでない。

155 用法違反による
損害賠償請求に関する時効の「完成猶予」

　「民法第621条が準用する同法第600条に規定する損害賠償の請求権について
は、賃貸人が返還を受けた時から1年を経過するまでの間は、時効は、完成しな
い。」と明記されます。
　賃借人の用法違反による賃貸人の損害賠償請求権の制限は、
　① 賃貸人が賃貸物の返還を受けた時から起算される1年の除斥期間
　② 賃借人が用法違反をした時から起算される10年の消滅時効
にも服するとされています。
　すなわち、長期にわたる賃貸借においては、賃借人が用法違反をした時から10
年経過してもなお、賃貸借契約が存続しており、消滅時効が完成してしまうこと
があるわけです。しかし、賃貸人は賃貸物の状況を把握することが困難なため、
賃貸人が賃借人の用法違反の事実を知らない間に消滅時効が進行し、賃貸人が賃
貸物の返還を受けた時にはすでに消滅時効が完成しているといった不都合な事態
が生じ得るので、これに対処する必要があります。
　そこで、上記事態を解消するため、賃借人の用法違反による賃貸人の損害賠償
請求権に関する消滅時効（167条1項）については、新たな停止事由を定めること
とし、1年の除斥期間内は、消滅時効が完成しないこととするものです。

改正条項	旧法
（損害賠償及び費用の償還の請求権についての期間の制限）	（損害賠償及び費用の償還の請求権についての期間の制限）
第600条　（略）	第600条　（略）
2 前項の損害賠償の請求権については、貸主が返還を受けた時から1年を経過するまでの間は、時効は、完成しない。	（新設）

36　使用貸借 $\left(\begin{array}{l}\text{部会資料16－1、16－2、45、70A・59頁以下、81－3、83－1、}\\\text{83－2、84－1、84－2、85、88－1}\end{array}\right)$

ポイント 156　使用貸借の成立の「諾成契約化」

　改正法は、「使用貸借は、当事者の一方がある物を引き渡すことを約し、相手方が受け取った物について無償で使用及び収益をして契約が終了したときに返還をすることを約することによって、その効力を生ずる。」として使用貸借を諾成契約とするものです。

　現代社会においては、「目的物の引渡し前でも、使用貸借に契約の拘束力を認める必要があるので、使用貸借を諾成契約とする必要がある。」というのが改正の理由です。

　使用貸借に基づく目的物の引渡し前に当事者の一方が破産手続開始、再生手続開始又は更生手続開始の決定を受けた場合の処理に関しては、特段の規定を設けずに破産法53条、民事再生法49条、会社更生法61条の解釈に委ねることとしています。

【コメント】

　この点に関し、法務当局解説要旨は、「使用貸借が要物契約とされている理由は、専らローマ法時代からの沿革によるものであるとか、無償契約としての恩恵的な性格を有するためであるなどと説明されている。従来、使用貸借は、親族等の情義的な関係によるものが多かったと考えられるが、現代社会においては、そのような情義的な関係によるものだけではなく、経済的な取引の一環として行われることも多くなっており、目的物が引き渡されるまで契約上の義務が生じないのでは取引の安全が害されてしまう。

　また、民法制定時に比べ、全国にわたる転勤や海外転勤が増えている現代社会においては、たとえば、会社員が勤務会社との間で使用貸借として住宅を無償で借りる約束をして遠方へ転勤したところ、勤務会社が住宅を提供しなかったという事案において、使用貸借は要物契約であることから勤務会社には無償で貸す債務が生じないという不合理な結論が生じてしまう。

　以上から、現代社会においては、目的物の引渡し前でも、使用貸借に契約の拘束力を認める必要があるので、使用貸借を諾成契約とする必要があ

る。なお、諾成契約としての使用貸借については、現行民法下においても有効と解されているが、民法第593条は強行法規であるとして諾成契約としての使用貸借を否定する学説も存在するので、使用貸借を諾成契約として明文化することは、解釈上の疑義を解消するという意味もある。

また、今般の民法改正では、要物契約である消費貸借についても諾成契約に改正する予定であるので、使用貸借を諾成契約とすることは、消費貸借との平仄も合ったものになる。」としています。（部会資料70A、59頁）

改正条項	旧法
（使用貸借） 第593条　使用貸借は、当事者の一方がある物を引き渡すことを約し、相手方がその受け取った物について無償で使用及び収益をして契約が終了したときに返還をすることを約することによって、その効力を生ずる。	（使用貸借） 第593条　使用貸借は、当事者の一方が無償で使用及び収益をした後に返還をすることを約して相手方からある物を受け取ることによって、その効力を生ずる。
（借用物受取り前の貸主による使用貸借の解除） 第593条の2　貸主は、借主が借用物を受け取るまで、契約の解除をすることができる。ただし、書面による使用貸借については、この限りでない。	（新設）

ポイント 157　使用貸借の終了時期の明確化

（部会資料81−3、16頁・83−2、46頁）

使用貸借の終了時期が明確化されます。
① 当事者が使用貸借の期間を定めたときは、使用貸借は、その期間が満了することによって終了する（新法597条1項）。

② 当事者が使用貸借の期間を定めなかった場合において、使用及び収益の目
　　的を定めたときは、使用貸借は、借主がその目的に従い使用及び収益を終
　　えることによって終了する（2項）。

③ 使用貸借は、借主の死亡によって終了する（3項）。

と規定しています。

改正条項	旧法
（期間満了等による使用貸借の終了） 第597条　当事者が使用貸借の期間を定めたときは、使用貸借は、その期間が満了することによって終了する。 2　当事者が使用貸借の期間を定めなかった場合において、使用及び収益の目的を定めたときは、使用貸借は、借主がその目的に従い使用及び収益を終えることによって終了する。	（借用物の返還の時期） 第597条　借主は、契約に定めた時期に、借用物の返還をしなければならない。 2　当事者が返還の時期を定めなかったときは、借主は、契約に定めた目的に従い使用及び収益を終わった時に、返還をしなければならない。ただし、その使用及び収益を終わる前であっても、使用及び収益をするのに足りる期間を経過したときは、貸主は、直ちに返還を請求することができる。
3　使用貸借は、借主の死亡によって終了する。　←（旧599条から）	3　当事者が返還の時期並びに使用及び収益の目的を定めなかったときは、貸主は、いつでも返還を請求することができる。

ポイント 158　使用貸借の「解除」

（部会資料81－3、16頁・83－2、46頁）

　改正法は、使用貸借の終了の場面の規律を契約の当然終了と契約の解除の場面
に分けて提示するのが適当であるとし、解除について

① 貸主は、借主が借用物を受け取るまで、契約の解除をすることができる。
　　ただし、書面による使用貸借については、この限りでない（新法593条の2）。

② （当事者が使用貸借の期間を定めなかった場合において、使用及び収益の目
　　的を定めた場合）において、その目的に従い借主が使用及び収益をするのに足

りる期間を経過したときは、契約を解除することができる（新法593条1項）。

③ 当事者が使用貸借の期間並びに使用及び収益の目的を定めなかったときは、貸主は、いつでも契約の解除をすることができる（2項）。

④ 借主は、いつでも契約の解除をすることができる。

と規定しています（3項）。

改正条項	旧法
（使用貸借の解除） 第598条　貸主は、前条第2項に規定する場合において、同項の目的に従い借主が使用及び収益をするのに足りる期間を経過したときは、契約の解除をすることができる。 2 当事者が使用貸借の期間並びに使用及び収益の目的を定めなかったときは、貸主は、いつでも契約の解除をすることができる。 3 借主は、いつでも契約の解除をすることができる。 改正法599条へ	（新設） （借主による収去） 第598条　借主は、借用物を原状に復して、これに附属させた物を収去することができる。

改正条項	旧法
（借用物受取り前の貸主による使用貸借の解除） 第593条の2　貸主は、借主が借用物を受け取るまで、契約の解除をすることができる。ただし、書面による使用貸借については、この限りでない。	（新設）

ポイント 159 使用貸借終了後の収去義務及び 原状回復義務の明文化 （部会資料70A、63頁）

(1) 使用貸借終了後の収去義務及び原状回復義務の明文化が図られます。

① 借主は、借用物を受け取った後にこれに附属させた物がある場合において、使用貸借が終了したときは、その附属させた物を収去する義務を負う。ただし、借用物から分離することができない物又は分離するのに過分の費用を要する物については、この限りでない（新法599条1項）。

② 借主は、借用物を受け取った後にこれに附属させた物を収去することができる（2項）。

③ 借主は、借用物を受け取った後にこれに生じた損傷がある場合において、使用貸借が終了したときは、その損傷を原状に復する義務を負う。ただし、その損傷が借主の責めに帰することができない事由によるものであるときは、この限りでない（3項）。

(2) 収去義務が及ぶ附属物の範囲

収去義務が及ぶ附属物の範囲については、つぎのとおりです。

① 誰の所有物が附属されたかにかかわりなく、借主が目的物を受け取った後にこれに附属された物については、借主が収去義務を負う（新法599条1項）。

② 附属物を分離することができない場合や、附属物の分離に過分の費用を要する場合（壁に塗られたペンキや、壁紙・障子紙など）については、借主は収去義務を負わない（2項）。

(3) 使用貸借と通常損耗

使用貸借の場合、賃貸借の場合とは異なり、通常損耗の回復が原状回復義務に含まれるかどうかについては、個々の使用貸借契約の趣旨によってさまざまであると考えられることから、合意がない場合を補う任意規定は置かないこととしています。

・賃貸借 ⇒ 通常損耗が生ずることを前提に減価償却費や修繕費等の必要経費を折り込まれた額の賃料の支払
賃借人が通常損耗の回復義務をも負うとすると賃借人にとって

予期しない特別の負担を課されることになることから、原則として賃借人は通常損耗の回復義務を負わないと解するべき

・使用貸借⇒　賃料支払義務がない

「無償で借りる以上は借主が通常損耗も全て回復する」という趣旨の場合がある一方、「無償で貸すということは貸主がそれによって生じた通常損耗も全て甘受する」という趣旨であることもあり、通常損耗について原状回復義務が及ぶか否かは、個々の使用貸借契約の趣旨によってさまざまである。

改正条項	旧法
(借主による収去等) 第599条　借主は、借用物を受け取った後にこれに附属させた物がある場合において、使用貸借が終了したときは、その附属させた物を収去する義務を負う。ただし、借用物から分離することができない物又は分離するのに過分の費用を要する物については、この限りでない。 2 借主は、借用物を受け取った後にこれに附属させた物を収去することができる。 3 借主は、借用物を受け取った後にこれに生じた損傷がある場合において、使用貸借が終了したときは、その損傷を原状に復する義務を負う。ただし、その損傷が借主の責めに帰することができない事由によるものであるときは、この限りでない。	(新設)
改正法599条の上書きにより削除。 →597条3項へ	(借主の死亡による使用貸借の終了) 第599条　使用貸借は、借主の死亡によって、その効力を失う。

ポイント 160　用法違反による損害賠償請求に関する時効の「完成猶予」（部会資料70A、66頁）

　旧法600条は、「契約の本旨に反する使用又は収益によって生じた損害の賠償及び借主が支出した費用の償還は、貸主が返還を受けた時から1年以内に請求しなければならない。」と規定しています。

　ところで、今般の改正で消滅時効制度の見直しがなされ、債権者が「権利を行使できることを知った時」という主観的な時効期間の起算点が導入される一方、貸主が借主の用法違反により損害賠償請求権を行使できることを知らなかったとしても、実際に用法違反による損害が生じて損害賠償請求権を行使できる時から10年間を経過すれば消滅時効が完成してしまうことになります（167条第1項）。

　そこで、法改正600条2項では、「前項（法第600条1項）の損害賠償の請求権については、貸主が返還を受けた時から1年を経過するまでの間は、時効は、完成しない。」と規定しています。

改正条項	旧法
（損害賠償及び費用の償還の請求権についての期間の制限） 第600条　（略）	（損害賠償及び費用の償還の請求権についての期間の制限） 第600条　契約の本旨に反する使用又は収益によって生じた損害の賠償及び借主が支出した費用の償還は、貸主が返還を受けた時から1年以内に請求しなければならない。 （新設）
2 前項の損害賠償の請求権については、貸主が返還を受けた時から1年を経過するまでの間は、時効は、完成しない。	

37 請 負 （部会資料17—1、17—2、46、72A、75A、81-3、82-2、83-1、83-2、84-1、84-2、84-3、85、88-1、88-2）

ポイント 161 仕事を完成することができなくなった場合等の「報酬請求権」(改正法第634条関係)

（部会資料83-2、47頁・81-3、18頁・72A第1.1(3)）

　新法では、次に掲げる場合において、「請負人がすでにした仕事の結果のうち可分な部分の給付によって注文者が利益を受けるときは、その部分を仕事の完成とみなす。この場合において、請負人は、注文者が受ける利益の割合に応じて報酬を請求することができる。」と規定されています。

　① 注文者の責めに帰することができない事由によって仕事を完成することができなくなったとき。

　② 請負が仕事の完成前に解除されたとき。

　「注文者の責めに帰することができない事由によって仕事を完成することができなくなった場合」とは、当事者双方の責めに帰することができない事由によって履行不能となった場合及び請負人の責めに帰すべき事由によって履行不能となった場合を指します。

【コメント】

　部会資料72Aでは、民法第642条第1項と同様に、請負人が「すでにした仕事の報酬及びその中に含まれていない費用」を請求することができることとしていましたが、同項は、旧法が制定された当時、破産手続開始による解除の場合の損害賠償請求が認められていなかったため、請負人を保護する観点から、性質上は損害となるべきもののうちすでに支出した費用の償還請求を認めたものであると考えられています。

　そうすると、費用は他の規定（同法第641条、第415条など）により損害賠償として請求することができ、改正法の規律においては報酬の請求のみを認めれば足りると考えられるので、改正法では、部会資料72A第1、1(1)及び(3)の「及びその中に含まれていない費用」という文言は削除されました（部会資料81-3、18頁）。

改正条項	旧法
(注文者が受ける利益の割合に応じた報酬) 第634条　次に掲げる場合において、請負人がすでにした仕事の結果のうち可分な部分の給付によって注文者が利益を受けるときは、その部分を仕事の完成とみなす。この場合において、請負人は、注文者が受ける利益の割合に応じて報酬を請求することができる。 ①　注文者の責めに帰することができない事由によって仕事を完成することができなくなったとき。 ②　請負が仕事の完成前に解除されたとき。	(新設)
改正法634条の上書きにより削除。 →636条（請負人の担保責任の制限）へ	(請負人の担保責任) 第634条　仕事の目的物に瑕疵があるときは、注文者は、請負人に対し、相当の期間を定めて、その瑕疵の修補を請求することができる。ただし、瑕疵が重要でない場合において、その修補に過分の費用を要するときは、この限りでない。 2 注文者は、瑕疵の修補に代えて、又はその修補とともに、損害賠償の請求をすることができる。この場合においては、第533条の規定を準用する。

ポイント 162 「仕事の目的物が契約の内容に適合しない場合」の請負人の責任

（部会資料88−2、7頁・84−3、16頁・81−3、18頁）

　売買契約に関する契約不適合責任の規定を請負契約を含む有償双務契約の包括的な規定として準用することを理由として、旧法634条、635条は削除するとされています。

　この結果、建築請負契約についても契約の解除が認められるわけですが、その理由は、契約の解除を認めないのは、現在では現実的でなく、また、注文者に酷な結果となるし、さらに、解除を認める方が、建築請負の目的物に重大な瑕疵があるために建て替えざるを得ない場合には、注文者は建替費用相当額の損害賠償を請求することができるとした最高裁判決（最判平成14年9月24日判時1801号77頁）の趣旨にも合致するためと説明されています。

（参考）

旧法634条（請負人の担保責任）

1　仕事の目的物に瑕疵があるときは、注文者は、請負人に対し、相当の期間を定めて、その瑕疵の修補を請求することができる。ただし、瑕疵が重要でない場合において、その修補に過分の費用を要するときは、この限りでない。

2　注文者は、瑕疵の修補に代えて、又はその修補とともに、損害賠償の請求をすることができる。この場合においては、第533条の規定を準用する。

旧法635条

仕事の目的物に瑕疵があり、そのために契約をした目的を達することができないときは、注文者は、契約の解除をすることができる。ただし、建物その他の土地の工作物については、この限りでない。

　634条、635条の削除にともない請負人の担保責任に関する規定の不適用に関する旧法636条は、「請負人が種類又は品質に関して契約の内容に適合しない仕

事の目的物を注文者に引き渡したとき（その引渡しを要しない場合にあっては、仕事が終了した時に仕事の目的物が種類又は品質に関して契約の内容に適合しないとき）は、注文者は、注文者の供した材料の性質又は注文者の与えた指図によって生じた不適合を理由とする履行の追完の請求、報酬の減額の請求、損害賠償の請求及び契約の解除をすることができない。

　ただし、請負人がその材料又は指図が不適当であることを知りながら告げなかったときは、この限りでない。」と改訂されました。

改正条項	旧法
改正法634条の上書きにより削除。 請負人の担保責任は、民法559条で売買の「契約不適合責任」規定を準用することで処理。	(請負人の担保責任) 第634条　仕事の目的物に瑕疵があるときは、注文者は、請負人に対し、相当の期間を定めて、その瑕疵の修補を請求することができる。ただし、瑕疵が重要でない場合において、その修補に過分の費用を要するときは、この限りでない。 2 注文者は、瑕疵の修補に代えて、又はその修補とともに、損害賠償の請求をすることができる。この場合においては、第533条の規定を準用する。

改正条項	旧法
第635条　削除	第635条　仕事の目的物に瑕疵があり、そのために契約をした目的を達することができないときは、注文者は、契約の解除をすることができる。ただし、建物その他の土地の工作物については、この限りでない。

改正条項	旧法
(請負人の担保責任の制限) 第636条　請負人が種類又は品質に関	(請負人の担保責任に関する規定の不適用)

して契約の内容に適合しない仕事の目的物を注文者に引き渡したとき（その引渡しを要しない場合にあっては、仕事が終了した時に仕事の目的物が種類又は品質に関して契約の内容に適合しないとき）は、注文者は、注文者の供した材料の性質又は注文者の与えた指図によって生じた不適合を理由として、履行の追完の請求、報酬の減額の請求、損害賠償の請求及び契約の解除をすることができない。ただし、請負人がその材料又は指図が不適当であることを知りながら告げなかったときは、この限りでない。

第636条　前2条の規定は、仕事の目的物の瑕疵が注文者の供した材料の性質又は注文者の与えた指図によって生じたときは、適用しない。ただし、請負人がその材料又は指図が不適当であることを知りながら告げなかったときは、この限りでない。

ポイント 163 仕事の目的物が契約の内容に適合しない場合の注文者の権利の期間制限の改訂（民法第637条関係）

（部会資料75A、37頁、83-2、48頁）

　注文者がその不適合を知った時から1年以内にその旨を請負人に通知しないときは、注文者は、その不適合を理由とする履行の追完の請求、報酬の減額の請求、損害賠償の請求及び契約の解除をすることができないとされました。請負人の責任は、事実上かなり重くなります。

　なお、注文者が請負人に対し目的物が契約の趣旨に適合しない旨を通知しさえすれば、請負人は適宜の対策を講ずることができ、履行が終了したとの請負人の信頼を保護し、長期間の経過により瑕疵の判定が困難となることを回避するという同条の趣旨を達成することはできると考えられることから、裁判外の権利行使に代えて、不適合があることの通知で足りるとすべきであると説明されています（部会資料75A、37頁）。ただし、不適合を知った時から5年以内に権利行使をしないと時効にかかることになります。

改正条項	旧法
（目的物の種類又は品質に関する担保責任の期間の制限） 第637条　前条本文に規定する場合において、注文者がその不適合を知った時から1年以内にその旨を請負人に通知しないときは、注文者は、その不適合を理由として、履行の追完の請求、報酬の減額の請求、損害賠償の請求及び契約の解除をすることができない。 2 前項の規定は、仕事の目的物を注文者に引き渡した時（その引渡しを要しない場合にあっては、仕事が終了した時）において、請負人が同項の不適合を知り、又は重大な過失によって知らなかったときは、適用しない。	（請負人の担保責任の存続期間） 第637条　前3条の規定による瑕疵の修補又は損害賠償の請求及び契約の解除は、仕事の目的物を引き渡した時から1年以内にしなければならない。 2 仕事の目的物の引渡しを要しない場合には、前項の期間は、仕事が終了した時から起算する。

ポイント 164　旧民法639条、同640条の削除

　契約不適合責任の期間については売買と同様になります。

　売買の規定と平仄を合わせる趣旨で、売買に規定のない「第637条及び前条第1項の期間は、第167条の規定による消滅時効の期間内に限り、契約で伸長することができる。」（旧法第639条（担保責任の存続期間の伸長））は削除されました。また、新法599条2より572条は請負にも準用されるので、同趣旨の「請負人は、第634条又は第635条の規定による担保の責任を負わない旨の特約をしたときであっても、知りながら告げなかった事実については、その責任を免れることができない。」（旧法第640条（担保責任を負わない旨の特約））の規定は削除されました（部会資料84-3、16頁以下）。

改正条項	旧法
（略）	（有償契約への準用） 第559条　この節の規定は、売買以外の有償契約について準用する。ただし、その有償契約の性質がこれを許さないときは、この限りでない。

改正条項	旧法
（担保責任を負わない旨の特約） 第572条　売主は、第562条第1項本文又は第565条に規定する場合における担保の責任を負わない旨の特約をしたときであっても、知りながら告げなかった事実及び自ら第三者のために設定し又は第三者に譲り渡した権利については、その責任を免れることができない。	（担保責任を負わない旨の特約） 第572条　売主は、第560条から前条までの規定による担保の責任を負わない旨の特約をしたときであっても、知りながら告げなかった事実及び自ら第三者のために設定し又は第三者に譲り渡した権利については、その責任を免れることができない。

ポイント 165　仕事の目的物である土地工作物が契約の内容に適合しない場合の請負人の責任の存続期間

　仕事の目的物である土地工作物が契約の内容に適合しない場合の請負人の責任の存続期間（旧法638条関係）を削除し、請負人の責任一般に関する637条に従い、その起算点を「不適合を知った時」とし、注文者が1年以内にその旨を請負人に通知して権利を保全すべきとしています。

【コメント】

　仕事の目的物である土地工作物が契約の内容に適合しない場合の請負人の責任の存続期間に関する旧法第638条は「建物その他の土地の工作物の請負人は、その工作物又は地盤の瑕疵について、引渡しの後5年間その担

保の責任を負う。

　ただし、この期間は、石造、土造、れんが造、コンクリート造、金属造その他これらに類する構造の工作物については、10年とする。2 工作物が前項の瑕疵によって滅失し、又は損傷したときは、注文者は、その滅失又は損傷の時から1年以内に、第634条の規定による権利を行使しなければならない。」と規定していましたが、前記のとおり、改正法では、制限期間の起算点が不適合の事実を知った時となるので、不適合の事実が注文者に明らかになっている以上、目的物が土地の工作物である場合について原則的な期間よりも長期の制限期間を設ける必要性は乏しいので（旧民法第638条第2項参照）、同条第1項は削除すべきであるとされました。

　また、旧法638条第2項は、土地の工作物が滅失などしたときは注文者にとって瑕疵の存在が明白になることから、同条第1項の期間にかかわらず、滅失等から1年以内に権利を行使しなければならないとするものでしたが、改正法の考え方を採れば、仕事の目的物が契約の趣旨に適合しない場合の注文者の権利一般について同条第2項と同様の趣旨に基づく規定が設けられることになるので、同項の規定は不要であると考えられ、旧法638条が削除されました（部会資料75Ａ、39頁参照）。なお、「権利行使」は「通知」に変更されました。

改正条項	旧法
第638条から第640条まで 削除	第638条　建物その他の土地の工作物の請負人は、その工作物又は地盤の瑕疵について、引渡しの後5年間その担保の責任を負う。ただし、この期間は、石造、土造、れんが造、コンクリート造、金属造その他これらに類する構造の工作物については、10年とする。 2 工作物が前項の瑕疵によって滅失し、又は損傷したときは、注文者は、その滅失又は損傷の時から1年以内に、第634条の規定による権利を行使しなければならない。

	（担保責任の存続期間の伸長） 第639条　第637条及び前条第1項の期間は、第167条の規定による消滅時効の期間内に限り、契約で伸長することができる。
請負にも準用される572条は同趣旨の規定内容である。←	（担保責任を負わない旨の特約） 第640条　請負人は、第634条又は第635条の規定による担保の責任を負わない旨の特約をしたときであっても、知りながら告げなかった事実については、その責任を免れることができない。

ポイント 166 注文者について 「破産手続の開始による解除」

注文者についての破産手続の開始による解除（新法642条関係）について

①注文者が破産手続開始の決定を受けたときは、破産管財人は、契約の解除をすることができる。

②①に規定する場合には、請負人は、仕事を完成しない間に限り、契約の解除をすることができる。

とし、破産管財人の解除権は従前どおり残しますが、請負人の解除権については、仕事を完成しない間に限定するとしています。

（1）破産管財人の解除権

注文者が破産手続開始の決定を受けた場合における破産管財人の解除権については旧法を変更していません。

破産管財人の解除権については、642条が破産法53条の特則であり、642条のみが適用されると解されていることから、改正法の規律と破産法53条の関係も同様に解されることになります。

契約が解除された場合には、請負人はすでにした仕事の報酬及びその中に含まれていない費用の請求権を破産債権として行使することができます（民法第642条第1項後段）。そして、すでにされた仕事の結果は注文者の破産財団に帰属すると考えられます（最判昭和53年6月23日金融法務事情875号、29頁）。

(2) 請負人の解除権

注文者についての破産手続の開始による請負人からの解除について、改正法では、「請負人は、仕事を完成しない間に限り、契約の解除をすることができる。」と規定しています。

【コメント】

その理由について、法務当局は次のように説明しています。「報酬の支払は、仕事の目的物の引渡しと同時履行の関係とされており、仕事の完成は報酬の支払に対して先履行とされている（民法第633条）。そのため、請負人は、注文者が破産手続開始の決定を受け、報酬の支払が危殆化した場合であっても、なお仕事を続け、これを完成させない限り、報酬を請求することはできないのが原則である。しかし、それでは請負人が多額の損害を受けるおそれがあることから、同法第642条第1項前段は、請負人を保護するため、破産管財人のみならず請負人にも解除権を与えている。

もっとも、民法第642条第1項前段が上記のような趣旨に基づく規定であることからすると、注文者が破産手続開始の決定を受けた時点において、仕事が既に完成している場合にまで、請負人に解除を認める必要はないと考えられる。なぜならば、仕事が既に完成し、引渡しだけが未了の場合における請負人は、もはや仕事を継続する必要はなく、上記の趣旨は妥当しないからである。また、仕事が既に完成し、引渡しだけが未了の場合は、売買契約において双方の債務の履行が未了の場合と状況が類似しているが、双方未履行の売買契約において買主が破産手続開始の決定を受けた場合には、破産法第53条第1項により買主の破産管財人にのみ解除権が認められ、売主には解除権が認められないこととの均衡からしても、仕事の完成後にまで請負人に解除権を認める必要はないと考えられる。」

そこで、改正法は、「民法第642条第1項前段の規律を改め、注文者が破産手続開始の決定を受けた場合に請負人が契約の解除をすることができる

のは、請負人が仕事を完成しない間に限るとするものである。」としています。（部会資料72A、8頁）

改正条項	旧法
（注文者についての破産手続の開始による解除） 第642条　注文者が破産手続開始の決定を受けたときは、請負人又は破産管財人は、契約の解除をすることができる。ただし、請負人による契約の解除については、仕事を完成した後は、この限りでない。 2　前項に規定する場合において、請負人は、既にした仕事の報酬及びその中に含まれていない費用について、破産財団の配当に加入することができる。 3　第1項の場合には、契約の解除によって生じた損害の賠償は、破産管財人が契約の解除をした場合における請負人に限り、請求することができる。この場合において、請負人は、その損害賠償について、破産財団の配当に加入する。	（注文者についての破産手続の開始による解除） 第642条　注文者が破産手続開始の決定を受けたときは、請負人又は破産管財人は、契約の解除をすることができる。この場合において、請負人は、既にした仕事の報酬及びその中に含まれていない費用について、破産財団の配当に加入することができる。 （新設） 2　前項の場合には、契約の解除によって生じた損害の賠償は、破産管財人が契約の解除をした場合における請負人に限り、請求することができる。この場合において、請負人は、その損害賠償について、破産財団の配当に加入する。

38　委　任　（部会資料17−1、17−2、46、47、72A、73B、81−3、83−1、83−1、83−2、84−1、84−2、84−3、85、88−1）

ポイント 167　受任者の「自己執行義務」　（部会資料72A、9頁）

　受任者の「自己執行義務」の明文化とともに、受任者が復受任者を選任する場合の要件について、104条に準じた規定を置きました。

　また、代理権を付与する委任において、受任者が代理権を有する復受任者を選任したときは、復受任者は、委任者に対して、その権限の範囲内において、受任者と同一の権利を有し、義務を負うとし、代理権の授与をともなう復受任者を選任した場合の委任者と復受任者の内部関係について、107条2項と同内容の規定が新設されました。

改正条項	旧法
（復受任者の選任等） 第644条の2　受任者は、委任者の許諾を得たとき、又はやむを得ない事由があるときでなければ、復受任者を選任することができない。 2 代理権を付与する委任において、受任者が代理権を有する復受任者を選任したときは、復受任者は、委任者に対して、その権限の範囲内において、受任者と同一の権利を有し、義務を負う。 （削除）→改正法644条の2へ	（新設） 【参考】 （復代理人を選任した代理人の責任） 第105条　代理人は、前条の規定により復代理人を選任したときは、その選任及び監督について、本人に対してその責任を負う。 2　代理人は、本人の指名に従って復代理人を選任したときは、前項の責任を負わない。ただし、その代理人が、復代理人が不適任又は不誠実であることを知りながら、その旨を本人に通知し又は復代理人を解任することを怠ったときは、この限りでない。

　改正法は、報酬に関する規律を次のように規定しています。
（1）成果報酬型委任契約の報酬の支払時期（新法648条2項関係）

　委任事務の履行により得られる成果に対して報酬を支払うことを約した場合において、その成果が引渡しを要するときは、報酬はその成果の引渡しと同時に、支払わなければならない。

（2）委任事務を処理することができなくなった場合等の報酬請求権（新法648条3項関係）

　① 受任者は、次に掲げる場合には、すでにした履行の割合に応じて報酬を請求することができる。

　　（ⅰ）委任者の責めに帰することができない事由によって委任事務の履行をすることができなくなったとき。

　　（ⅱ）委任が履行の中途で終了したとき。

　② 委任事務の履行により得られる成果に対して報酬を支払うことを約した場合についても、注文者が利益を受ける時に利益を受ける割合に応じて報酬請求を認める（新法648条の2）。

　改正法の規律はいずれも任意規定であり、当事者が異なる合意をした場合には、合意が優先することになると考えられます。すなわち、成果の完成前に報酬を支払うことを当事者が合意していた場合には、委任者はその合意に従って報酬を先払いしなければなりません。

　しかし、受任者は、成果が完成しなければ先払いされた報酬の給付を保持することができず、成果が完成しなかった場合には、給付を保持することができる部分を除き、受け取った報酬を不当利得として返還しなければならないことになります。保持することができる給付の範囲については、改定法は、割合的報酬請求が認められる場合を「委任者の責めに帰することができない事由によって委任事務の履行をすることができなくなったとき」または「委任が履行の中途で終了したとき」とし、受任者に帰責事由がある場合でも報酬請求を認める改正をしました。

改正条項	旧法
（受任者の報酬） 第648条　（略） 2（略） 3 受任者は、次に掲げる場合には、既にした履行の割合に応じて報酬を請求することができる。 ① 委任者の責めに帰することができない事由によって委任事務の履行をすることができなくなったとき。 ② 委任が履行の中途で終了したとき。	（受任者の報酬） 第648条　（略） 2（略） 3 委任が受任者の責めに帰することができない事由によって履行の中途で終了したときは、受任者は、既にした履行の割合に応じて報酬を請求することができる。

改正条項	旧法
（成果等に対する報酬） 第648条の2　委任事務の履行により得られる成果に対して報酬を支払うことを約した場合において、その成果が引渡しを要するときは、報酬は、その成果の引渡しと同時に、支払わなければならない。 2 第634条の規定は、委任事務の履行により得られる成果に対して報酬を支払うことを約した場合について準用する。	（新設） 改正法634条は、注文者が受ける利益の割合に応じた報酬に関する規定

改正条項	旧法
（注文者が受ける利益の割合に応じた報酬） 第634条　次に掲げる場合において、請負人が既にした仕事の結果のうち可分な部分の給付によって注文者が利益を受けるときは、その部分を仕事の完成とみなす。この場合において、請負人は、	（新設）

注文者が受ける利益の割合に応じて報
酬を請求することができる。
① 注文者の責めに帰することができ
ない事由によって仕事を完成することが
できなくなったとき。
② 請負が仕事の完成前に解除され
たとき。

ポイント 169　任意解除権 （部会資料81-3、21頁・83-2、48頁）

(1) 改正法は、旧法651条2項の規律を次のように改めるものとするとし、「民法
第651条第1項の規定により委任の解除をした者は、次に掲げる場合には、相手
方の損害を賠償しなければならない。ただし、やむを得ない事由があったときは、
この限りでない。

　① 相手方に不利な時期に委任を解除したとき。

　② 委任者が受任者の利益（専ら報酬を得ることによるものを除く。）をも目的
　　とする委任を解除したとき。」

と規定しています。

　委任の報酬は委任事務を処理したことの対価であって、委任事務の処理によっ
て得られる利益ではないことから、ここでいう損害には含まれないとの趣旨で報
酬を得られなくなったことが損害に含まれないことを明らかにするため、当初の
案では、「相手方の損害」に「受任者が報酬を受けることができなかったことに
よるものを除く」という文言を括弧書きで付け加えていましたが、得ることがで
きなくなった報酬が損害と認められる解釈もあり得るとの指摘も踏え、旧法651
条2項と同様に「損害」とのみ記載されました。

改正条項	旧法
（委任の解除） 第651条　（略）	（委任の解除） 第651条　委任は、各当事者がいつで もその解除をすることができる。

2 前項の規定により委任の解除をした者は、次に掲げる場合には、相手方の損害を賠償しなければならない。ただし、やむを得ない事由があったときは、この限りでない。 ① 相手方に不利な時期に委任を解除したとき。 ② 委任者が受任者の利益（専ら報酬を得ることによるものを除く。）をも目的とする委任を解除したとき。	2 当事者の一方が相手方に不利な時期に委任の解除をしたときは、その当事者の一方は、相手方の損害を賠償しなければならない。ただし、やむを得ない事由があったときは、この限りでない。

(2) 改正法の委任の規定は、遺言執行者の権利義務等に準用されています。

改正条項	旧法
（遺言執行者の権利義務） 第1012条 （略） 2 第644条、第645条から第647条まで及び第650条の規定は、遺言執行者について準用する。	（遺言執行者の権利義務） 第1012条 遺言執行者は、相続財産の管理その他遺言の執行に必要な一切の行為をする権利義務を有する。 2 第644条から第647条まで及び第650条の規定は、遺言執行者について準用する。

改正条項	旧法
（遺言執行者の復任権） 第1016条 （略） （削る）	（遺言執行者の復任権） 第1016条 遺言執行者は、やむを得ない事由がなければ、第三者にその任務を行わせることができない。ただし、遺言者がその遺言に反対の意思を表示したときは、この限りでない。 2 遺言執行者が前項ただし書の規定により第三者にその任務を行わせる場合

改正条項	旧法
	には、相続人に対して、第105条に規定する責任を負う。

改正条項	旧法
（遺言執行者の報酬） 第1018条　（略）	（遺言執行者の報酬） 第1018条　家庭裁判所は、相続財産の状況その他の事情によって遺言執行者の報酬を定めることができる。ただし、遺言者がその遺言に報酬を定めたときは、この限りでない
2　第648条第2項及び第3項並びに第648条の2の規定は、遺言執行者が報酬を受けるべき場合について準用する。	2　第648条第2項及び第3項の規定は、遺言執行者が報酬を受けるべき場合について準用する。

（遺言執行者の復任権及び報酬に関する経過措置）
附則第36条　施行日前に遺言執行者となった者の旧法第1016条第2項において準用する旧法第105条に規定する責任については、なお従前の例による。
2　施行日前に遺言執行者となった者の報酬については、新法第1018条第2項において準用する新法第648条第3項及び第648条の2の規定にかかわらず、なお従前の例による。

39　雇　用　（部会資料73A、81−3、82−2、83−1、83−2、84−1、84−2、85、88−1）

ポイント 170　労働に従事できなくなった場合等の報酬請求の新設（改正法第624条の2）
（部会資料83−2、49頁・81−3、22頁・73A、1頁）

次の規律が新設されます（624条の2）。
労働者は、次に掲げる場合には、すでにした履行の割合に応じて報酬を請求す

ることができる。
　①使用者の責めに帰することができない事由によって労働に従事することがで
　　きなくなったとき（1号）。
　②雇用が履行の中途で終了したとき（2号）。

　1号の「使用者の責めに帰することができない事由によって労働に従事することができなくなったとき」とは、当事者双方の責めに帰することができない事由によって履行不能となった場合及び労働者の責めに帰すべき事由によって履行不能となった場合を指します。
　また、2号の「雇用が履行の中途で終了したとき」とは、契約期間の満了及び契約で定められた労務が終了した場合を除く原因によって雇用が終了した場合を指します。具体的には、雇用が解除された場合や、労働者の死亡によって雇用が中途で終了した場合などがこれにあたると考えられます。
　以上のような規定は、従前ありませんでしたが、ほとんどの企業では、就業規則で労働者が月の途中で退職した場合について月の賃料を日割り計算する旨の規定をおいているので、上記規律の新設によっても実務への影響は少ないと思います。

改正条項	旧法
（履行の割合に応じた報酬） 第624条の2　労働者は、次に掲げる場合には、既にした履行の割合に応じて報酬を請求することができる。 ①　使用者の責めに帰することができない事由によって労働に従事することができなくなったとき。 ②　雇用が履行の中途で終了したとき。	（新設）

労働者を長期間拘束する規定からの開放（改正法第626条）(部会資料73A、3頁)

　改正法は、時代にそぐわない旧法626条ただし書を削除し、労働者からの申入れの予告期間を2週間に短縮することによって、長期契約から労働者の拘束を弱めようとしています。

①　雇用の期間が5年を超え、又はその終期が不確定であるときは、当事者の一方は、5年を経過した後、いつでも契約の解除をすることができる。

②　①の規定により契約の解除をしようとする者は、それが使用者であるときは3箇月前、労働者であるときは2週間前に、その予告をしなければならない

と規定しています。

　労働基準法では5年を超える労働契約が可能なのは、「一定の事業の完了に必要な期間を定める」契約（労基法14条1項）および家事使用人との契約（労基法116条）などに限られますが、前者の場合でも、改正法では、5年経過後は、2週間の予告期間をおけば労働者はやむを得ない事由（民法628条、労基法137条）がなくても退職し得ることになります。

改正条項	旧法
（期間の定めのある雇用の解除） 第626条　雇用の期間が5年を超え、又はその終期が不確定であるときは、当事者の一方は、5年を経過した後、いつでも契約の解除をすることができる。 2　前項の規定により契約の解除をしようとする者は、それが使用者であるときは3箇月前、労働者であるときは2週間前に、その予告をしなければならない。	（期間の定めのある雇用の解除） 第626条　雇用の期間が5年を超え、又は雇用が当事者の一方若しくは第三者の終身の間継続すべきときは、当事者の一方は、5年を経過した後、いつでも契約の解除をすることができる。ただし、この期間は、商工業の見習を目的とする雇用については、10年とする。 2　前項の規定により契約の解除をしようとするときは、3箇月前にその予告をしなければならない。

ポイント 172　民法627条2項及び3項の改正

(部会資料73A、6頁)

　労働者は、期間をもって報酬が定められている場合であっても、2週間の予告期間を置けば辞職し得るとするものです。

　旧法627条では、労使いずれからの申入れであっても、当事者が雇用の期間を定めなかったときは

① 各当事者は、いつでも解約の申入れをすることができる（新法627条1項）。

② 期間によって報酬を定めた場合には、解約の申入れは、次期以後についてすることができる（2項）。

③ 6箇月以上の期間によって報酬を定めた場合には、前項の解約の申入れは、3箇月前にしなければならない（3項）。

旨を規定していましたが、改正法では、②と③につき、労働者からの申入れの場合は、それらの規制外とするものです。

改正条項	旧法
（期間の定めのない雇用の解約の申入れ） 第627条　（略）	（期間の定めのない雇用の解約の申入れ） 第627条　当事者が雇用の期間を定めなかったときは、各当事者は、いつでも解約の申入れをすることができる。この場合において、雇用は、解約の申入れの日から2週間を経過することによって終了する。
2　期間によって報酬を定めた場合には、<u>使用者からの</u>解約の申入れは、次期以後についてすることができる。ただし、その解約の申入れは、当期の前半にしなければならない。 3　（略）	2　期間によって報酬を定めた場合には、解約の申入れは、次期以後についてすることができる。ただし、その解約の申入れは、当期の前半にしなければならない。 3　6箇月以上の期間によって報酬を定めた場合には、前項の解約の申入れは、3箇月前にしなければならない。

40　寄　託 （部会資料73A、73B、75B、81-3、83-1、83-2、84-1、84-2、84-3、85、88-1）

ポイント 173　寄託契約の成立の「諾成契約化」（要物性の見直し）

　「寄託は、当事者の一方が相手方のためにある物を保管することを約し、相手方がこれを承諾することによって、その効力を生ずる」とし、寄託を要物契約とする旧民法の規定を見直すものです。

　寄託は、ローマ法以来、受寄者が寄託者のために寄託物を受け取ることによって初めて成立する要物契約であるとされていましたが（新法657条）今日では合理的な理由は見出せないといわれていわれています。このため、通説は、契約自由の原則から、諾成的な寄託契約の効力を認めており、実務上も、倉庫寄託契約を中心に、諾成的な寄託契約が広く用いられています。

改正条項	旧法
（寄託） 第657条　寄託は、当事者の一方が<u>ある物を保管することを相手方に委託し、相手方がこれを承諾することによって</u>、その効力を生ずる。	（寄託） 第657条　寄託は、当事者の一方が<u>相手方のために保管をすることを約してある物を受け取ることによって</u>、その効力を生ずる。

ポイント 174　受寄者の解除権（改正法657条の2第1項）

　寄託者は、受寄者が寄託物を受け取るまで、契約の解除をすることができるとしました。

　この場合において、受寄者は、その契約の解除によって損害を受けたときは、寄託者に対し、その賠償を請求できます。これは、寄託の利益は寄託者にあると解されることから、寄託者において寄託する必要がなくなった場合にまで、寄託させる義務を負わせるべきではないからであるとされています。もっとも、この場合にも、寄託者は無条件で解除をすることができるわけではなく、受寄者に損

害が生ずる場合には賠償しなければならないとしたわけです。

ポイント 175 無償寄託における受寄者の解除権

改正法は、無報酬の受寄者は、寄託物を受け取るまで、契約の解除をすることができる。ただし、書面による寄託については、この限りでない。との規律を設けています。

これは、契約自由の原則から、無償寄託であっても諾成契約の効力を否定する必要はないと考えられる一方で、受寄者にも解除権を与えることによって、受寄者の保護を図るものです。もっとも、書面による場合には、軽率に無償寄託がされることを防止し、受寄者の意思を明確化することによって後日の紛争の防止を図ることができるので、受寄者に解除権を認めないこととしたものです。これは、使用貸借を諾成契約化する場合における規律との整合性も考慮したものです。

ポイント 176 無償寄託の注意義務

「寄託を受けた者」を「受寄者」とする改正をしています。

改正条項	旧法
（無報酬の受寄者の注意義務） 第659条　無報酬の受寄者は、自己の財産に対するのと同一の注意をもって、寄託物を保管する義務を負う。	（無償受寄者の注意義務） 第659条　無償で寄託を受けた者は、自己の財産に対するのと同一の注意をもって、寄託物を保管する義務を負う。

ポイント 177 寄託物が引き渡されない場合における受寄者の解除権

改正法では、受寄者（無報酬で寄託を受けた場合にあっては、書面による寄託の受寄者に限る。）が、寄託物を受け取るべき時期を経過したにもかかわらず、

寄託者が寄託物を引き渡さない場合において、相当の期間を定めてその引渡しの催告をし、その期間内に引渡しがないときは、契約の解除をすることができる旨の規定を設けています。

　従来、否定的な考え方が多かったところですが、この場合に受寄者に解除権を認めないとすると、寄託者が寄託物を引き渡さず、解除もしない場合に、受寄者がいつまでも契約に拘束されることになるという問題があると指摘されていたことから、改正法は上記の規律を新設することとしたものです。

改正条項	旧法
（寄託物受取り前の寄託者による寄託の解除等） 第657条の2　寄託者は、受寄者が寄託物を受け取るまで、契約の解除をすることができる。この場合において、受寄者は、その契約の解除によって損害を受けたときは、寄託者に対し、その賠償を請求することができる。 2 無報酬の受寄者は、寄託物を受け取るまで、契約の解除をすることができる。ただし、書面による寄託については、この限りでない。 3 受寄者（無報酬で寄託を受けた場合にあっては、書面による寄託の受寄者に限る。）は、寄託物を受け取るべき時期を経過したにもかかわらず、寄託者が寄託物を引き渡さない場合において、相当の期間を定めてその引渡しの催告をし、その期間内に引渡しがないときは、契約の解除をすることができる。	（新設）

 **178** 受寄者の「自己執行義務」の柔軟性等

　改正法では、受寄者による再受託者の選任を柔軟にするため、受寄者は、「寄託者の承諾を得たとき」に加え、「やむを得ない事由があるとき」にも選任できることとするとする一方で、再寄託時の受寄者の責任を旧法の再受寄者の選任・監督責任から、旧法658条2項における105条（選任・監督義務）を準用する部分を削除し、再寄託がされた場合における受寄者の責任について、履行を補助する第三者の行為に基づく責任に関する一般原則に委ねることとしています。

改正条項	旧法
（寄託物の使用及び第三者による保管） 第658条　受寄者は、寄託者の承諾を得なければ、寄託物を<u>使用する</u>ことができない。 2　受寄者は、寄託者の承諾を得たとき、又はやむを得ない事由があるときでなければ、寄託物を第三者に保管させることができない。 3　再受寄者は、寄託者に対して、その権限の範囲内において、受寄者と同一の権利を有し、義務を負う。	（寄託物の使用及び第三者による保管） 第658条　受寄者は、寄託者の承諾を得なければ、寄託物を<u>使用し、又は第三者</u>にこれを保管させることができない。 2　第105条及び第107条第2項の規定は、受寄者が第三者に寄託物を保管させることができる場合について準用する。 （新設）

179 寄託物についての第三者の権利主張
（改正法第660条関係）

　改正法は、寄託物について権利を主張する第三者が受寄者に対し訴え提起、差押え等の法的措置をとった場合には、寄託者がすでにこれを知っている場合を除き、遅滞なくその事実を寄託者に通知しなければならないとしています。

　また、寄託物についての第三者が権利主張をしている場合であっても、受寄者は、寄託者の指図がない限り、寄託者に対しその寄託物を返還しなければならな

いとしています。ただし、受寄者が上記の通知をした場合又は受寄者が訴え提起を知っているためにその通知を要しない場合において、その寄託物をその第三者に引き渡すべき旨を命ずる確定判決等があったときで、それに基づき第三者にその寄託物を引き渡したときを除きます。

　また、受寄者は、寄託者に対して寄託物を返還しなければならない場合には、寄託者にその寄託物を引き渡したことによって第三者に損害が生じたときであっても、その賠償の責任を負わないとされています。

改正条項	旧法
(受寄者の通知義務等) 第660条　寄託物について権利を主張する第三者が受寄者に対して訴えを提起し、又は差押え、仮差押え若しくは仮処分をしたときは、受寄者は、遅滞なくその事実を寄託者に通知しなければならない。ただし、寄託者が既にこれを知っているときは、この限りでない。	(受寄者の通知義務) 第660条　寄託物について権利を主張する第三者が受寄者に対して訴えを提起し、又は差押え、仮差押え若しくは仮処分をしたときは、受寄者は、遅滞なくその事実を寄託者に通知しなければならない。
2　第三者が寄託物について権利を主張する場合であっても、受寄者は、寄託者の指図がない限り、寄託者に対しその寄託物を返還しなければならない。ただし、受寄者が前項の通知をした場合又は同項ただし書の規定によりその通知を要しない場合において、その寄託物をその第三者に引き渡すべき旨を命ずる確定判決(確定判決と同一の効力を有するものを含む。)があったときであって、その第三者にその寄託物を引き渡したときは、この限りでない。	(新設)
3　受寄者は、前項の規定により寄託者に対して寄託物を返還しなければならない場合には、寄託者にその寄託物を	(新設)

引き渡したことによって第三者に損害が
生じたときであっても、その賠償の責任
を負わない。

ポイント 180　寄託物の一部滅失又は損傷の場合における寄託者の損害賠償請求権及び受寄者の費用償還請求権の時効の「完成猶予」

　改正法は、債権債務関係の早期処理を実現しようとする600条及びこれを準用する621条の趣旨は寄託にも妥当することから、①返還された寄託物の一部滅失・損傷の場合における寄託者の損害賠償請求と、②受寄者が支出した費用の償還請求の請求期限を同じく1年の除斥期間に制限することとしています。

　また、③寄託中に10年間の消滅時効が先に完成する可能性があることを考慮し、寄託物返還後から1年を経過するまで消滅時効は完成しないものとしています。

改正条項	旧法
（損害賠償及び費用の償還の請求権についての期間の制限） 第664条の2　寄託物の一部滅失又は損傷によって生じた損害の賠償及び受寄者が支出した費用の償還は、寄託者が返還を受けた時から1年以内に請求しなければならない。 2 前項の損害賠償の請求権については、寄託者が返還を受けた時から1年を経過するまでの間は、時効は、完成しない。	（新設）

寄託者による返還請求
（改正法第662条関係）

　当事者が寄託物の返還の時期を定めたときであっても、寄託者は、いつでもその返還を請求することができますが（旧法662条と同文）、改正法では、これにより、受寄者に損害が生じた場合には、寄託者に賠償義務が生じるとしています。

改正条項	旧法
（寄託者による返還請求等） 第662条　（略） 2 前項に規定する場合において、受寄者は、寄託者がその時期の前に返還を請求したことによって損害を受けたときは、寄託者に対し、その賠償を請求することができる。	（寄託者による返還請求） 第662条　当事者が寄託物の返還の時期を定めたときであっても、寄託者は、いつでもその返還を請求することができる。 （新設）

「混合寄託契約」の明文化
（改正法665条の2関係）

　改正法では、倉庫寄託を中心に利用されているいわゆる混合寄託について次のような一般的理解について規律を設けています。
　①複数の者が寄託した物の種類及び品質が同一である場合には、受寄者は、各寄託者の承諾を得たときに限り、これらを混合して保管することができる。
　②①の規定に基づき受寄者が複数の寄託者からの寄託物を混合して保管したときは、寄託者は、その寄託した物と同じ数量の物の返還を請求することができる。
　③②に規定する場合において、寄託物の一部が滅失したときは、寄託者は、混合して保管されている総寄託物に対するその寄託した物の割合に応じた数

量の物の返還を請求することができる。この場合においては、損害賠償の請求を妨げない。

　なお、混合寄託は、受寄者が寄託物の処分権を取得しない点で消費寄託（新法666条）とは異なります。

改正条項	旧法
（混合寄託） 第665条の2　複数の者が寄託した物の種類及び品質が同一である場合には、受寄者は、各寄託者の承諾を得たときに限り、これらを混合して保管することができる。 2 前項の規定に基づき受寄者が複数の寄託者からの寄託物を混合して保管したときは、寄託者は、その寄託した物と同じ数量の物の返還を請求することができる。 3 前項に規定する場合において、寄託物の一部が滅失したときは、寄託者は、混合して保管されている総寄託物に対するその寄託した物の割合に応じた数量の物の返還を請求することができる。この場合においては、損害賠償の請求を妨げない。	（新設）

ポイント 183 消費寄託（改正法第666条関係）

(1) 消費寄託契約の性質（部会資料75B、23頁・81-3、25頁）

　改正法は、受寄者が寄託物の処分権を取得する消費寄託（新法666条）については、原則として寄託の規定を適用するとしたうえで、消費寄託と消費貸借は寄託物及び目的物の処分権が移転する点で共通することから、その限度で消費貸借

の規律を準用することとしています。

　また、預貯金契約については、その実態を考慮し、寄託物の返還に関する旧法の規律を維持する趣旨で、新法591条2項を準用することで、663条2項の適用を排除し、受寄者が寄託物をいつでも返還することができる旨の特則を設けることとしています。

(2) 預貯金契約の特則

　預貯金契約について「受寄者が、寄託物をいつでも返還することができる旨の特則」を設ける理由は、以下のように考えられています。

　すなわち、一般の消費寄託契約は、寄託者の利益のためにされる契約である点で、消費貸借とは違いがあり（消費貸借は借主の利益のための契約である。）、寄託の一般原則である「返還の時期の定めがあるときは、受寄者は、やむを得ない事由がなければ、その期限前に返還をすることができない」とする663条2項を適用することが相当ですが、預貯金契約では、

　　①受寄者の返還に「やむを得ない事由」を要求すると満期前の定期預金債権を
　　　受働債権とする相殺の要件充足が不明確になり、金融取引に支障が生じる
　　②受寄者が預かった金銭を運用することを前提とする契約類型であり、受寄者
　　　にとっても利益がある契約である

という点で、他の消費寄託契約とは違いがあります。

　そのため、受寄者に一方的に不利なルールである同項の適用が相当ではなく、「いつでも返還できる」とする上記の特則を設けることが必要であるとされたものです。なお、寄託者または預貯金契約の受寄者から相手方に対し返還時期到来前の返還を求め、あるいは返還をした場合、それにより相手方に生じた損害の賠償義務が生じますが、その損害の内容については解釈に委ねられることになります。実務においては、合理的な内容の合意をしておくことが妥当です。

改正条項	旧法
（消費寄託） 第666条　受寄者が契約により寄託物を消費することができる場合には、受寄者は、寄託された物と種類、品質及び数量の同じ物をもって返還しなければならない。	（消費寄託） 第666条　第5節（消費貸借）の規定は、受寄者が契約により寄託物を消費することができる場合について準用する。

2 第590条及び第592条の規定は、前項に規定する場合について準用する。 3 第591条第2項及び第3項の規定は、預金又は貯金に係る契約により金銭を寄託した場合について準用する。	2 前項において準用する第591条第1項の規定にかかわらず、前項の契約に返還の時期を定めなかったときは、寄託者は、いつでも返還を請求することができる。

改正条項	旧法
（略）	（寄託物の返還の時期） 第663条　当事者が寄託物の返還の時期を定めなかったときは、受寄者は、いつでもその返還をすることができる。 2 返還の時期の定めがあるときは、受寄者は、やむを得ない事由がなければ、その期限前に返還をすることができない。

改正条項	旧法
（貸主の引渡義務等） 第590条　第551条の規定は、前条第1項の特約のない消費貸借について準用する。 2 前条第1項の特約の有無にかかわらず、貸主から引き渡された物が種類又は品質に関して契約の内容に適合しないものであるときは、借主は、その物の価額を返還することができる。 【参考】 （贈与者の引渡義務等） 第551条　贈与者は、贈与の目的であ	（貸主の担保責任） 第590条　利息付きの消費貸借において、物に隠れた瑕疵があったときは、貸主は、瑕疵がない物をもってこれに代えなければならない。この場合においては、損害賠償の請求を妨げない。 2 無利息の消費貸借においては、借主は、瑕疵がある物の価額を返還することができる。この場合において、貸主がその瑕疵を知りながら借主に告げなかったときは、前項の規定を準用する。

る物又は権利を、贈与の目的として特定
した時の状態で引き渡し、又は移転する
ことを約したものと推定する。
2 負担付贈与については、贈与者は、そ
の負担の限度において、売主と同じく担
保の責任を負う。

改正条項	旧法
（略）	（価額の償還） 第592条　借主が貸主から受け取った物と種類、品質及び数量の同じ物をもって返還をすることができなくなったときは、その時における物の価額を償還しなければならない。ただし、第402条第2項に規定する場合は、この限りでない。

改正条項	旧法
（返還の時期） 第591条　（略）	（返還の時期） 第591条 当事者が返還の時期を定めなかったときは、貸主は、相当の期間を定めて返還の催告をすることができる。
2 借主は、返還の時期の定めの有無にかかわらず、いつでも返還をすることができる。	2 借主は、いつでも返還をすることができる。
3 当事者が返還の時期を定めた場合において、貸主は、借主がその時期の前に返還をしたことによって損害を受けたときは、借主に対し、その賠償を請求することができる。	（新設）

改正条項	旧法
下記の改正法589条の上書きにより削除。	(消費貸借の予約と破産手続の開始) 第589条 消費貸借の予約は、その後に当事者の一方が破産手続開始の決定を受けたときは、その効力を失う。
(利息) 第589条 貸主は、特約がなければ、借主に対して利息を請求することができない。 2 前項の特約があるときは、貸主は、借主が金銭その他の物を受け取った日以後の利息を請求することができる。	

41 組 合 （部会資料75A、81-3、83-1、84-1、84-2、84-3、85、88-1）

ポイント 184 契約総則の規定の不適用 （改正法第667条の2関係）

改正法は、組合の団体的性格による制約として、同時履行の抗弁権（新法533条）及び危険負担（536条）の規定は、組合契約については、適用しないとし、組合員は、他の組合員が組合契約に基づく債務の履行をしないことを理由として、組合契約を解除することができない旨を明文化しています。

改正条項	旧法
(他の組合員の債務不履行) 第667条の2 第533条及び第536条の規定は、組合契約については、適用しない。 2 組合員は、他の組合員が組合契約に基づく債務の履行をしないことを理由と	(新設)

して、組合契約を解除することができない。

ポイント 185 組合員の一人についての意思表示の無効等 （改正法第667条の3関係）

改正法では、一般的な理解に基づき、組合員の一人について意思表示の無効又は取消しの原因があっても、他の組合員の間においては、組合契約は、その効力を妨げられない旨を規律しています。

改正条項	旧法
（組合員の一人についての意思表示の無効等） 第667条の3　組合員の一人について意思表示の無効又は取消しの原因があっても、他の組合員の間においては、組合契約は、その効力を妨げられない。	（新設）

ポイント 186 組合の債権者の権利の行使 （改正法第675条関係）

組合の債権者の権利の行使（民法第675条関係）について、改正法では、組合の債務は組合財産および組合員の固有財産が引き当てとなるという一般的理解を前提として
① 組合の債権者は、組合財産についてその権利を行使することができる。
② 組合の債権者は、その選択に従い、各組合員に対して損失分担の割合又は等しい割合でその権利を行使することができる。ただし、組合の債権者がその債権の発生の時に各組合員の損失分担の割合を知っていたときは、その割合による
との規律を明文化しています。

改正条項	旧法
（組合の債権者の権利の行使） 第675条　組合の債権者は、組合財産についてその権利を行使することができる。 2 組合の債権者は、その選択に従い、各組合員に対して損失分担の割合又は等しい割合でその権利を行使することができる。ただし、組合の債権者がその債権の発生の時に各組合員の損失分担の割合を知っていたときは、その割合による。	（組合員に対する組合の債権者の権利の行使） 第675条　組合の債権者は、その債権の発生の時に組合員の損失分担の割合を知らなかったときは、各組合員に対して等しい割合でその権利を行使することができる。 （新設）

ポイント 187 組合員の持分の処分等（改正法第676条関係・第677条関係）

改正法では、組合の財産的基礎の確保の観点から、

① 組合員は、組合財産である債権について、その持分についての権利を単独で行使することができない（新法676条2項）。

② 組合員の債権者は、組合財産についてその権利を行使することができない（新法677条）。

との規律を明文化しています。

改正条項	旧法
（組合員の持分の処分及び組合財産の分割） 第676条　（略）	（組合員の持分の処分及び組合財産の分割） 第676条　組合員は、組合財産につい

	てその持分を処分したときは、その処分をもって組合及び組合と取引をした第三者に対抗することができない。 （新設）
2 組合員は、組合財産である債権について、その持分についての権利を単独で行使することができない。 3 （略）	2 組合員は、清算前に組合財産の分割を求めることができない。

改正条項	旧法
（組合財産に対する組合員の債権者の権利の行使の禁止） 第677条　組合員の債権者は、組合財産についてその権利を行使することができない。	（組合の債務者による相殺の禁止） 第677条　組合の債務者は、その債務と組合員に対する債権とを相殺することができない。

ポイント 188 業務執行者がない場合における組合の業務執行（改正法第670条第1項関係）

　改正法では意思決定の方法とともにその意思決定を実行する方法が明示する趣旨で、業務執行者がない場合の組合の業務は、組合員の過半数をもって決定し、各組合員がこれを執行するとの規律を明文化しています。ちなみに業務執行には、決定をともなうので旧法では単に「執行」とあったのを、新法671条〜673条では、「執行」の前に「決定」を入れています。

ポイント 189 業務執行者がある場合における組合の業務執行（改正法第670条第2項関係）

　改正法では、業務執行者がある場合における組合の業務執行に関する旧法670条2項の規律を次のように改めるものとし、

① 組合の業務の決定及び執行は、組合契約の定めるところにより、一人又は数人の組合員又は第三者に委任することができる（新法670条2項）。

② ①の委任を受けた者（以下「業務執行者」という。）は、組合の業務を決定し、これを執行する。この場合において、業務執行者が数人あるときは、組合の業務は、業務執行者の過半数をもって決定し各業務執行者がこれを執行する（3項）。

③ ②の規定にかかわらず、組合の業務については、総組合員の同意によって決定し、又は総組合員が執行することを妨げない（4項）。

④ 委任の内容には組合の業務の決定も含まれることから、「組合の業務の決定及び執行は」と改める（法務当局解説要旨 部会資料81－3、29頁）

との規律を明文化しています。

改正条項	旧法
（業務の<u>決定及び</u>執行の方法） 第670条 組合の業務は、組合員の過半数を<u>もって決定し、各組合員がこれを執行する。</u>	（業務の執行の方法） 第670条 組合の業務<u>の執行</u>は、組合員の過半数で決する。
<u>2 組合の業務の決定及び執行は、組合契約の定めるところにより、一人又は数人の組合員又は第三者に委任することができる。</u>	<u>2 前項の業務の執行は、組合契約でこれを委任した者（次項において「業務執行者」という。）が数人あるときは、その過半数で決する。</u>
<u>3 前項の委任を受けた者（以下「業務執行者」という。）は、組合の業務を決定し、これを執行する。この場合において、業務執行者が数人あるときは、組合の業務は、業務執行者の過半数をもって決定し、各業務執行者がこれを執行する。</u>	（新設）
<u>4 前項の規定にかかわらず、組合の業務については、総組合員の同意によって決定し、又は総組合員が執行することを妨げない。</u>	（新設）
<u>5</u> 組合の常務は、<u>前各項</u>の規定にかか	<u>3</u> 組合の常務は、<u>前二項</u>の規定にかか

わらず、各組合員又は各業務執行者が単独で行うことができる。ただし、その完了前に他の組合員又は業務執行者が異議を述べたときは、この限りでない。	わらず、各組合員又は各業務執行者が単独で行うことができる。ただし、その完了前に他の組合員又は業務執行者が異議を述べたときは、この限りでない。

ポイント 190 組合代理（改正法第670条の2関係）

　組合は法人格を持たず、自ら法律行為の主体となることができないため、組合が第三者と法律行為を行う場合には、組合員又は業務執行者による代理の形式を用いざるを得ず、この場合の代理の形式を「組合代理」といいます。

　改正法は、組合代理について、次のような規律を設けるものとして

① 各組合員が組合員の過半数の同意を得たときは、その組合員は、他の組合員を代理して、組合の業務を執行することができる（新法670条の2 1項）。

② ①の規定にかかわらず、業務執行者があるときは、業務執行者のみが組合員を代理して組合の業務を執行することができる。この場合において、業務執行者が数人あるときは、各業務執行者は、業務執行者の過半数の同意を得たときに限り、組合員を代理して組合の業務を執行することができる（2項）。

③ 組合の常務は、①及び②の規定にかかわらず、各組合員又は各業務執行者が単独で組合員を代理して行うことができる。

との規律を明文化しています（3項）。

　旧法には組合代理に関する規定は設けられていませんが、改正法では、内部関係である委任と外部関係である代理を区別して規定を設けたことから、組合契約についても、業務執行（組合内部の意思決定及びその執行）に関する規定とは別に、組合代理（組合が第三者と法律行為を行う方法）に関する規定を設けました。

改正条項	旧法
（組合の代理） 第670条の2　各組合員は、組合の業務を執行する場合において、組合員の過半数の同意を得たときは、他の組合員を	（新設）

代理することができる。

2　前項の規定にかかわらず、業務執行者があるときは、業務執行者のみが組合員を代理することができる。この場合において、業務執行者が数人あるときは、各業務執行者は、業務執行者の過半数の同意を得たときに限り、組合員を代理することができる。

3　前二項の規定にかかわらず、各組合員又は各業務執行者は、組合の常務を行うときは、単独で組合員を代理することができる。

ポイント 191　組合員の加入（改正法第677条の2関係）

　改正法は、従前、明確でなかった組合員の加入と加入者加入前の組合債務との関係について、

① 組合員は、その全員の同意によって、又は組合契約の定めるところにより、新たに組合員を加入させることができる。

② ①の規定により組合の成立後に加入した組合員は、その加入前に生じた組合の債務については、これを弁済する責任を負わない。

との規律を明文化しています

改正条項	旧法
（組合員の加入） 第677条の2　組合員は、その全員の同意によって、又は組合契約の定めるところにより、新たに組合員を加入させることができる。 2　前項の規定により組合の成立後に加	（新設）

入した組合員は、その加入前に生じた
組合の債務については、これを弁済す
る責任を負わない。

ポイント 192 組合員の脱退（改正法第680条の2関係）

　改正法は、従前、明確でなかった脱退組合員が脱退前に生じた組合債務について自己の固有財産を引き当てとする責任を負い続けるかどうかについて、これを肯定する趣旨で

① 脱退した組合員は、その脱退前に生じた組合の債務について、従前の責任の範囲内でこれを弁済する責任を負う。この場合において、債権者が全部の弁済を受けない間は、脱退した組合員は、組合に担保を供させ、又は組合に対して自己に免責を得させることを請求することができる。

② 脱退した組合員は、①に規定する組合の債務を弁済したときは、組合に対して求償権を有する。

との規律を明文化しています。

改正条項	旧法
（脱退した組合員の責任等） 第680条の2　脱退した組合員は、その脱退前に生じた組合の債務について、従前の責任の範囲内でこれを弁済する責任を負う。この場合において、債権者が全部の弁済を受けない間は、脱退した組合員は、組合に担保を供させ、又は組合に対して自己に免責を得させることを請求することができる。 2 脱退した組合員は、前項に規定する組合の債務を弁済したときは、組合に対して求償権を有する。	（新設）

ポイント 193　組合の解散事由（改正法第682条関係）

旧法は、組合の解散事由として、

① 事業の成功又は成功の不能（682条）

② やむを得ない事由があるときの各組合員の解散請求（683条）

の2事由を明示していましたが、

③ 組合契約で定めた存続期間が満了した場合、

④ 組合契約で定めた解散の事由が発生した場合

⑤ 組合員全員が解散に同意した場合

にも、組合は解散すると解されているので、改正法は、これらの解散事由を明示することにより、規律を明確化しています。

改正条項	旧法
（組合の解散事由） 第682条　組合は、次に掲げる事由によって解散する。	（組合の解散事由） 第682条　組合は、その目的である事業の成功又はその成功の不能によって解散する。
①　組合の目的である事業の成功又はその成功の不能	（新設）
②　組合契約で定めた存続期間の満了	（新設）
③　組合契約で定めた解散の事由の発生	（新設）
④　総組合員の同意	（新設）

ポイント 194　清算人の選任等

　清算人の選任(685条2項)、清算人の業務の決定及び執行の方法(686条)、組合員である清算人の辞任及び解任(687条)について表現について微細な修正がなされています。

改正条項	旧法
（組合の清算及び清算人の選任）	（組合の清算及び清算人の選任）
第685条　　（略）	第685条　　（略）
2 清算人の選任は、<u>組合員の過半数で</u>決する。	2　清算人の選任は、<u>総組合員</u>の過半数で決する。

改正条項	旧法
<u>（清算人の業務の決定及び執行の方法）</u>	<u>（清算人の業務の執行の方法）</u>
<u>第686条　第670条第3項から第5項まで並びに第670条の2第2項及び第3項の規定は、清算人について準用する。</u>	<u>第686条　第670条の規定は、清算人が数人ある場合について準用する。</u>

改正条項	旧法
（組合員である清算人の辞任及び解任）	（組合員である清算人の辞任及び解任）
第687条　第672条の規定は、<u>組合契約の定めるところにより</u>組合員の中から清算人を選任した場合について準用する。	第687条　第672条の規定は、<u>組合契約</u>で組合員の中から清算人を選任した場合について準用する。

 **195** **贈与等に関する経過措置**

贈与等に関する経過措置は次のとおりです。

（贈与等に関する経過措置）

第34条　施行日前に贈与、売買、消費貸借（旧法第589条に規定する消費貸借の予約を含む。）、使用貸借、賃貸借、雇用、請負、委任、寄託又は組合の各契約が締結された場合におけるこれらの契約及びこれらの契約に付随する買戻しその他の特約については、なお従前の例による。

2　前項の規定にかかわらず、新法第604条第2項の規定は、施行日前に賃貸借契約が締結された場合において施行日以後にその契約の更新に係る合

意がされるときにも適用する。

3　第1項の規定にかかわらず、新法第605条の4の規定は、施行日前に不動産の賃貸借契約が締結された場合において施行日以後にその不動産の占有を第三者が妨害し、又はその不動産を第三者が占有しているときにも適用する。

　この経過措置の関係で最も問題となるのが、改正法施行前に締結された建物賃貸借契約の改正法施行後の更新契約に適用される法律です。賃貸借契約の更新には、法定更新を除き、新法の適用が原則であるとの説が有力です。ただし、合意更新の際、旧法時に締結した合意内容そのままで更新をすると、新法の内容とは異なる合意となる可能があり、その場合、合意内容が優先しますが、消費者契約法が適用される契約の場合、消費者契約法第10条で無効を主張される可能性があることは留意すべきです。

　なお、（連帯）保証契約は賃貸借契約とは別の契約と考えるべきですが、平成9年11月13日の最高裁判決の趣旨によると、（連帯）保証契約は、契約内容によるものの、更新時にも旧法が適用されると考えられます。ただし、念のため契約書に次のような確認事項を入れておくことが望ましいと思います。

【当初の契約締結時の連帯保証に関する確認事項】

　連帯保証人丙は、今後、《本賃貸借契約の》合意更新・法定更新にかかわらず、賃借人乙が本件建物を明け渡すまでの一切の金銭債務について賃借人乙とともに履行の責めを負うものとします。そのため、本連帯保証契約は、改正民法施行前の連帯保証契約であり、改正民法附則第21条第1項により従前の例によることになるので、今後の改正民法施行後の合意更新・法定更新に際しても、《本連帯保証契約に》極度額等の改正民法の規定は適用されず、旧民法が適用されることを賃貸人甲・賃借人乙・保証人丙は相互に確認します。

【合意更新時の確認事項】

　連帯保証人丙は、本日付け建物賃貸借更新契約に連帯保証人として署名・押印したが、この署名・押印の趣旨は、平成○年○月○日付建物賃貸借契約で締結した連帯保証契約の内容（丙は合意更新・法定更新にかかわらず、乙が本件建物を明け渡すまでの一切の金銭債務について乙とともに履行の責めに任ずるとの内

容）を再度確認するためのもので、新たに連帯保証契約を締結するものではない。従って、本確認には、極度額等の改正民法の規定は適用されず、連帯保証人丙の保証契約には、今後も、旧民法が適用されることを賃貸人甲・賃借人乙・保証人丙は相互に確認する。

【改正法附則】

（施行期日）
第1条　この法律は、公布の日から起算して3年を超えない範囲内において政令で定める日から施行する。ただし、次の各号に掲げる規定は、当該各号に定める日から施行する。
1　附則第37条の規定　公布の日
2　附則第33条第3項の規定　公布の日から起算して1年を超えない範囲内において政令で定める日
3　附則第21条第2項及び第3項の規定　公布の日から起算して2年9月を超えない範囲内において政令で定める日

（意思能力に関する経過措置）
第2条　この法律による改正後の民法（以下「新法」という。）第3条の2の規定は、この法律の施行の日（以下「施行日」という。）前にされた意思表示については、適用しない。

（行為能力に関する経過措置）
第3条　施行日前に制限行為能力者（新法第13条第1項第10号に規定する制限行為能力者をいう。以下この条において同じ。）が他の制限行為能力者の法定代理人としてした行為については、同項及び新法第102条の規定にかかわらず、なお従前の例による。

（無記名債権に関する経過措置）
第4条　施行日前に生じたこの法律による改正前の民法（以下「旧法」という。）第86条第3項に規定する無記名債権（その原因である法律行為が施行日前にされたものを含む。）については、なお従前の例による。

（公序良俗に関する経過措置）
第5条　施行日前にされた法律行為については、新法第90条の規定にかかわらず、なお従前の例による。

（意思表示に関する経過措置）

第6条　施行日前にされた意思表示については、新法第93条、第95条、第96条第2項及び第3項並びに第98条の2の規定にかかわらず、なお従前の例による。

2　施行日前に通知が発せられた意思表示については、新法第97条の規定にかかわらず、なお従前の例による。

（代理に関する経過措置）

第7条　施行日前に代理権の発生原因が生じた場合（代理権授与の表示がされた場合を含む。）におけるその代理については、附則第3条に規定するもののほか、なお従前の例による。

2　施行日前に無権代理人が代理人として行為をした場合におけるその無権代理人の責任については、新法第117条（新法第118条において準用する場合を含む。）の規定にかかわらず、なお従前の例による。

（無効及び取消しに関する経過措置）

第8条　施行日前に無効な行為に基づく債務の履行として給付がされた場合におけるその給付を受けた者の原状回復の義務については、新法第121条の2（新法第872条第2項において準用する場合を含む。）の規定にかかわらず、なお従前の例による。

2　施行日前に取り消すことができる行為がされた場合におけるその行為の追認（法定追認を含む。）については、新法第122条、第124条及び第125条（これらの規定を新法第872条第2項において準用する場合を含む。）の規定にかかわらず、なお従前の例による。

（条件に関する経過措置）

第9条　新法第130条第2項の規定は、施行日前にされた法律行為については、適用しない。

（時効に関する経過措置）

第10条　施行日前に債権が生じた場合（施行日以後に債権が生じた場合であって、その原因である法律行為が施行日前にされたときを含む。以下同じ。）におけるその債権の消滅時効の援用については、新法第145条の規定にかかわらず、

なお従前の例による。

2 施行日前に旧法第147条に規定する時効の中断の事由又は旧法第158条から第161条までに規定する時効の停止の事由が生じた場合におけるこれらの事由の効力については、なお従前の例による。

3 新法第151条の規定は、施行日前に権利についての協議を行う旨の合意が書面でされた場合（その合意の内容を記録した電磁的記録（新法第151条第4項に規定する電磁的記録をいう。附則第33条第2項において同じ。）によってされた場合を含む。）におけるその合意については、適用しない。

4 施行日前に債権が生じた場合におけるその債権の消滅時効の期間については、なお従前の例による。

（債権を目的とする質権の対抗要件に関する経過措置）
第11条 施行日前に設定契約が締結された債権を目的とする質権の対抗要件については、新法第364条の規定にかかわらず、なお従前の例による。

（指図債権に関する経過措置）
第12条 施行日前に生じた旧法第365条に規定する指図債権（その原因である法律行為が施行日前にされたものを含む。）については、なお従前の例による。

（根抵当権に関する経過措置）
第13条 施行日前に設定契約が締結された根抵当権の被担保債権の範囲については、新法第398条の2第3項及び第398条の3第2項の規定にかかわらず、なお従前の例による。

2 新法第398条の7第3項の規定は、施行日前に締結された債務の引受けに関する契約については、適用しない。

3 施行日前に締結された更改の契約に係る根抵当権の移転については、新法第398条の7第4項の規定にかかわらず、なお従前の例による。

（債権の目的に関する経過措置）
第14条 施行日前に債権が生じた場合におけるその債務者の注意義務については、新法第400条の規定にかかわらず、なお従前の例による。

第15条 施行日前に利息が生じた場合におけるその利息を生ずべき債権に係る

法定利率については、新法第404条の規定にかかわらず、なお従前の例による。

2　新法第404条第4項の規定により法定利率に初めて変動があるまでの各期における同項の規定の適用については、同項中「この項の規定により法定利率に変動があった期のうち直近のもの（以下この項において「直近変動期」という。）」とあるのは「民法の一部を改正する法律（平成29年法律第44号）の施行後最初の期」と、「直近変動期における法定利率」とあるのは「年3パーセント」とする。

第16条　施行日前に債権が生じた場合における選択債権の不能による特定については、新法第410条の規定にかかわらず、なお従前の例による。

（債務不履行の責任等に関する経過措置）

第17条　施行日前に債務が生じた場合（施行日以後に債務が生じた場合であって、その原因である法律行為が施行日前にされたときを含む。附則第25条第1項において同じ。）におけるその債務不履行の責任等については、新法第412条第2項、第412条の2から第413条の2まで、第415条、第416条第2項、第418条及び第422条の2の規定にかかわらず、なお従前の例による。

2　新法第417条の2（新法第722条第1項において準用する場合を含む。）の規定は、施行日前に生じた将来において取得すべき利益又は負担すべき費用についての損害賠償請求権については、適用しない。

3　施行日前に債務者が遅滞の責任を負った場合における遅延損害金を生ずべき債権に係る法定利率については、新法第419条第1項の規定にかかわらず、なお従前の例による。

4　施行日前にされた旧法第420条第1項に規定する損害賠償の額の予定に係る合意及び旧法第421条に規定する金銭でないものを損害の賠償に充てるべき旨の予定に係る合意については、なお従前の例による。

（債権者代位権に関する経過措置）

第18条　施行日前に旧法第423条第1項に規定する債務者に属する権利が生じた場合におけるその権利に係る債権者代位権については、なお従前の例による。

2　新法第423条の7の規定は、施行日前に生じた同条に規定する譲渡人が第三者に対して有する権利については、適用しない。

（詐害行為取消権に関する経過措置）

第19条　施行日前に旧法第424条第1項に規定する債務者が債権者を害すること
を知ってした法律行為がされた場合におけるその行為に係る詐害行為取消権につ
いては、なお従前の例による。

（不可分債権、不可分債務、連帯債権及び連帯債務に関する経過措置）

第20条　施行日前に生じた旧法第428条に規定する不可分債権（その原因である
法律行為が施行日前にされたものを含む。）については、なお従前の例による。

2　施行日前に生じた旧法第430条に規定する不可分債務及び旧法第432条に規定
する連帯債務（これらの原因である法律行為が施行日前にされたものを含む。）
については、なお従前の例による。

3　新法第432条から第435条の2までの規定は、施行日前に生じた新法第432条に
規定する債権（その原因である法律行為が施行日前にされたものを含む。）につ
いては、適用しない。

（保証債務に関する経過措置）

第21条　施行日前に締結された保証契約に係る保証債務については、なお従前の
例による。

2　保証人になろうとする者は、施行日前においても、新法第465条の6第1項（新
法第465条の8第1項において準用する場合を含む。）の公正証書の作成を嘱託す
ることができる。

3　公証人は、前項の規定による公正証書の作成の嘱託があった場合には、施行
日前においても、新法第465条の6第2項及び第465条の7（これらの規定を新法第
465条の8第1項において準用する場合を含む。）の規定の例により、その作成を
することができる。

（債権の譲渡に関する経過措置）

第22条　施行日前に債権の譲渡の原因である法律行為がされた場合におけるその債権の譲渡については、新法第466条から第469条までの規定にかかわらず、なお従前の例による。

（債務の引受けに関する経過措置）

第23条　新法第470条から第472条の4までの規定は、施行日前に締結された債務の引受けに関する契約については、適用しない。

（記名式所持人払債権に関する経過措置）

第24条　施行日前に生じた旧法第471条に規定する記名式所持人払債権（その原因である法律行為が施行日前にされたものを含む。）については、なお従前の例による。

（弁済に関する経過措置）

第25条　施行日前に債務が生じた場合におけるその債務の弁済については、次項に規定するもののほか、なお従前の例による。

2　施行日前に弁済がされた場合におけるその弁済の充当については、新法第488条から第491条までの規定にかかわらず、なお従前の例による。

（相殺に関する経過措置）

第26条　施行日前にされた旧法第505条第2項に規定する意思表示については、なお従前の例による。

2　施行日前に債権が生じた場合におけるその債権を受働債権とする相殺については、新法第509条の規定にかかわらず、なお従前の例による。

3　施行日前の原因に基づいて債権が生じた場合におけるその債権を自働債権とする相殺（差押えを受けた債権を受働債権とするものに限る。）については、新法第511条の規定にかかわらず、なお従前の例による。

4　施行日前に相殺の意思表示がされた場合におけるその相殺の充当については、新法第512条及び第512条の2の規定にかかわらず、なお従前の例による。

（更改に関する経過措置）

第27条　施行日前に旧法第513条に規定する更改の契約が締結された更改については、なお従前の例による。

（有価証券に関する経過措置）

第28条　新法第520条の2から第520条の20までの規定は、施行日前に発行された証券については、適用しない。

（契約の成立に関する経過措置）

第29条　施行日前に契約の申込みがされた場合におけるその申込み及びこれに対する承諾については、なお従前の例による。

2　施行日前に通知が発せられた契約の申込みについては、新法第526条の規定にかかわらず、なお従前の例による。

3　施行日前にされた懸賞広告については、新法第529条から第530条までの規定にかかわらず、なお従前の例による。

（契約の効力に関する経過措置）

第30条　施行日前に締結された契約に係る同時履行の抗弁及び危険負担については、なお従前の例による。

2　新法第537条第2項及び第538条第2項の規定は、施行日前に締結された第三者のためにする契約については、適用しない。

（契約上の地位の移転に関する経過措置）

第31条　新法第539条の2の規定は、施行日前にされた契約上の地位を譲渡する旨の合意については、適用しない。

（契約の解除に関する経過措置）

第32条　施行日前に契約が締結された場合におけるその契約の解除については、新法第541条から第543条まで、第545条第3項及び第548条の規定にかかわらず、なお従前の例による。

（定型約款に関する経過措置）

第33条　新法第548条の2から第548条の4までの規定は、施行日前に締結された定型取引（新法第548条の2第1項に規定する定型取引をいう。）に係る契約についても、適用する。ただし、旧法の規定によって生じた効力を妨げない。

2　前項の規定は、同項に規定する契約の当事者の一方（契約又は法律の規定により解除権を現に行使することができる者を除く。）により反対の意思の表示が書面でされた場合（その内容を記録した電磁的記録によってされた場合を含む。）には、適用しない。

3　前項に規定する反対の意思の表示は、施行日前にしなければならない。

（贈与等に関する経過措置）

第34条　施行日前に贈与、売買、消費貸借（旧法第589条に規定する消費貸借の予約を含む。）、使用貸借、賃貸借、雇用、請負、委任、寄託又は組合の各契約が締結された場合におけるこれらの契約及びこれらの契約に付随する買戻しその他の特約については、なお従前の例による。

2　前項の規定にかかわらず、新法第604条第2項の規定は、施行日前に賃貸借契約が締結された場合において施行日以後にその契約の更新に係る合意がされるときにも適用する。

3　第1項の規定にかかわらず、新法第605条の4の規定は、施行日前に不動産の賃貸借契約が締結された場合において施行日以後にその不動産の占有を第三者が妨害し、又はその不動産を第三者が占有しているときにも適用する。

（不法行為等に関する経過措置）

第35条　旧法第724条後段（旧法第934条第3項（旧法第936条第3項、第947条第3項、第950条第2項及び第957条第2項において準用する場合を含む。）において準用する場合を含む。）に規定する期間がこの法律の施行の際すでに経過していた場合におけるその期間の制限については、なお従前の例による。

2　新法第724条の2の規定は、不法行為による損害賠償請求権の旧法第724条前段に規定する時効がこの法律の施行の際すでに完成していた場合については、適用しない。

（遺言執行者の復任権及び報酬に関する経過措置）

第36条　施行日前に遺言執行者となった者の旧法第1016条第2項において準用する旧法第105条に規定する責任については、なお従前の例による。

2　施行日前に遺言執行者となった者の報酬については、新法第1018条第2項において準用する新法第648条第3項及び第648条の2の規定にかかわらず、なお従前の例による。

（政令への委任）

第37条　この附則に規定するもののほか、この法律の施行に関し必要な経過措置は、政令で定める。

【法制審議会部会資料一覧表】

○第1ステージ

部会資料1	当面の部会開催日程（案）
部会資料2	民法（債権関係）の改正検討事項の一例（メモ）
部会資料3	民法（債権関係）の改正の必要性と留意点（第1回会議における意見の概要）
部会資料4	民法（債権関係）部会における今後の審議の進め方について
部会資料5－1	民法（債権関係）の改正に関する検討事項(1)
	履行の請求　債務不履行による損害賠償　契約の解除　危険負担　受領遅滞　その他の新規規定
部会資料5－2	民法（債権関係）の改正に関する検討事項(1)詳細版（平成22年12月17日訂正）
部会資料6	民法（債権関係）の改正の必要性と留意点（第1回・第2回会議における意見の概要）
部会資料7－1	民法（債権関係）の改正に関する検討事項(2)
	債権者代位権　詐害行為取消権
部会資料7－2	民法（債権関係）の改正に関する検討事項(2)詳細版
部会資料8－1	民法（債権関係）の改正に関する検討事項(3)
	多数当事者の債権及び債務（保証債務を除く。）　保証債務
部会資料8－2	民法（債権関係）の改正に関する検討事項(3)詳細版
部会資料9－1	民法（債権関係）の改正に関する検討事項(4)（平成22年8月23日訂正）
	債権譲渡　証券的債権に関する規定　債務引受　契約上の地位の移転（譲渡）
部会資料9－2	民法（債権関係）の改正に関する検討事項(4)詳細版（平成22年8月23日訂正）
部会資料10－1	民法（債権関係）の改正に関する検討事項(5)
	弁済　相殺　更改　免除及び混同　決済手法の高度化・複雑化への民法の対応の要否（多数当事者間の決済に関する問題について）
部会資料10－2	民法（債権関係）の改正に関する検討事項(5)詳細版

○中間的な論点整理

○第2ステージ

○民法（債権関係）の改正に関する中間試案

○第3ステージ

法律行為総則(公序良俗(民法第90条関係)) 意思能力 意思表示 代理 無効及び取消し 条件及び期限 消滅時効 債権の目的(法定利率を除く。) 法定利率 履行請求権等 債務不履行による損害賠償 契約の解除 危険負担 受領遅滞 債権者代位権 詐害行為取消権 多数当事者(保証債務を除く。) 保証債務 債権譲渡 有価証券 債務引受 契約上の地位の移転 弁済 相殺 更改 契約に関する基本原則 契約の成立 第三者のためにする契約 売買 贈与 消費貸借 賃貸借 使用貸借 請負 委任 雇用 寄託 組合

部会資料82-2　民法(債権関係)の改正に関する要綱仮案の第二次案補充説明
法律行為総則 意思能力 法定利率 履行請求権等 債務不履行による損害賠償 契約の解除 債権者代位権 保証債務 債権譲渡 有価証券 雇用

部会資料83-1　民法(債権関係)の改正に関する要綱仮案(案)
公序良俗(民法第90条関係) 意思能力 意思表示 代理 無効及び取消し 条件及び期限 消滅時効 債権の目的(法定利率を除く。) 法定利率 履行請求権等 債務不履行による損害賠償 契約の解除 危険負担 受領遅滞 債権者代位権 詐害行為取消権 多数当事者 保証債務 債権譲渡 有価証券 債務引受 契約上の地位の移転 弁済 相殺 更改 契約に関する基本原則 契約の成立 定型約款 第三者のためにする契約 売買 贈与 消費貸借 賃貸借 使用貸借 請負 委任 雇用 寄託 組合

部会資料83-2　民法(債権関係)の改正に関する要綱仮案(案)補充説明
意思表示 代理 条件及び期限 消滅時効 債権の目的(法定利率を除く。) 履行請求権等 債務不履行による損害賠償 契約の解除 受領遅滞 詐害行為取消権 多数当事者 保証債務 債権譲渡 債務引受 弁済 相殺 更改 契約に関する基本原則 契約の成立 定型約款 売買贈与 消費貸借 賃貸借 使用貸借 請負 委任 雇用 寄託

○民法（債権関係）の改正に関する要綱仮案

民法（債権関係）の改正に関する要綱仮案

部会資料84−1　民法（債権関係）の改正に関する要綱案の原案（その1）
　　　　　　　　　公序良俗（民法第90条関係）　意思能力　意思表示　代理　無
　　　　　　　　　効及び取消し　条件及び期限　消滅時効　債権の目的（法定
　　　　　　　　　利率を除く。）　法定利率　履行請求権等　債務不履行による
　　　　　　　　　損害賠償　契約の解除　危険負担　受領遅滞　債権者代位
　　　　　　　　　権　詐害行為取消権　多数当事者　保証債務　債権譲渡　有
　　　　　　　　　価証券　債務引受　契約上の地位の移転　弁済　相殺　更
　　　　　　　　　改　契約に関する基本原則　契約の成立　定型約款　第三者
　　　　　　　　　のためにする契約　売買　贈与　消費貸借　賃貸借　使用貸
　　　　　　　　　借　請負　委任　雇用寄託　組合　その他

部会資料84−2　民法（債権関係）の改正に関する要綱案の原案（その1）参考資
　　　　　　　　　料
　　　　　　　　　検討中の改正条文案と要綱仮案との対照表

部会資料84−3　民法（債権関係）の改正に関する要綱案の原案（その1）補充説
　　　　　　　　　明
　　　　　　　　　法定利率　保証債務　債権譲渡　弁済　相殺　売買　贈与
　　　　　　　　　賃貸借　請負　委任　寄託　組合　その他参考資料の補足説
　　　　　　　　　明

部会資料85　　　民法（債権関係）の改正に関する要綱案の取りまとめに向けた
　　　　　　　　　検討（18）
　　　　　　　　　民法総則（時効を除く。）の規定の改正に関する経過措置　時
　　　　　　　　　効の規定の改正に関する経過措置　債権総則の規定の改正に
　　　　　　　　　関する経過措置　契約総則・各則の規定の改正に関する経過
　　　　　　　　　措置

部会資料86−1　民法（債権関係）の改正に関する要綱案の原案（その2）
　　　　　　　　　定型約款

部会資料86−2　民法（債権関係）の改正に関する要綱案の原案（その2）補充説
　　　　　　　　　明
　　　　　　　　　定型約款

部会資料87　　　民法（債権関係）の改正に関する要綱案の取りまとめに向けた

332

○民法（債権関係）の改正に関する要綱案

民法(債権関係)の改正に関する要綱案

索 引

弁護士　柴田龍太郎のプロフィール

【略歴】
　昭和49年　早稲田大学法学部卒業
　昭和53年　司法試験合格
　昭和56年　検事任官（東京地検・徳島地検）
　昭和59年　弁護士登録
　平成10年4月〜13年3月　最高裁判所の委嘱により最高裁判所司法研修所弁護教官
　平成17年度〜19年度　法務大臣の任命により司法試験考査委員（憲法）
　平成23年度〜26年度　（公社）全国宅地建物取引業協会の委嘱により民法改正検討委員会委員
　平成27年10月14日〜28年3月31日
　　　　国土交通省不動産課の委嘱により民法改正に対応した標準売買契約書整備検討委員会委員
　平成29年度10月　最高裁判所の委嘱により司法修習生考試委員会委員
　平成29年度　（公社）全国宅地建物取引業協会の委嘱により民法等各種法令改正を踏まえた宅
　　　　　　　地建物取引制度のあり方に関する調査研究会委員

【執筆した著書】
　問答式　宅地建物取引業の実務　　　　　　　　　　　新日本法規出版㈱
　問答式　マンションの実務　　　　　　　　　　　　　新日本法規出版㈱
　不動産取引トラブル解決の手引き　　　　　　　　　　新日本法規出版㈱
　（公社）全宅連版「わかりやすい売買契約書の書き方」　㈱大成出版
　（公社）全宅連版「わかりやすい重要事項説明書の書き方」　㈱大成出版
　民法（債権法）改正が不動産取引に与える影響　　　　㈱大成出版
　日本不動産学会誌　№105、№116　　　　　　　　　　（公社）日本不動産学会

【その他】
　第一東京弁護士会司法制度調査委員会委員
　（公財）不動産流通推進センター不動産コンサルティング試験委員
　（公社）東京都宅地建物取引業協会研修センター法定講習講師

JA版 知っておきたい
民法 債権法 改正のポイント

2018 年 2 月 1 日　　第 1 版　第 1 刷発行

責任編集　深沢綜合法律事務所 柴田龍太郎

発行者　尾中隆夫

発行所　全国共同出版株式会社
　　　　　〒161-0011 東京都新宿区若葉1-10-32
　　　　　TEL. 03-3359-4811　　FAX. 03-3358-6174

印刷・製本　株式会社アレックス